Digital Forensics

デジタル・フォレンジックの基礎と実践

佐々木良一
編著

上原哲太郎
櫻庭　信之
白濱　直哉
野﨑　周作
八槇　博史
山本　清子
著

東京電機大学出版局

まえがき

　社会の情報システムへの依存度の増大に伴い，各種のインシデント発生時に電磁的記録から取り出したデータが捜査や裁判などにおいて証拠として用いられることが増えてきている．そのため，これらのデータを証拠として適切に用いることができるようにするために，警察白書で「デジタル犯罪の立証のための電磁的記録の解析技術およびその手段」と定義されているデジタル・フォレンジックが大変重要になってきている．

　デジタル・フォレンジックによって得られた情報が裁判において用いられる例としてはサイバー攻撃など情報システムを直接の対象とするもの以外に，談合（独占禁止法違反），営業秘密の不正な持ち出し（不正競争防止法違反），プライバシーの侵害，掲示板への書き込みによる名誉毀損，インサイダー取引などいろいろなものがある．デジタル・フォレンジックは警察や検察庁，金融庁，公正取引委員会などの公的機関でその重要性が高まっている．また，民間組織においても各種の民事裁判に勝利するためには十分な証拠を確保していなければ敗訴することになり，普段からログをしっかりとるとともにその後の電磁的記録の適切な処理を行うことが必要となっている．

　このため，デジタル・フォレンジックの解説書の必要性が高まっており，特に情報処理技術者が具体的にデジタル・フォレンジックを実施するのに役立つ本が求められていた．本書は，直接的にはそのようなことを実施するためのセキュリティ技術者を含む情報処理技術者向けの本である．実際に役に立つものにするためデジタル・フォレンジックとは何かとか，どんな技術があるかという理解だけでなく，必要な実践作業を理解して，主要な作業を簡単なツールを用いて実際に行えるようにすることを目指している．また，応用が利くように，デジタル・フォレンジックのための OS やファイルシステムもしっかり記述しておいた．さらに，法律の話も法廷対応の話を中心にしてわかりやすく説明している．

　本書はデジタル・フォレンジック研究会のメンバーが中心になって執筆したも

のである．この執筆者の大部分は同時に文科省「高度人材養成のための社会人学びなおし大学院プログラム」の1つで東京電機大学で2015年度より実施している「国際化サイバーセキュリティ学特別コース」CySecとして認可された6つの科目のうちの1つである「デジタル・フォレンジック」の講義を行ったメンバーでもある．

　したがって，この講義の教科書として使うのが最も適しているが，セキュリティ技術者を含む情報処理技術者が自分で勉強していくためにも役に立つように配慮している．また，警察の担当者はもちろん，金融庁や会計監査院で会計不正や証券取引法違反等の犯罪の調査に当たる担当者や，より詳しくデジタル・フォレンジック技術を知りたい法律関係者にも役に立つのではないかと考えている．

　お忙しい中，執筆を担当いただいた著者の方々，編集に携わっていただいた吉田拓歩氏に厚く感謝申し上げる．また，普段よりいろいろな形でお世話になっているデジタル・フォレンジック研究会のメンバーや事務局の方々，CySecの事務局の方々に感謝の意を表したい．

2016年11月

佐々木　良一

目　次

まえがき……………………………………………………………………… i

第 1 章　デジタル・フォレンジック入門 ………………………… 1
1.1　デジタル・フォレンジックとは何か ……………………………… 1
1.2　デジタル・フォレンジックが重要になってきた背景 …………… 4
1.3　デジタル・フォレンジックの主要な手順 ………………………… 5
　　1.3.1　手順の分類法………………………………………………… 5
　　1.3.2　デジタル・フォレンジックの手順の一例………………… 7
1.4　デジタル・フォレンジックの分類軸 ………………………………11
1.5　デジタル・フォレンジックにおいて必要となる技術の概要 ……17
　　1.5.1　手順に対応する技術…………………………………………17
　　1.5.2　ファイル復元技術の概要……………………………………18
1.6　デジタル・フォレンジックの作業を実施する上で注意すべき事項 …20
　　1.6.1　プライバシーとの関連………………………………………20
　　1.6.2　早急な対応との関連…………………………………………20
1.7　類似の用語との関係 …………………………………………………21
1.8　デジタル・フォレンジックの法的側面の概要 ……………………24
　　1.8.1　民事訴訟法における証拠としての有効性…………………24
　　1.8.2　刑事訴訟法における証拠としての有効性…………………26
1.9　本書の構成 ……………………………………………………………27
参考文献 ……………………………………………………………………28

第 2 章　ハードディスクの構造とファイルシステム ………… 29
2.1　コンピュータの構造と補助記憶装置 ………………………………29
2.2　補助記憶装置 …………………………………………………………34
　　2.2.1　ハードディスク………………………………………………34
　　2.2.2　フラッシュメモリ……………………………………………38
　　2.2.3　光学ディスク…………………………………………………42

2.2.4　磁気テープ ……………………………………………44
　2.3　ハードディスクドライブ内のデータの消去技術と復元技術 …………45
　　　2.3.1　ファイルシステムとファイルの削除 …………………………46
　　　2.3.2　ファイルやデータの復元技術 …………………………………60

第3章　デジタル・フォレンジックのための OS 入門 ………… 66
　3.1　コンピュータ内のソフトウェア …………………………………66
　3.2　オペレーティングシステムとその起動 …………………………67
　3.3　ファイルシステムの基本的機能 …………………………………69
　3.4　プロセス管理とメモリ管理 ………………………………………73
　3.5　データ表現 …………………………………………………………75
　3.6　ログとダンプ ………………………………………………………83

第4章　フォレンジック作業の実際―データの収集 ………… 85
　4.1　エビデンスの取り扱い ……………………………………………85
　4.2　ハードウェアによるデータ収集 …………………………………87
　4.3　ソフトウェアブートによるデータ収集 …………………………89
　4.4　ソフトウェアによるデータ収集 …………………………………90
　4.5　ファイルデータのみの収集 ………………………………………92
　4.6　モバイル端末のデータ収集 ………………………………………93
　4.7　メモリなどの揮発性情報のデータ収集 …………………………93
　4.8　外部記録媒体のデータ収集 ………………………………………94
　4.9　セキュリティ設定がある場合の対処法 …………………………95
　4.10　Evidence Information と Chain of Custody ………………99
　4.11　収集用ソフトウェアの使用方法 ………………………………102
　参考文献 ………………………………………………………………111

第5章　フォレンジック作業の実際―データの復元 ………… 112
　5.1　データの削除 ……………………………………………………113
　5.2　データの復元 ……………………………………………………114
　　　5.2.1　メタデータからの復元 …………………………………114
　　　5.2.2　カービングによる復元 …………………………………118

5.2.3　上書きされたデータの復元 ……………………… 119
　5.3　データの隠蔽 ……………………………………………… 121
　5.4　データ復元のツール ……………………………………… 122

第6章　フォレンジック作業の実際—データの分析 ……… 125
　6.1　データ分析の基本 ………………………………………… 125
　　　6.1.1　Windows レジストリ ……………………………… 125
　　　6.1.2　Windows システムファイル ……………………… 127
　　　6.1.3　時刻 …………………………………………………… 130
　　　6.1.4　ハッシュ分析 ………………………………………… 133
　　　6.1.5　プログラム実行履歴 ………………………………… 134
　　　6.1.6　デバイス接続履歴 …………………………………… 137
　6.2　タイムライン分析 ………………………………………… 138
　6.3　ユーザファイルの解析 …………………………………… 139
　　　6.3.1　文字コード …………………………………………… 139
　　　6.3.2　キーワード検索 ……………………………………… 140
　　　6.3.3　類似ファイルの検索 ………………………………… 142
　　　6.3.4　Predictive Coding（プレディクティブコーディング） ……… 143
　　　6.3.5　ファイルヘッダー …………………………………… 145
　　　6.3.6　メタデータ …………………………………………… 145
　　　6.3.7　画像ファイルの調査 ………………………………… 146
　　　6.3.8　E メールの調査 ……………………………………… 148
　　　6.3.9　インターネットアクセス履歴の調査 ……………… 150
　6.4　データ解析ソフトウェア（Autopsy）の使用方法 …… 152
　　　6.4.1　Autopsy の概要と特徴 ……………………………… 152
　　　6.4.2　Autopsy の起動とデータ読み込み手順 …………… 153

第7章　スマートフォンなどのフォレンジック ……………… 160
　7.1　モバイル・フォレンジックの必要性と課題 …………… 160
　　　7.1.1　なぜモバイル・フォレンジックが必要か ………… 161
　　　7.1.2　モバイル・フォレンジックの課題 ………………… 161
　　　7.1.3　モバイル端末に関連するデータの格納先 ………… 162
　7.2　モバイル端末のデータ収集 ……………………………… 163

7.2.1　モバイル端末収集時の注意点 ………………………… 163
　　　7.2.2　ロジカルデータ収集 …………………………………… 164
　　　7.2.3　物理データ収集 ………………………………………… 165
　7.3　iOS 端末におけるフォレンジック ………………………………… 165
　　　7.3.1　iOS 端末におけるロジカルデータ収集方法 ………… 166
　　　7.3.2　ジェイルブレイク ……………………………………… 166
　　　7.3.3　iOS 端末におけるアプリのデータ構造 ……………… 167
　　　7.3.4　PLIST 解析 ……………………………………………… 167
　7.4　Android 端末におけるフォレンジック …………………………… 168
　　　7.4.1　Android 端末におけるロジカルデータ収集方法 …… 168
　　　7.4.2　ルーティング …………………………………………… 169
　　　7.4.3　Android 端末における SD カード調査の重要性 …… 169
　　　7.4.4　Android 端末におけるアプリのデータ構造 ………… 169
　7.5　SQLite 解析 …………………………………………………………… 170

第 8 章　ネットワーク・フォレンジック ……………………………… 171

　8.1　ネットワーク・フォレンジックの必要性 ………………………… 171
　8.2　ネットワークログの管理 …………………………………………… 172
　　　8.2.1　ネットワークログの収集ポイント …………………… 172
　　　8.2.2　ログの取得・管理の在り方 …………………………… 174
　　　8.2.3　ネットワークログの分析 ……………………………… 175
　8.3　トラフィック監視 …………………………………………………… 176
　　　8.3.1　イベントに基づくアラートの監視 …………………… 177
　　　8.3.2　パケットキャプチャ …………………………………… 178
　　　8.3.3　トラフィック統計監視 ………………………………… 179
　8.4　標的型攻撃とフォレンジック ……………………………………… 179
　　　8.4.1　標的型攻撃と対策の概要 ……………………………… 179
　　　8.4.2　SIEM ……………………………………………………… 180
　参考文献 ……………………………………………………………………… 182

第 9 章　フォレンジックの応用 ………………………………………… 183

　9.1　デジタル・フォレンジックを適用するインシデント …………… 183
　　　9.1.1　PC などの情報処理機器に対する不正の例 ………… 183

  9.1.2 PC などの情報処理機器を利用した不正の例 ………………… 184
  9.1.3 デバイス別の分析対象ファイル …………………………………… 184
 9.2 民間におけるデジタル・フォレンジック調査事例 ……………………… 185
  9.2.1 PC に対する不正：不正アクセスによる情報漏洩調査事例 …… 185
  9.2.2 PC を利用した不正：不正会計調査事例 ……………………… 187
  9.2.3 民間におけるフォレンジック報告書の例 ……………………… 190
 9.3 省庁の犯則事件調査における事例 …………………………………… 192
 9.4 訴訟に対応するための e ディスカバリにおける事例 ………………… 194
  9.4.1 情報ガバナンス ……………………………………………………… 197
  9.4.2 データの特定 ……………………………………………………… 197
  9.4.3 データの保全 ……………………………………………………… 198
  9.4.4 データの収集 ……………………………………………………… 198
  9.4.5 データの処理 ……………………………………………………… 199
  9.4.6 データの分析 ……………………………………………………… 201
  9.4.7 データのレビュー ………………………………………………… 202
  9.4.8 提出データの作成 ………………………………………………… 204
 参考文献 …………………………………………………………………………… 204

第 10 章 法リテラシーと法廷対応 …………………………………… 205
 10.1 法的観点からのデジタル・フォレンジックの重要性 ………………… 205
 10.2 裁判のメカニズム ……………………………………………………… 206
  10.2.1 結論（判決の主文）……………………………………………… 206
  10.2.2 権利・義務の発生 ……………………………………………… 207
  10.2.3 主文の強制的な実現 …………………………………………… 208
  10.2.4 裁判を審理する 3 つのステージ ……………………………… 210
 10.3 ケース・スタディ―営業秘密の不正取得（情報漏洩）を例に …… 211
 10.4 請求原因 ………………………………………………………………… 212
  10.4.1 大前提（法律要件）……………………………………………… 212
  10.4.2 小前提（エレメント）…………………………………………… 214
  10.4.3 請求原因の証明による効果 …………………………………… 218
  10.4.4 判決の主文に示される付随事項 ……………………………… 218
 10.5 抗弁・再抗弁・再々抗弁 ……………………………………………… 220
  10.5.1 抗弁 ……………………………………………………………… 220

10.5.2	再抗弁	223
10.5.3	再々抗弁	224

10.6 証明責任の分配の整理 …………………………………………… 225
10.7 直接事実・間接事実・補助事実 ………………………………… 226
   10.7.1 直接事実（エレメント） …………………………………… 226
   10.7.2 間接事実 ……………………………………………………… 227
   10.7.3 補助事実 ……………………………………………………… 231
10.8 証拠調べ方法 ……………………………………………………… 236
   10.8.1 人証（証人・当事者） ……………………………………… 236
   10.8.2 書証 …………………………………………………………… 236
   10.8.3 検証 …………………………………………………………… 237
   10.8.4 鑑定 …………………………………………………………… 237
   10.8.5 クラウド業者からの民事訴訟法上の証拠収集 …………… 237
   10.8.6 犯罪被害者保護法による刑事公判記録の閲覧謄写 ……… 238
   10.8.7 プライバシーや営業秘密に対する民事訴訟法の配慮 …… 239
10.9 民事訴訟法の証拠保全 …………………………………………… 239
   10.9.1 民事訴訟法の証拠保全の手続趣旨 ………………………… 239
   10.9.2 証拠保全を使った人証（証人・当事者）・書証・検証・鑑定 …… 241
   10.9.3 人工知能 ……………………………………………………… 243
10.10 証人尋問の実際 …………………………………………………… 245
10.11 証人尋問の解説 …………………………………………………… 253
   10.11.1 準備書面 ……………………………………………………… 253
   10.11.2 準備書面の「陳述」 ………………………………………… 253
   10.11.3 書証（甲号証・乙号証） …………………………………… 254
   10.11.4 原本提出の原則 ……………………………………………… 254
   10.11.5 文書成立の真正 ……………………………………………… 255
   10.11.6 人定質問 ……………………………………………………… 255
   10.11.7 宣誓 …………………………………………………………… 255
   10.11.8 尋問の順序 …………………………………………………… 256
   10.11.9 訴訟記録の閲覧謄写複製制限（民事訴訟法 92 条） ……… 257
   10.11.10 証人尋問冒頭の質問事項 …………………………………… 257
   10.11.11 書類に基づく陳述の制限 …………………………………… 257
   10.11.12 尋問に対する異議 …………………………………………… 258
   10.11.13 証拠保全の強制力 …………………………………………… 260

参考文献 ·· 261

第 11 章　デジタル・フォレンジックの歴史と今後の展開 ········ 262
　11.1　デジタル・フォレンジックの簡単な歴史 ······················· 262
　11.2　今後の動向の概要 ··· 263
　11.3　PC の記憶媒体としての SSD の普及とフォレンジック ·········· 264
　11.4　e ディスカバリやネットワーク・フォレンジックにおける AI の利用 ··· 266
　　　11.4.1　e ディスカバリにおける AI の利用 ······················ 268
　　　11.4.2　サイバーインテリジェンスへの AI の応用 ··············· 269
　　　11.4.3　ネットワーク・フォレンジック対策のインテリジェント化 ······ 270
　11.5　おわりに ··· 270
　11.6　さらに知りたい人のために ···································· 270
　　参考文献 ·· 271

ミニテスト ··· 272
ミニテスト解答 ·· 276

索　引 ·· 279

COLUMN

スラック領域 ····································	120
インターネットフォレンジック ····················	182
情報漏洩の発見的コントロール ····················	187
内部不正者の実際 ································	190

第1章

デジタル・フォレンジック入門

1.1 デジタル・フォレンジックとは何か

　内部不正などによって大量の個人情報が企業などから漏洩する事案がしばしば起きている．このような場合に漏洩経路はどこか，どの程度の規模の情報が漏洩しているのか，誰が不正者かなどを早急に明確にし，きちんと説明できるようにしないと組織の信頼を失ってしまう．また，不正者を民事訴訟で訴えようとしても，証拠がないと裁判に勝つことができない．

　このように種々のインシデントが発生した際に，コンピュータなどの情報処理機器上に残された証拠を確保し，将来起こり得る裁判に備えるための技術や手順が必要になる．これが，本書で対象とするデジタル・フォレンジック（Digital Forensics）である．

　デジタル・フォレンジックは警察などの法執行機関が使う場合もあれば民間で用いる場合もある．また，サイバー攻撃のように情報処理機器を直接の対象とするインシデントだけでなく，殺人事件や窃盗，不正会計，契約違反などのような一般の事案であっても，デジタル・フォレンジックの対象となることがある．それらの事案に関連する人がPCやスマートフォンなどの情報処理機器を使っていれば，その電磁的記録から関連する証拠を収集することができるからである．

　このデジタル・フォレンジックには以下に示すようにいろいろな定義がある．デジタル・フォレンジックとは何かを把握していただくために種々の定義を紹介しておく．

(1) 警察白書[1]における定義：「犯罪の立証のための電磁的記録の解析技術およびその手段」．ここで刑法における電磁的記録というのは刑法第7条

の2では「電子的方式，磁気的方式その他，人の近くによって認識できない方式で作られている記録であって，電子計算機による情報処理の用に供されるものをいう」としている．警察白書における定義は端的でわかりやすいが，民間においては，犯罪を構成しない社内規則の違反などを確認するためにもデジタル・フォレンジックを用いるので，定義としてはやや狭いといえる．

(2) NIST（National Institute of Standards and Technology，アメリカ国立標準技術研究所）SP800-86[2]の定義：デジタル・フォレンジックはフォレンジックサイエンス（法律に科学的手法を適用すること）の1つであるとした上で「情報の完全性を保護し，データの厳密な保管引き渡し管理を維持しながらデータの識別，収集，検査及び分析に科学的手法を適用すること」としている．デジタル・フォレンジックの手順は明確に示されているが，デジタル・フォレンジックを行う目的などは書かれていない．

(3) デジタル・フォレンジック事典[3]における法医学との関連における説明：ここでは図1.1に示すように「フォレンジック（Forensic）という言葉は，『法の』あるいは『法廷の』といった意味をもつ形容詞であり，名詞はForensicsと記述される場合が多い」という説明が入っている．そして，まず，「法医学と訳されるForensic Medicineは殺人事件が起こった

デジタル・フォレンジックをデジタル鑑識と訳す人もいる

図1.1　デジタル・フォレンジックのイメージ

場合などに死因はとか，死亡推定時刻とかの捜査や裁判に必要な情報を医学知識を用いて明らかにする技術や学問である」としてみんなが知っている用語の定義を示す．それとの関連で，デジタル・フォレンジックは「コンピュータへの不正侵入があった場合などに，侵入手口はとか，侵入経路はとかの捜査や裁判に必要な情報を，情報処理技術を用いて明らかにする技術や学問」であると定義している．比較的わかりやすい定義であるが，情報処理技術が具体的に何かわかりにくいという問題がある．

(4) デジタル・フォレンジック研究会の定義[4]：「インシデントレスポンスや法的紛争・訴訟に対し，電磁的記録の証拠保全及び調査・分析を行うとともに，電磁的記録の改ざん・毀損等についての分析・情報収集等を行う一連の科学的調査手法・技術を言います」．ここで，インシデントレスポンスとは，「コンピュータやネットワーク等の資源及び環境の不正使用，サービス妨害行為，データの破壊，意図しない情報の開示等，並びにそれらへ至るための行為（事象）等への対応等を言う」としている．必要なことは書いているが，定義が長くてすぐには理解しにくいという問題がある．

定義というのは常に一長一短があり，どれか1つに絞るのは難しい．しかし，定義が狭すぎずしかも端的にということを意識すると，「種々のインシデントが発生した際に，将来行われうる裁判で証拠として使用できるようにするための電磁的記録の収集や分析の技術およびその手順」という定義もあってよいのではないかと考えている．裁判は刑事でも民事でもよいし，実際には裁判にならなくてもよいという定義になっているので，民間向けのデジタル・フォレンジックにも合致したものになっていると考えられる．

Digital Forensicsの日本でのよび方に関しては，「デジタル鑑識」などとよぶ場合がある．しかし，デジタル・フォレンジックは民間でも使うので「デジタル鑑識」という訳語は適切ではないと考え，本書では，以降も，デジタル・フォレンジックという言葉を用いることにする．

1.2 デジタル・フォレンジックが重要になってきた背景

デジタル・フォレンジックが重要になってきた背景は，以下のように整理することができる（図1.2参照）．

第1点は，デジタル化の進展である．コンピュータやインターネットの普及に伴い，ほとんどすべてのデータはデジタル化され，電磁的記録として保存されるようになってきた．ここでは，従来のデータが単にデジタル化されるだけでなく，さまざまに処理され高度な判断に用いられるようになってきている．したがって，デジタルデータはいまや組織の基幹にかかわるものとなっている．また，個人や組織の多くのやり取りが電子メールなどの形でスマートフォンなどに蓄えられるようになってきている．したがって，捜査や民間での調査においてデジタルデータが非常に重要なものとなっている．

第2点は，コンピュータ犯罪に関する刑事訴訟の増大である．すなわち，コンピュータやインターネットの普及に伴い，不正侵入などの技術が進歩し，デジタルデータに対する不正や犯罪が増加している．また，不正アクセス禁止法やウイルス作成罪の誕生など情報化の進展に伴う新しい法律が施行された．このような理由からコンピュータ犯罪に関する刑事訴訟の増大が予想される．

第3点は，民事訴訟の増大である．日本においても，国民の権利意識の増大な

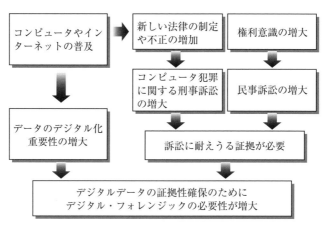

図1.2 デジタル・フォレンジックが重要になった背景

どから，従来は考えられなかったような場合にも民事訴訟が行われるようになってきている．

このような状況から，デジタルデータの証拠性を適切に確保し訴訟に備える必要性が増大し，デジタル・フォレンジックが重要性を増してきたと考えることができる．

1.3 デジタル・フォレンジックの主要な手順

1.3.1 手順の分類法

デジタル・フォレンジックの定義が多様なように，デジタル・フォレンジックの手順の分類法もいろいろある．

NISTでは次のような手順の分類法[2]を採用している（図1.3参照）．

① データの収集：データの完全性を保護する手続きに従いながら，関連するデータを識別し，ラベル付けし，記録し，ソースの候補から取得する．

② 検査：データの完全性を保護しながら収集したデータを自動的手法および手動的手法の組み合せを使ってフォレンジック的に処理することにより，特に注目するデータを見定めて抽出する．

③ 分析：法的に正当とみられる手法および技法を使用して検査結果を分析することにより，収集と検査を行う契機となった疑問を解決するのに役立つ情報を導き出す．

④ 報告：分析結果を報告する．

デジタル・フォレンジック研究会のガイドブックでは，このNISTの手順に改良を加えた図1.4に示すような手順を採用している[5]．

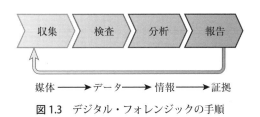

図1.3　デジタル・フォレンジックの手順

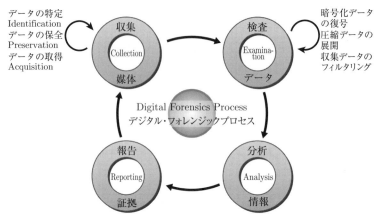

NIST SP800-86(http://csrc.nist.gov/publications/nistpubs/800-86/SP800-86.pdf)等を参考に当研究会作成
図1.4　デジタル・フォレンジックの手順

これらを参考にし，本書では次のような手順の分類法を採用しようと思う（図1.5参照）．

① 事前準備：インシデントに備え普段からログを収集しておくとともに，対象となるインシデントを認知し，対応方針，対応体制を決定し，準備作業を行う．

② データの収集：インシデントが発生した場合に不正行為に用いられた可能性のあるPCなどの情報処理装置から調査に必要なデータを収集し，不正に

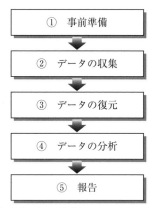

図1.5　本書で採用するデジタル・フォレンジックの手順

改ざんされないようデータを保全する．
③ データの復元：収集したデータから暗号化されたデータを復号したり消去されたデータを復元したりする．
④ データの分析：復元したデータに対し，法的に正当とみられる手法を使用して分析を実施し，証拠となり得る情報を得る．
⑤ 報告：調査結果を依頼主に報告する．

ここでは，事前準備の過程も重要であると考え追加している．なお，②データの収集方法は第4章で，③データの復元方法は第5章で，④データの分析方法については第6章でそれぞれ詳しく説明する．

これらの手順を実施するにあたっては，次の2つの目的を達成する必要がある．
(1) 調査目的の達成：調査や捜査の目的の達成に必要な情報を得ることができる．
(2) 証拠性の確保：手順が不適切で証拠として採用され得ないことがないようになっている．

1.3.2　デジタル・フォレンジックの手順の一例

ここでは，ある企業に対し，その企業から個人情報が外部に漏洩したのではないかという指摘を受けたような場合を考える．この場合，デジタル・フォレンジックを用いて調査を行うことが必要になる．この調査は，企業の職員が行う場合もあるが，一般には，デジタル・フォレンジックを行う企業などの専門家が行う場合が多い．

企業にとって重要なことは，この漏洩が外部の人間によるものか，内部の人間によるものかの切り分けである．外部からのものであれば，証拠を整理し報告書を作成して，警察などに捜査を依頼することが必要となる．警察などの法執行機関では，この報告書も参考にしつつデジタル・フォレンジックを用いて，外部の不正者を特定しようとする．

内部からのものであったら，デジタル・フォレンジックを行う企業などの専門家に依頼し，さらに証拠の収集を行っていくことになる．内部の人間の不正の証拠を確実なものにするためには，サーバの解析などにより不正侵入を行った可

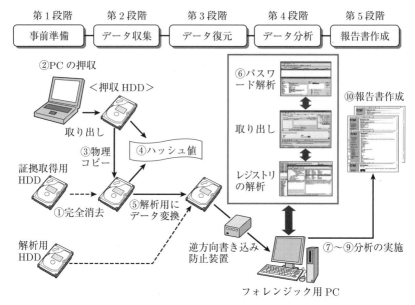

図1.6 デジタル・フォレンジックの手順

能性の高い人物を明確化し，その人物のPCを調べ，不正侵入を行った確実な証拠を把握する必要がある．この方式の詳細は第4章以降で記述するが，全体のイメージをつかんでもらうために以下に概要を記述する．

ここでは，個人情報を保管していたサーバのログ解析により，不正なアクセスをした可能性の高い職員が見つかったとしよう．この場合，デジタル・フォレンジック企業の専門家は確認のために次のようにして調査を行う（図1.6参照）．

第1段階：事前準備
① 不正を行った可能性の高い職員のPCを確保してもらう．また，証拠データの汚染を防ぐため専用消去ツールでハードディスクドライブ（以下，HDD）データに上書きを行い，完全消去し証拠取得用のHDDとして用いられるようにする．別のPCを用いてHDDにオールゼロなどを上書きする場合もあるが，専用の装置を用いる場合が多い．

第2段階 データの収集
② デジタル・フォレンジックの専門家は，不正を行った疑いのある職員が使っている会社のPCを手に入れ，PCからHDDを取り出す．この段階で

の対応が不十分もしくは不適切であったために，証拠となり得る情報や痕跡が失われる可能性があるので，注意が必要である．
③ 証拠取得用 HDD（コピー先）へ 100％物理コピーを行う．ここで，物理コピーと論理コピーの違いは図 1.7 に示すとおりであり，物理コピーの場合はファイルを削除していた場合であっても上書きがされていなければ，復元が可能である．物理コピーと論理コピー以外にイメージコピー（またはイメージファイルコピー）というのがある．イメージコピーというのは，物理コピーのように HDD 内のデータを 1 ビット単位でコピーするのではなく，対象となる物理データをファイルとして扱い，ファイル単位でコピーするものである．イメージコピーでも物理コピーと同様に削除データの復元が可能である．
④ 対象 HDD（コピー元）と証拠 HDD（コピー先）のデータ同一性を比較するため，両者のハッシュ値あるいはデジタル署名をとっておき，改ざんが行われていないことを確認する．現在ではハッシュ値だけではなく，ハッシュ関数と公開鍵暗号を用いるデジタル署名が望ましいとされており，デジタル署名に用いるハッシュ関数は，SHA-2 や SHA-3，公開鍵暗号は 2 048 ビット鍵長の RSA 暗号等が望ましいといわれている．
⑤ 物理コピーされたデータを解析ソフトウェアに適したイメージファイルへ変換する．

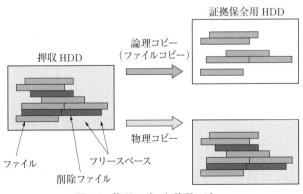

図 1.7　物理コピーと論理コピー

第3段階：データの復元

⑥ 解析用ファイル形式に変換された証拠データを解析用ソフトウェアで認識する．この解析ソフトウェアとしては，EnCase やフォレンジックツールキットなどの製品や，Autopsy などのフリーソフトがよく知られている．この段階で，過去に消去されたファイルの復元を試みたり，暗号化されたファイルの復号を試みたりする．

第4段階：データの分析

⑦ ファイルデータの分別を行う．

⑧ ビューアを用いてさまざまなファイルを1つの解析ソフトウェアで閲覧する．図1.8に Autopsy の画面の一例を示す．

⑨ 必要に応じてパスワードリカバリの実施やレジストリエリアを閲覧する．ここでレジストリとは，Microsoft 社の Windows 95 以降で，各種の環境設定やドライバの指定，アプリケーションの関連付けなどの情報を保存しているバイナリファイルである．このファイルを解析することにより，接続された USB メモリや最後に接続された URL などがわかる場合がある．

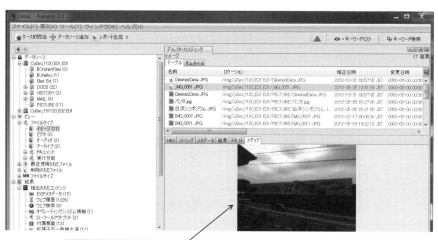

図 1.8　Autopsy の画面の一例

第5段階：報告書の作成

⑩ 法廷において最重要視されるレポートの作成を行う．報告書の内容は公平であること，客観的であること，真正であること，理解可能であることなどが求められる．

これらの過程で，対象者のPCから正しく，デジタルデータを収集し，改ざんされていないということを，裁判官などが信じるに足るようにしておく必要がある．このため，現状では，証拠取得用HDDを完全消去した後や，対象HDDから100%物理コピーした後に，ハッシュ値やデジタル署名を残すなどの対応を行う．また，証拠が残っているHDDへの分析時の書き込みを防止するため，書き込み防止装置を用いたり，作業の様子をビデオや写真で撮影するなどして，証拠性を確保できるようにしている．

1.4　デジタル・フォレンジックの分類軸

デジタル・フォレンジックはさまざまな局面で利用されているので，デジタル・フォレンジックを分類する軸は，次のように多様であると考えられる[9]．

(1) デジタル・フォレンジックを利用する主体
　(a) 企業などの一般組織
　(b) 警察などの法執行機関

1.3節では企業などの一般組織を対象に説明したが，警察などの法執行機関で適用することも当然可能である．企業での調査範囲がその企業内部に限定されるのに対し，警察の捜査は，企業の内外を問わず実施することが可能である．ここで(b)に属するものとしては，ほかに検察庁，金融庁，公正取引委員会，国税庁などがある．米国などでは軍によるデジタル・フォレンジックの利用も多いという．

(2) 訴訟の対象となる行為
　(a) 組織の規定などに違反（規則に違反したメールの配信など）
　(b) 組織間の契約条項などに違反（守秘義務契約の違反など）
　(c) 法律に違反（刑法，不正アクセス禁止法（不正侵入など），個人情報保護

法，不正競争防止法（営業秘密の不正入手など），金融商品取引法，独占禁止法，会社法，民法の不法行為など）

訴訟を意識してデジタル・フォレンジックを実施するが，実際には訴訟にまで至らない場合も多い．

(3) 訴訟の種類
(a) 民事訴訟
(b) 刑事訴訟

民事訴訟は誰でも原告として起こせるし，また，被告にもなり得る．デジタル・フォレンジック業者に依頼して入手したり，自らが入手した電磁的証拠を民事裁判において用いることができるが，訴え提起前の証拠収集手続きは限定されていて，原則として強制力がなく，あったとしても間接的なものである．一方，刑事訴訟を提起できるのは基本的に検察官だけである．検察官は警察などの捜査結果に基づく電磁的証拠を刑事裁判において用いることができ，強制力のある各種の証拠収集手続きがある．いずれの裁判においても「信頼できる技術」と「正しい運用プロセス」を用いることによりForensically-soundと表現される採用可能性の高いプロセスを確立する必要がある．

民事訴訟と刑事訴訟は，証明責任の配分でも異なっている．民事訴訟では，法律の条文の定め方に従って，原告と被告のそれぞれに証明責任が配分されている．これに対し，刑事訴訟では，原則としてすべての事実について検察官が証明責任を負う．

また，民事訴訟には弁論主義が適用され，当事者が認めた主要事実には自白が成立して裁判所を拘束するが，刑事訴訟では，被告人が公判廷で有罪の答弁をしても検察官は犯罪の事実を証明しなければならないなどの違いもある．

(4) 訴訟との関連
(a) 訴訟を提起する側（民事訴訟の原告（個人・企業など），刑事訴訟の法執行機関（検察官））
(b) 訴訟提起を受ける側（民事訴訟の被告，刑事訴訟の被告人（個人・企業など））

1.3節の説明では訴訟を提起する側に例をとって説明したが，今後は訴訟提起

を受ける側のデジタル・フォレンジックも重要となる．企業は個人（ユーザや従業員）や他の企業や国から訴えられることが増えており，裁判に負けると多額の賠償が課せられたり，社会の関心を集め信用に影響するからである．このため，企業の職員の不正防止のためのポリシーを作ったり，全職員の管理区域への入退室ログをとり，不正をすればすぐわかるような対応も必要となる．

(5) 証拠性の保持に関連する情報処理機器
　(a) サーバ
　(b) PC
　(c) ネットワーク（ルータ，ハブ，通信路など）
　(d) 携帯電話，携帯端末，スマートフォン　など

　最近は，各種の制御装置や情報家電，スマートメータ，カーナビゲータなどの装置がIoT（Internet of Things）としてインターネットに接続される傾向にあり，これらもデジタル・フォレンジックにとって重要な対象になり得る．

(6) 電磁的記録を保管する媒体
　① 不揮発性媒体
　　(a) ハードディスク
　　(b) SSD（Solid State Drive）
　　(c) USBメモリ
　　(d) 光学式ドライブ（DVD-Rなど）
　② 揮発性媒体
　　(a) メインメモリ
　　(b) レジスタ　など

　従来は①だけだったが，最近では②もデジタル・フォレンジックの対象になってきている．②はPCなどの電源を切ると失われるので，その前にダンプを行いメモリの内容を一括して不揮発性媒体にコピーする必要がある．

(7) 証拠として扱う電磁的記録の種類
　① ログのように意識的に残すもの
　② 痕跡の形で偶然残るもの

ここで，デジタル・フォレンジックで用いられるログの種類としては次のようなものがある．
　(a)　システムで一括管理されているログ
　　（イ）　UNIX系OSのsyslog
　　（ロ）　Windowsのイベントログ
　(b)　アプリケーションソフトウェア自体の独自のログ
　　（イ）　Apacheのアクセスログ
　　（ロ）　IISのアクティブログ　など
　(c)　セキュリティソフトウェアによるログ
　　（イ）　マルウェア対策ソフトウェア
　　（ロ）　侵入検知・防止システム
　　（ハ）　Webプロキシ
　　（ニ）　脆弱性管理ソフトウェア
　　（ホ）　認証サーバ
　　（ヘ）　ルータ，ファイアウォールなどからのログ　など

(8) 証拠性の保持に関連するアプリケーションソフト
　(a)　電子メール
　(b)　Web
　(c)　ソーシャルネットワークサービス（SNS）など
　これらのアプリケーションプログラムが扱うデータの中に不正の痕跡が残り，証拠として用いることが可能となる場合がある．

(9) 情報システムの運用形態
　(a)　オンプレミス（情報システムを使用者自身が管理する設備内に導入，設置して運用すること）
　(b)　クラウド
　1.3節の例ではオンプレミスだったが，クラウドコンピューティング環境下で実施する場合もある．クラウドにおけるデジタル・フォレンジックにおいては，
　　（イ）　多くのユーザからファイルを含むサーバを扱うことがプライバシーや営業秘密の問題を生じさせる可能性がある

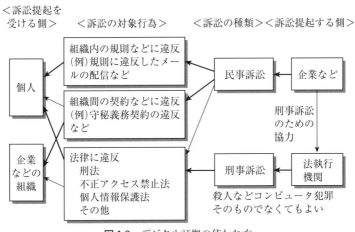

図 1.9 デジタル証拠の使われ方

(ロ) 証拠の信頼性がクラウドプロバイダーの言葉に基づくことが多い
(ハ) 物理的データの位置がわからないことが調査を遅らせることになりやすい

などの特徴がある．

このとき，訴訟の対象となる行為，訴訟の種類，訴訟の主体の関係は，次のように整理することができる（図 1.9 参照）．

民事訴訟は，通常，個人や企業などが行い，刑事訴訟の訴追は法執行機関が行う．したがって，民事訴訟用の証拠性は個人や企業が確保し，刑事訴訟用の証拠性は法執行機関が確保することになる．しかし，企業や個人も刑事告訴のように刑事の捜査手続きを法執行機関に開始してもらうなどのために，証拠を保存し，提出することもある．

なお，社内の規定に違反した人を企業内で処分するためのデジタル・フォレンジックの利用もあるが，この場合も，訴訟の可能性を前提に準備的に行われると考えられるので，ここでは訴訟を前提とするものとして説明した．

以上，見てきたようにいろいろな分類軸があるのでそれぞれの組み合せを求めると非常に多くのものになる．そこで，その中から重要性が高いと考えられる組み合せを選出し，相互関係を整理すると，図 1.10 に示すようになる．以降では特に断らない場合は民間での使用を前提に説明する．

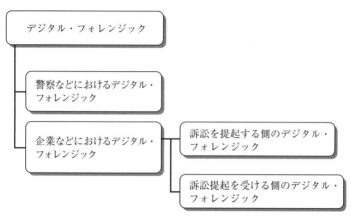

図1.10　利用者によるデジタル・フォレンジックの分類

　デジタル・フォレンジックの必要性に関する調査結果[6]によると，表1.1に示すように「情報セキュリティマネジメントのために」というのが一番多く，次が「法的紛争時の対応のために」となっている．これらは主に訴訟を提起する立場で実施されるものである．「コンプライアンス・内部統制のために」というのは，法令遵守により組織の業務や体制の適正が確保されることを意味するが，不祥事が発生し，法令遵守が疑われて，調査チームや第三者委員会などが調査を行う場合，デジタル・フォレンジックを実施するのが今は主流となっている．この調査は同時に，株主や被害ユーザなどから提訴された場合の重要な証拠になり，訴訟提起を受ける側の実施といってよい場合もある．

表1.1　デジタル・フォレンジックの必要性[6]

No	目　的	〔%〕
1	法的紛争時の対応のために	42
2	コンプライアンス・内部統制のために	21
3	情報セキュリティマネジメントのために	71
4	行政や取引先との関係のために	27
5	ほとんど必要ない	5

1.5 デジタル・フォレンジックにおいて必要となる技術の概要

1.5.1 手順に対応する技術

上記のデジタル・フォレンジックの手順に対応して必要となる技術は図1.11に示すようなものがある．

ここで，「①事前準備」のログなどの蓄積において，(b) のログの不正改ざんや消去を検知するためにはデジタル署名が用いられることが多い．また，消去への対応のためにはアーカイブやバックアップファイルの作成がある．

「③データの復元」の (d) の削除されたファイルの復元については，1.5.2項でもう少し詳しく説明を行う．破壊された媒体の復元については専門技術を使えば思いのほか復元ができる．データサルベージ社の技術者によると，2011年3月11の日の津波で海水をかぶったPCに対し，1週間以内に対応をした場合は80〜90％ファイルが復元できたという．(e) の暗号化されたファイルの復号は，一般には困難である．簡単なパスワードを暗号鍵として使っている場合は，パスワードの総当たりにより復号が可能な場合がある．また，暗号ソフトの作りが悪く，平文を暗号化した後，元の平文を上書き消去するのではなく単純な削除だけ

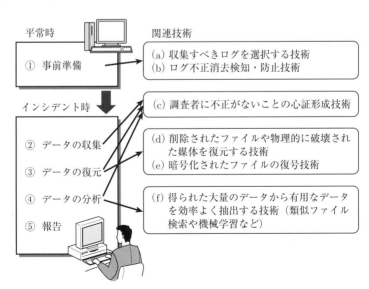

図1.11 デジタル・フォレンジックで使う主な技術

を行っている場合には，デジタル・フォレンジックを用いることによって消去した平文を復元できる場合がある．

1.5.2 ファイル復元技術の概要

コンピュータ内では，データは通常ファイルの形で保存されている．ファイルには管理情報（メタデータともいう）の部分と実情報（実データともいう）の部分がある．管理情報はファイル名や作成日時などのタイムスタンプなどがある．通常，ファイルをごみ箱に持っていき，ごみ箱を空にするという操作でファイルを削除するが，その際には実情報が消されたのではなく，管理情報が書き替わっただけである．Word や Excel などの一般のソフトウェアは管理情報が書き替わっていると削除されたとして処理するが，Recuva や Datarecovery などの復元ソフトウェアや Autopsy などのフォレンジックツールの復元機能は，管理情報が書き替わっていても実情報領域にデータを探しにいき，実データを表示しようとする．

Windows におけるファイルシステムで最も多く用いられているのは，NTFS（NT File System）である．NTFS では図 1.12 に示すように，消去する場合にはファイルレコードヘッダーの配置済みのフラグを未配置にする．そして，復元ソ

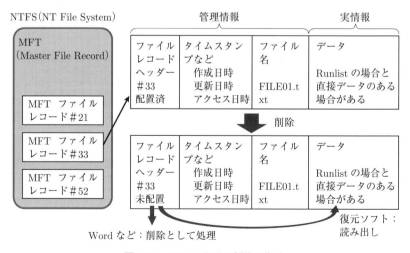

図 1.12　NTFS における削除と復元

フトウェアや復元機能付きのフォレンジックツールは，未配置であっても実情報領域を調べ，データを取り出し，必要な場合にはこれを表示する．

ファイル復元技術について詳しくは 2.3 節で説明する．

OS や Word や Excel のアプリケーションソフトウェアは，削除されたファイルの実情報領域に，新しいデータを上書きしようとする．この上書きが行われると，復元ソフトウェアなどを用いても復元ができなくなる．どの程度の時間で上書きが行われるか，次のような手順で実験を行った[7]．

① 学生の PC に 1 MB の Word ファイルを C ドライブと D ドライブに書き込む．
② その後，それらのファイルを削除する．
③ 学生がいつもと同じような作業を PC を用いて行う．
④ 削除直後，6 時間後，24 時間後，30 時間後，48 時間後，54 時間後に復元ソフトウェアを用いて復元実験を行った．

この，①～④の過程を 10 回繰り返し，何回復元できたかを調べた．この結果をまとめたのが図 1.13 である．この結果，D ドライブのファイルは長く復元できるが，C ドライブのファイルについては 24 時間もすると復元できなくなることがわかった．これらは，データ量を大きくしたり，別のファイル形式のものを

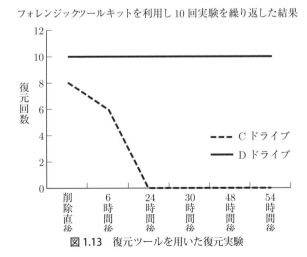

図 1.13　復元ツールを用いた復元実験

使ったり，復元間隔を短くして実験を行ったりしたが，傾向は変わらなかった[7]．

1.6 デジタル・フォレンジックの作業を実施する上で注意すべき事項

1.6.1 プライバシーとの関連

デジタル・フォレンジックの作業を実施する上では次のようなプライバシーへの配慮が必要になる[8]．

(1) 組織および裁判管轄・準拠法のプライバシーについてのルールとガイドラインを遵守しなければならない．

(2) 適正な手続きや同意などを経ずに，プライバシー情報の処理をしてはならない．

(3) 証拠を収集するために行う段階において，組織より手順や支援があればそれを確認する．

証拠の収集が，第三者に広範な不都合を生じさせる場合，同一記憶媒体にインシデントと無関係の十分な証拠をもたないデータがある場合，インシデントと関係するが被疑者所有のものでない場合にはデータをとることは控えるべきである．

1.6.2 早急な対応との関連

インシデントレスポンスのために応急処置をとることによって，証拠がなくなってしまわないように注意することも必要である．たとえば，ある PC から怪しいパケットが出ているからといって PC の電源を切ってしまうと，証拠となるデータが大幅に失われてしまう．電源はそのままにして，その PC をネットワークから切り離すという対応の方が，外部への迷惑を防止しつつ，証拠となるデータを残しやすいという意味において望ましい．

一方，通常は完全な証拠性を確保しつつデジタル・フォレンジックを実施するが，インシデントレスポンスや捜査の応急な対応のために証拠性確保の完全性をやや犠牲にしても，早急に結果を求めたいこともある．その場合は，そこで得られた知見をもとに別のしっかりした証拠を確保し，裁判に備えることが必要になる．

1.7 類似の用語との関係

デジタル・フォレンジックと関連する用語で，後ろにフォレンジックが付く用語には次のようなものがある（図1.14参照）．

(1) 対象とする機器・装置による命名
① コンピュータ・フォレンジック（狭義のデジタル・フォレンジック）

PCやサーバ上のハードディスクなどのデータを収集・解析することにより不正の証拠などを確保するための手順や技術である．これは今までの説明で，デジタル・フォレンジックとよんできたものの中心をなすものである．最近は，ノートPCの場合，ハードディスクの代わりにSSD（Solid State Drive）を用いることが増えている．SSDはデータの消去に時間がかかるという問題を解決するために，あらかじめ消去しておく機能であるTrim機能を実装している．しかし，この機能を用いると，データの復元が不可能となるという問題があり，デジタル・フォレンジック上大きな問題になっている．

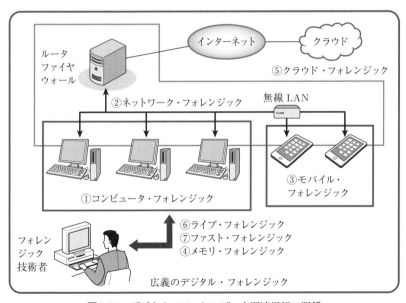

図1.14　デジタル・フォレンジック関連用語の関係

② ネットワーク・フォレンジック

　セキュリティシステムの設計や開発の専門家として知られている Marcus J. Ranum はネットワーク・フォレンジックを，「セキュリティ上の攻撃や問題を発生させるインシデントの発生源を発見するために，ネットワーク上のイベントをキャプチャ，記録，分析する」手順や技術であるとしている[10]．パケットログの分析や，ログなどからのマルウェアの抽出，抽出されたマルウェアの分析などを含めてネットワーク・フォレンジックという場合が多い．

　最近は，ネットワーク・フォレンジックを用いてインシデントの発生源となる機器を特定した後，コンピュータ・フォレンジックなどを適用することが多い．サイバー攻撃に対応するため，ネットワーク・フォレンジックと従来のコンピュータ・フォレンジックを組み合わせて対応する手順をサイバー・フォレンジックという場合もある．なお，ネットワーク・フォレンジックについては，第 8 章で詳しく解説する．

③ モバイル・フォレンジック

　携帯端末やスマートフォンのような無線を用いて通信する機器に対するフォレンジックである．第 7 章で詳しく解説する．

④ メモリ・フォレンジック

　デジタル・フォレンジックは通常ハードディスクのような不揮発性のデータを対象とするが，メインメモリにあるデータのような揮発性のデータを扱いたい場合もある．メモリ・フォレンジックは，メインメモリ上のデータに対してダンプなどを行った後に解析する手順や技術である．マルウェアにはディスクに痕跡を残さないものが増えてきたり，ファイルなどがデスク上で強い鍵で暗号化されている場合は解読できないことから，メモリ上のデータの解析が必要になった．頻繁にメモリダンプをとると時間がかかり，コンピュータの通常の処理が困難になり，いつダンプをとるべきかの判断が難しい．

(2) 運用形態による命名

⑤ クラウド・フォレンジック[11]

　クラウドコンピューティングにおけるクラウド上にあるデータに対するデジタル・フォレンジックの手順や技術である．基本的に通常のデジタル・フォレン

ジックと同じであるが,次のような特徴がある.
- (a) 多くのユーザのファイルを含むサーバを扱うことが,プライバシーや営業秘密の問題を生じさせる可能性がある.
- (b) 証拠の信頼性は,クラウドプロバイダーの言葉に基づく.
- (c) 調査員は証拠を集めるクラウドプロバイダーに従属している.
- (d) データを集める技術者がデジタル・フォレンジックに精通していない場合が多い.
- (e) 物理的データの位置がわからないことが,調査を遅らせることになりやすい.

(3) フォレンジックのやり方による命名
⑥ ライブ・フォレンジック

ライブ・フォレンジックは,起動中のコンピュータでリアルタイムに情報収集・解析を行うことである.メモリ・フォレンジックと同じ意味で用いる場合もあるが,ライブ・フォレンジックは,メモリ上のデータだけでなくハードディスクなどからのデータ収集を含む,広い概念で用いることが多い.

⑦ ファスト・フォレンジック

通常は,完全な証拠性を確保しつつフォレンジックを実施する.これに対し,ファスト・フォレンジングはインシデントレスポンスや捜査の応急な対応のために,証拠性確保の完全性をやや犠牲にしても,早急に結果を求めようとするフォレンジックの手順や技術である.なお,これに対しディスク全体の完全複製を取得した上で,多彩な処理を行い調査を実施するデジタル・フォレンジック手法を,ディープ・フォレンジックという場合がある.

広義のデジタル・フォレンジックは,これら①〜⑦をすべて含むものであるといえる.サイバー攻撃の複雑化により,最近では特に,ネットワーク・フォレンジックなしにはデジタル・フォレンジックができなくなっており,ネットワーク・フォレンジックを取り込んだものをデジタル・フォレンジックという場合が増えてきている.なお,本書で以降,単にフォレンジックと記述する場合は,デジタル・フォレンジックを指すものとする.

1.8 デジタル・フォレンジックの法的側面の概要

1.8.1 民事訴訟法における証拠としての有効性

(1) 民事訴訟法における証拠能力

　民事訴訟法における証拠能力とは，ある証拠資料を事実の認定のために用いることができる適格のことをいうが，民事訴訟法は証拠能力に関して何も規定していない．ただし，証拠が，著しく反社会的な手段を用いたもので，人格権侵害を伴う方法で収集されたときは，民事訴訟でも証拠能力が否定されることがあることを裁判所は認めている（東京高裁昭和52年7月15日判決・判例時報867号60頁）．

　デジタルデータの裁判例では，携帯電話のメールの証拠能力が否定されたケースがある．手紙を他人が勝手に開封するのは信書開封罪の刑法犯にあたるが，携帯電話のメールは信書ではないので，信書開封罪は成立しない．ただ，離婚調停中の配偶者が他方の配偶者の携帯電話から勝手に入手したメールは，「刑事上罰すべき行為と実質的に同等に重大なもの」といえることから，裁判所は，勝手に見られたメールには証拠能力はないと判断している（東京地裁平成21年12月16日判決・2009WLJPCA12168006）．

　証拠能力は，裁判資料になり得るか否かの，証拠の入り口段階の問題であるのに対し，証明力の問題は，入り口段階を通過した後，証拠能力があり裁判資料になり得る証拠であっても，事実を証明する確からしさがどの程度あるかという問題である．

(2) 証拠調べの手順

　民事訴訟法には，大別すると，証人尋問，当事者尋問，書証，検証，鑑定がある．

　当事者尋問は，訴訟の当事者である原告または被告に対しその経験し認識した事実について尋問し，その供述を証拠とする手続きである．

　証人尋問とは，当事者（原告・被告）以外の者に対し，過去の事実など自分が経験し認識したことについて，訴訟で尋問を受けて陳述する内容を証拠とする手続きである．

書証とは，文書に記載されている作成者の意思や認識を事実認定の資料とする証拠調べのことをいう．

検証とは，事物の性状などを事実認定の資料とする証拠調べのことをいう．

鑑定とは，特別の学識経験者をもつ第三者に，その専門知識を使った判断を報告させて，裁判官の判断を補う証拠調べである．

たとえば，原告企業に情報漏洩の疑いのあるインシデントが発生し，原告企業がデジタル・フォレンジックの技術者を雇い，一般の人や裁判官にはないフォレンジックに関する専門知識を使ってデータ保全・解析をし，技術者がそれを法廷で陳述する場合，この陳述は，専門知識に基づくものでも，鑑定ではない．民事訴訟法は，あくまで裁判所に指名された専門家による報告を鑑定というので，訴訟の当事者に雇われた技術者は証人である．ただ，鑑定人にはならないものの専門知識を有する証人であるから，実務ではしばしば「鑑定証人」とよばれている．

(3) デジタルデータの扱い

デジタルデータは書証の対象か，検証の対象かは見解の対立がある．民事訴訟法は，文書でないものについて，「図面，写真，録音テープ，ビデオテープその他の情報を表すために作成された物件で文書でないものについて準用する」と定めていて（231条），これらは「準文書」とよばれている．デジタルデータは231条に明記されていないため，準文書として書証の取り調べの対象となるのかは，民事訴訟法の条文は明かにしていない．

(4) デジタルデータを準文書として扱う場合の問題

電子署名および認証業務に関する法律（以下「電子署名法」という）は，「電磁的記録であって情報を表すために作成されたもの（公務員が職務上作成したものを除く）は，当該電磁的記録に記録された情報について本人による電子署名（これを行うために必要な符号および物件を適正に管理することにより，本人だけが行うことができることとなるものに限る）が行われているときは，真正に成立したものと推定している（3条）．

「電子署名」とは，電磁的記録（電子的方式，磁気的方式，その他，人の知覚によっては認識することができない方式で作られる記録であって，電子計算機に

よる情報処理の用に供されるもの）に記録することができる情報について行われる措置であり，
　（ⅰ）　当該情報が当該措置を行った者の作成に係るものであることを示すためのものであること
または，
　（ⅱ）　当該情報について改変が行われていないかどうかを確認することができるものであること
のいずれかの要件に当てはまるものをいう（2条1項）．

　民事訴訟で実際に提出されるデジタルデータの多くは，現時点では，まだ電子署名の要件を満たしていないものが多いため，電子署名法の真正成立の推定は働かない．そのため，成立の真正は，民事訴訟法の一般規定によることになる．

　デジタルデータを書証とする見解のもとでは，デジタルデータは，書証の手続きを踏んで事実認定の資料となる．具体的には，民事訴訟法は，「文書は，その成立が真正であることを証明しなければならない」と定め（228条1項），また，民事訴訟規則は，「文書の提出又は送付は，原本，正本又は認証のある謄本でしなければならない」と定めている（143条1項）．そのため，成立の真正が証明されなかったり，原本が示されない場合，文書は，裁判の証拠にできないのが建前である．

　デジタルデータの場合，デジタルデータを印刷したプリントアウトを文書に準じて扱うのが，民事訴訟ではこれまでの大勢であるが，近時は，プリントアウトを原本と扱う場合の問題が指摘されている．そのため，プリントアウトになっていない状態（たとえば，PCのディスプレイ上の画像など）を原本とする考え方が現れている．

1.8.2　刑事訴訟法における証拠としての有効性
（1）刑事訴訟法における証拠能力

　刑事訴訟法でいう証拠能力とは，刑事訴訟法の厳格な証明の資料に使える証拠の資格をいう．厳格な証明とは，証拠能力のある証拠であり，かつ，刑事訴訟法が定める各種の手続きに従って取り調べることをいう．

　証拠能力のない証拠は，刑事裁判の事実認定に用いてはならない．刑事訴訟で

証拠能力がないとされている証拠とは，
　（ⅰ）　検察官の起訴状
　（ⅱ）　単なるうわさ・想像・意見
　（ⅲ）　伝聞証拠
　（ⅳ）　被告人の悪性格
　（ⅴ）　強制・拷問・脅迫によって得られた自白や不当に長く抑留された後の自白
　（ⅵ）　証拠物の押収手続きに重大な違法がある場合
などである．
　（ⅰ）は検察官の意見が書かれただけのもので裏付けがないこと，（ⅱ）は証明力が極めて乏しいことから証拠能力が否定されている．（ⅲ）は裁判官が直接本人に確認できず，反対尋問で確かめることができないこと，（ⅳ）は裁判官に不当な偏見を与えるものであることから，証拠能力が否定される．（ⅴ）と（ⅵ）も証拠能力が否定される．
　刑事訴訟法の証明力は，証拠能力のある証拠が裁判官に事実について心証を抱かせる効力のことであり，基本的に民事訴訟法の証明力の考え方に近い．

1.9　本書の構成

　本章ではデジタル・フォレンジックの理解に必要な入門的なことがらについて広く記述した．第2章ではデジタル・フォレンジックをきちんと理解する上で必要となるファイルシステムの知識について解説を加える．第3章ではデジタル・フォレンジックの作業を深く理解するために必要なオペレーティングシステムの仕組みや機能について解説を行う．第4章〜第6章ではデジタル・フォレンジックの手順に沿った具体的方法を，ツールの使い方と共に解説を行う．すなわち第4章はデータの収集，第5章はデータの復元，第6章はデータの分析の実際について解説を行う．
　次に，第7章ではスマートフォンなどのモバイル・フォレンジック，第8章ではネットワーク・フォレンジックというように，最近重要性を増している特殊な対象のフォレンジックに関し，解説を行う．そして，第9章ではフォレンジックの各種の応用を，第10章では法リテラシーと法廷対応について解説した上で，

第 11 章ではデジタル・フォレンジックの歴史と今後の展開に言及する．

参考文献

[1] 警察白書（平成 23 年）第 4 章：https://www.npa.go.jp/hakusyo/h23/honbun/html/1-toku2_2_4.html
[2] NIST SP800-86 の日本語訳「インシデント対応へのフォレンジック技法の統合に関するガイド」http://www.nri-secure.co.jp/security/nist_report/SP800-86-J.pdf
[3] 佐々木良一 監修『改訂版 デジタル・フォレンジック事典』日科技連，2014，p.5
[4] デジタル・フォレンジック研究会「デジタル・フォレンジックとは」https://digitalforensic.jp/home/what-df/
[5] デジタル・フォレンジック研究会「証拠保全ガイドライン 第 6 版」2017.5.9 https://digitalforensic.jp/wp-content/uploads/2017/05/idf-guideline-6-20170509.pdf（2017.11.23 確認）
[6] 向井徹，足立正浩「フォレンジック関連ビジネス動向」日本セキュリティ・マネジメント学会誌，23 巻，第 1 号，2009，pp.57-59
[7] 林健，佐々木良一「時間経過に着目した HDD のデータ復元に関する実験と解析」情報処理学会研究報告，2013-DPS-154，2013，pp.1-6
[8] RFC3227「証拠収集とアーカイビングのためのガイドライン」（日本語版）http://www.ipa.go.jp/security/rfc/RFC3227JA.html
[9] 佐々木良一，芦野佑樹，増渕孝延「デジタル・フォレンジックの体系化の試みと必要技術の提案」日本セキュリティ・マネジメント学会誌，第 20 巻，第 2 号，2006，pp.49-61
[10] Network forensics（Wikipedia）https://en.wikipedia.org/wiki/Network_forensics
[11] Stephen Coty "Computer Forensics and Incident Response in the Cloud" RSACONFERENCE2014, http://www.rsaconference.com/writable/presentations/file_upload/anf-t07a-computer-forensics-and-incident-response-in-the-cloud.pdf

第2章

ハードディスクの構造とファイルシステム

2.1 コンピュータの構造と補助記憶装置

　デジタル・フォレンジックの対象となる電子機器は，広義ではコンピュータ (computer) = 電子計算機であることが多い．いわゆるパソコンやサーバ類はもちろん，スマートフォンや携帯電話，通信機能をもつゲーム機，デジタルカメラや音声 IC レコーダ，多くの家電にいたるまで，コンピュータそのものであるか，制御用のコンピュータが内蔵されている．コンピュータの最大の特徴は，その処理の手順を表すプログラムを記述できることである．このプログラムと，その処理の際にデータが必要である．現代のコンピュータは，プログラムも数値として記述し，データと同様にメモリ上に格納されている．この方式は「プログラム内蔵方式」とよばれる．

　プログラム内蔵方式のコンピュータは，次の4つの装置からなる（図 2.1 参照）．

(1) 中央処理装置

　中央処理装置（Central Processing Unit：CPU）はプロセッサなどともよばれ，コンピュータの中核をなす部分である．CPU はさらに，レジスタとよばれる小さな記憶装置と計算などを行う回路，および処理の順序を制御する装置からなる．CPU の主な機能は，主記憶装置（メモリ）上のプログラムを順に読み取って解釈し，その内容に従って計算処理を行うことである．このプログラムは2進法で表される数値の羅列であるが，CPU にとっては機械語とよばれる形式で解釈可能であり，それに従って CPU はレジスタと計算回路などを操作し，実際の

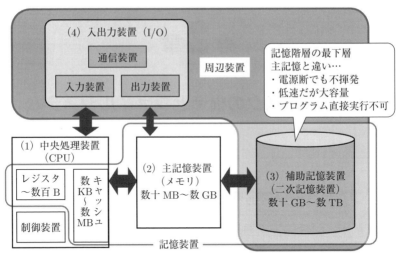

図 2.1　コンピュータの構成

プログラムとして動作させる．その計算処理には，メモリとレジスタの間のデータ転送，レジスタ上の計算とその結果に応じた次の処理内容の決定，入出力装置との間のデータ転送などがある．

　現代のコンピュータはほとんどの部分がデジタル同期回路で実現されているが，同期回路の動作にはクロックとよばれるパルス波の入力を必要とする．CPU に使われるクロックの周波数は処理速度の指標となるため，これを動作周波数とよび，ヘルツ〔Hz〕で表す[†1]．一般にこの数値が高いほど処理速度が速いが，それに伴い消費電力も上昇する．そこで，近年の多くの CPU は，動作周波数を処理状況に応じて変化させる機能をもっている．

　また，最近の多くの CPU はキャッシュとよばれる高速の記憶装置を内蔵しており，主記憶装置のうち最近使用した部分について複製を保持している．CPU とメモリとの間のデータ転送にはある程度の時間がかかるため，キャッシュの利用により大幅な性能向上が可能である．

　フォレンジックとして対象になることが多いであろう，パソコンなどの機器で使われている CPU を以下に列挙しておく．2015 年現在．オペレーティング

[†1]　通常はこれに SI 接頭語が組み合わされる．接頭語には 1 000 を表すキロ〔k〕，100 万を表すメガ〔M〕，10 億を表すギガ〔G〕などがある．

システムとして Windows や macOS が動作するパソコンでは，インテル社製の Intel Core，Xeon，Pentium，Celeron，Atom といったプロセッサか，AMD 社製の A プロセッサ，E プロセッサなどが使われている．これらは同一の機械語で動作する CPU であり，ほぼ同一のソフトウェアが動作できる（これを「機械語に互換性がある」とよぶ）．一方，多くのスマートフォンやタブレットなどで動作している CPU は，ほとんどの場合英国 ARM 社が設計したものが使われており，互いに機械語に互換性があるが，インテル社製 CPU とは互換性がない．Apple 社製のスマートフォンやタブレットと，Android 製品のほとんど，および Windows Phone が動作しているスマートフォンには，ARM 社が設計したものか，ARM 社からライセンスを受けて機械語に互換性をもたせた CPU が用いられている．

(2) 主記憶装置（メモリ）

メモリはプログラムとデータを格納しておく場所であり，たとえば最近のパソコンでは数ギガバイトが搭載されている．メモリはアドレスまたは番地とよばれる番号で表される区画に分けられている．各区画は 8 ビット〔bit〕すなわち 1 バイト〔Byte〕であり，これを基本単位として読み書きがなされる．CPU とメモリの組み合せにより，最小構成のコンピュータを構築できる．

メモリには読み書きが自由にできる RAM と，基本的には読み出し専用の ROM がある．RAM は自由に高速に読み書きが可能である代わり，電源を切ると内容が失われる（揮発性とよぶ）．ROM は書き込みが通常は不可能な代わりに，電源を切っても常に同じ内容を保持している（不揮発性とよぶ）ので，コンピュータの電源投入直後に動作させるプログラムが格納されている．このプログラムは一般には IPL（Initial Program Loader），パソコンでは俗に BIOS（Basic Input/Output System）とよばれる．このプログラムにより，後述する補助記憶装置から OS などを読み込んでコンピュータを動作させる．

(3) 補助記憶装置（二次記憶装置，外部記憶装置）

メモリの内容は電源切断と共に消えるため，コンピュータの動作に必要なプログラムや永続的に必要なデータは，磁気媒体などを用いた，電源切断でも消えない，つまり不揮発性の記憶装置に格納する．これを補助記憶装置，二次記憶装

置または外部記憶装置とよぶ．読み書きが可能な補助記憶装置のうち現在最もよく使われているのはハードディスクおよびフラッシュメモリを用いた SSD であり，パソコンの場合は数十 GB 〜 数 TB 程度[†2]の容量のものが使われる．また，メディアが取り外し可能な補助記憶装置はデータ移送のために使われる．現在では USB メモリや SD カードなど，フラッシュメモリを用いたものや，CD-R，DVD-R など光学ディスクを用いたものが代表例である．

　一般に補助記憶装置にはプログラムやデータが格納されているが，CPU からは直接読み書きすることができないため，その内容をメモリとの間で複製してから利用する．また，補助記憶装置の記憶容量は一般にメモリよりは大きいが，データの読み書きにはメモリに比べてはるかに時間がかかり，数百 〜 数百万倍にもなることがある．

　補助記憶装置には通常，プログラムやデータをファイルとよばれる形式で格納する．このファイルの取り扱いは OS が管理している．OS のファイル取り扱い機能をファイルシステムとよぶ．また，最近の多くの OS は，メモリ容量の少なさを補うため，補助記憶装置の一部を見かけ上メモリであるかのように扱う機能をもつ．これを仮想記憶とよぶ．この場合も，実際には必要になったデータが OS の働きにより自動的にメモリと補助記憶装置との間で相互に転送されるようになっており，実際に使用中のプログラムおよびデータは常にメモリ上にある．

　この補助記憶装置とメモリを含めた，コンピュータ内でデータやプログラムが記録される部分を記憶装置とよぶ．この記憶装置に残された電磁的証拠がデジタル・フォレンジックの主な対象である．

(4) 入出力装置およびインターフェース

　コンピュータと人，または他のコンピュータとのデータ交換を司るのが，入出力装置である．Input/Output の略として I/O ともよばれる．入出力装置は，入力装置，出力装置および通信装置に分類できる．入力装置には，キーボードやマ

[†2] 通常 1 バイト〔Byte〕は 8 ビット〔bit〕つまり 2 進法で 8 桁の数値を表す．1 キロバイト〔KB〕は 1 000 バイトであり，以下メガバイト〔MB〕，ギガバイト〔GB〕，テラバイト〔TB〕はそれぞれこの順に 1 000 倍の容量を表す．なお，これらを 1 000 倍ではなく，2 進法で数えやすい 1 024 倍の意味でも使われることがある．1 024 倍単位であることを明確にする場合にはメビバイト〔MiB〕，ギビバイト〔GiB〕，テビバイト〔TiB〕という表記を用いる．
なお，以下ではバイト数の記載は，B，MB，GB などで表記する．

ウス，スキャナやカメラなどがある．出力装置にはディスプレイ，プリンタなどが挙げられる．通信装置は他のコンピュータなどとの相互通信のために使われるものであり，LAN 接続に用いられるイーサネットや無線 LAN（Wi-Fi），電話回線を通じた通信や FAX 送受信に使われるモデムなどがある．

　図 2.1(1)～(4) の装置のうち，入出力装置と補助記憶装置はコンピュータの中核をなしていないため周辺装置ともよばれる．これらはお互いに接続されているが，接続部分をインターフェース（Interface）とよぶ．特に，周辺装置とコンピュータとのインターフェースは多くの場合は規格化・標準化されており，互換性のある規格でないと相互に接続することができない．たとえばパソコンにおいては，ディスプレイの接続には VGA，DVI，HDMI，DisplayPort などの規格が用いられており，規格に応じて接続するコネクタ[3]（Connector）や必要なケーブルの形状が異なる．機器に内蔵される機器にもインターフェースは存在する．たとえば，補助記憶装置の接続には多くの場合 SATA とよばれる規格が用いられているが，サーバ機器などでは SCSI や SAS，パソコンの SSD には PCI Express[4] などの規格も用いられる．その他，パソコンに内蔵されない機器の接続には，USB（Universal Serial Bus）が用いられることが多い．Apple 社製のパソコンでは USB の代わりに，PCI Express を外部接続可能にした Thunderbolt とよばれるインターフェースも用いられる．

　周辺機器の接続によく用いられる USB は，12 Mbps を上限とする USB 1.0 から 10 Gbps まで対応する USB 3.1 まで通信速度の大きく異なる規格があり，高速な上位規格は下位規格と互換性をもつ．また USB はコネクタ形状も多くの種類が存在し，ホスト側（コンピュータ側）では Type-A とよばれるコネクタが主流だが，周辺機器側では Type-B，mini-B，micro-B など複数の規格が混在している．この多くの種類の混在からくる混乱を避けるため，ホスト側と周辺機器側のコネクタ形状を統一した USB Type-C が 2014 年に定義された．

---

[3] 接続のためにケーブルを差し込む端子のこと．
[4] PCI Express は元来グラフィック機能の増強やインターフェース追加のために使われる拡張スロットのための規格だが，インターフェースそのものとしても用いられる．SSD は PCI Express スロットに直接挿入されることがあるほか，SATA Express とよばれる SATA と PCI Express の双方に対応したインターフェースで接続されることもある．さらに，電気的な規格として PCI Express を用いながら論理インターフェースを SSD に最適化した，NVM Express（NVMe）とよばれるインターフェースも用いられる．

このType-Cコネクタにはさらに Display Port によるディスプレイ接続機能とThunderbolt による高速な外部接続機能，USB-PD とよばれる給電機能も追加可能になっているので，「USB機器を接続する機能」「ディスプレイを接続する機能」「Thunderbolt 対応周辺機器を接続する機能」「機器を充電するための機能」の最大4つを担うことができる．

2.2 補助記憶装置

補助記憶装置の中で，実際にデータが書かれる記憶媒体をメディア（media）とよぶ．現在のコンピュータシステムでよく用いられるメディアとしては，ハードディスク，フラッシュメモリ，CD/DVD などの光学ディスク，各種磁気テープなどが挙げられる．このうち，磁気テープを除くほとんどのメディアにおいては，セクタとよぶ固定長（メディアにより 128 B～128 KiB 程度まで異なる）の領域を単位として，任意の位置に随時データを読み書きできるハードウェア構造となっている（ランダムアクセスとよぶ）．このランダムアクセス可能なメディアは，OS内のファイルシステムを通して，ファイルの保存場所として使われる．

補助記憶装置はよくフォレンジックの対象になるため，そのハードウェア的な性質を知ることは重要である．以下に代表的な補助記憶装置のメディアについてその構造と特性を概説する．

2.2.1 ハードディスク

ハードディスク（HD）は，別名固定ディスクともよばれ，1ドライブあたり数十GB～数TB程度の大容量を比較的高速に実現する記憶媒体である．現代では，パソコンやサーバ類，据え置き型ゲーム機などのOSやデータを格納しておく主たる補助記憶装置として用いられているほか，ハードディスクレコーダーなどの名でよばれる家電製品におけるテレビ番組録画，監視カメラにおける動画像録画にも用いられるようになっている．

ハードディスクで用いられるメディアは，金属またはガラスでできた円盤（プラッタとよばれる）の両面に磁性体をごく薄く塗布したものである．このプラッタを1～数枚隙間をあけて重ねたものを1つの駆動軸に固定して，高速に回転さ

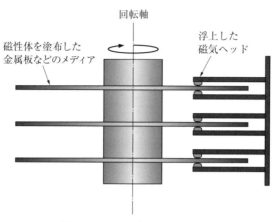

図 2.2 ハードディスクの構造

せる．磁気ヘッドは各メディアの各面に対しアクセスできるアームに取り付けられ，各プラッタの半径方向に動きながら読み書きを行う（図 2.2 参照）．この際ヘッドと磁性体表面の間は空気の流体粘性を利用してわずかな隙間をあけ，接触しないようにしている．この隙間に埃などが入ると磁性体に傷がつきかねないため，製造時にはモータなどの駆動部や磁気ヘッド，アーム，制御回路などとともにメディアをクリーンルーム内で密閉している．近年は空気より抵抗が低く，ヘッドの浮上量を安定して小さくできるヘリウムガスを封入してから密閉することもある．

各プラッタはシリンダとよばれる同心円状の領域に分けられ，外側から順にシリンダ番号（C）とよばれる番号が付けられている．磁気ヘッドにもそれぞれ番号（H）が付けられているので，CとHの組み合せにより，どのプラッタのどの面に書き込むかを決定する．これをトラックとよぶ．各トラックはプラッタを一周しているが，これをさらに固定長のセクタとよばれる領域に分けて管理しており，トラック上のある点から順にセクタ番号（S）が割り当てられている．この CHS それぞれの番号によってメディア上のセクタの位置を指定できる．かつてはこのセクタの数は全トラックに対し一定であったが，シリンダ番号が小さい（つまりメディアの外側の）トラックの方が物理的に長いため，シリンダ番号が小さいほど 1 つのトラックにより多くのセクタを配置するようになって

いる[†5]．セクタのデータ部分の長さも，かつては512 B が主流だったが，2010 年ごろ以降に出荷されたドライブから 4 096 B が主流となった（Advanced Format Technology：AFT）．よってたとえば，1 TB のハードディスクには，512 B のセクタの場合は 20 億のセクタ，4 096 B のセクタでも 2 億 5 000 万のセクタが含まれている．

　これらの多数のセクタをすべて誤りなく読み書きできるような品質管理をすることは極めて困難であるため，ハードディスクにはさまざまな誤り検出や誤り訂正機能が備えられている．たとえば各セクタのデータは誤り訂正符号（Error Correction Code：ECC）が付加されているので，書き込み時に何らかのエラーが発生しても，読み出し時に多くの場合は ECC を用いて元のデータを復元することができる．また，ハードディスクには正規の容量以上のセクタが予備として用意されており[†6]，これを代替セクタとよぶ．製品出荷時の検査で読み書きにエラーが発見されたセクタについては，あらかじめ代替セクタと入れ替える処理が行われている．また使用中にも，読み書きに ECC による誤り訂正が多発するようになったセクタはその位置の磁性体が不良化したとみなして，自動的に代替セクタとの間の入れ替え処理が行われている．これらの処理はハードディスクドライブ内のファームウェアにより自動的に行われているため，コンピュータ側からは性能のわずかな劣化以外には変化が発生せず，通常は意識されることはない[†7]．

　ハードディスクドライブはプラッタの直径により数種類に分類できるが，現在比較的よく使われているのは 3.5 インチと 2.5 インチである．ドライブは直方体の形状をしているが，縦横の幅はプラッタの大きさごとに規格化されており，厚みだけがプラッタの最大枚数に応じて変化する．3.5 インチのハードディスクは現在 1 インチハイト（25 mm 厚）が主流である．2.5 インチでは 12.5 mm，9.5 mm，7 mm の 3 通りの厚みのものが流通している．

　ハードディスクドライブとコンピュータ本体との接続インターフェースは

[†5] そのため，近年は CHS によってメディア上のセクタ位置を表す意味が薄れており，LBA とよばれる全セクタの通し番号によるセクタ位置の指定が多い．
[†6] ハードディスクドライブの大容量化に伴い代替セクタの総容量も大きくなり，内部にデータを格納することが技術的には可能なので，将来的にはその内部の調査も必要になる可能性がある．
[†7] 代替セクタの使用状況を調査する場合には，S.M.A.R.T とよばれるハードディスクドライブの内部状態を調査する規格が利用できる．対応ソフトウェアも多く出回っている．

ATA（AT Attachment）とよばれるインターフェースが用いられることが多い．ATAはかつてフラットケーブルで接続されるパラレルATAが主流だったが，現在はほとんどの場合シールドされた2対の撚り対線，またはコネクタで基板に直接接続されるSATAとよばれるインターフェースが用いられ，1.5 Gbps（ビット毎秒）から6 Gbps程度の転送速度となっている．なお，コンピュータ本体に対し外部接続となるハードディスクでは，本体との接続にはUSBやThunderboltなどのインターフェースを用いるが，これらは内部でSATAへのインターフェースの変換を行っている．

一方，サーバなどではインターフェースにSCSIとよばれるインターフェースが使われてきた．これもかつては接続にフラットケーブルが用いられたが，現在ではケーブルやコネクタの物理的形状がSATAと同一になり，電気的にもSATAと上位互換のインターフェースとなっている．これをSAS（Serial Attached SCSI）とよび，最大12 Gbpsの転送速度がある．特に高速性を要求する用途ではかつて，光ファイバーによる接続を用いるFC（Fibre Channel）が用いられたが，FCは現在サーバとドライブユニット間の接続を担うようになってきており，ドライブそのもののインターフェースはSASへの移行が進んでいる．

ハードディスクの性能を主に決定づけるのは，プラッタの枚数，プラッタの記録密度とプラッタの回転速度である．同一直径のプラッタであれば，プラッタ1枚あたりの記憶容量が多いほど記録密度が上がり，読み書きの速度も上がる．記録密度が同一であれば，回転速度が速いほど読み書き速度が上がる．読み書きするセクタのプラッタ上の位置が連続していない場合には，セクタとヘッドの位置関係によってはプラッタの回転を待つ必要があるが，この場合はプラッタの枚数が多く，回転速度が速い方が平均的な回転待ち時間は小さくなる．

フォレンジックの観点から見た場合，ハードディスクは現在のコンピュータシステムの主なストレージであるため重要なターゲットではあるが，非常に大容量であるため証拠保全や解析に多大な時間を要する．さらにハードディスクは精密機器であり，特にプラッタ上の磁性体は高密度記録が行われているため，わずかな傷でも大きくデータが損なわれる．その他のヘッドなどの機械部分も物理的衝撃や熱などに弱く，故障しやすい．この場合もプラッタが無事であれば修理

によってデータの取り出しが原理的には可能であるが，専門の設備と技術を要する．

2.2.2 フラッシュメモリ

　フラッシュメモリは電気的に消去と書き換えが可能な読み取り専用メモリ（Electoric Erasable and Programmable Read Only Memory：EEPROM）を高速化したものである．主記憶に用いられるDRAMなどの素子に比べて書き込みに時間がかかるため主記憶には用いられないが，コンピュータのBIOSなどでROMの代替として使われるほか，ノートパソコンや高速さを求められるサーバなどにおいて，ハードディスクに代わって補助記憶装置として用いられるようになった．スマートフォン，携帯電話やデジタルカメラのようなモバイル機器でも補助記憶として多用される．USBメモリや，SDカードをはじめとしたカード型の補助記憶媒体にもフラッシュメモリが用いられている．

　フラッシュメモリには回路構成により，大容量を確保できるがある程度連続した領域の読み出ししかできないNAND型と，小容量だが1B単位での読み出しが可能なNOR型に分類できる．補助記憶装置として利用されるのは多くがNAND型である．フラッシュメモリ内の記憶素子（セル）は蓄積した電荷の量で情報を表しているが，電荷の有無のみを情報として1セルあたり1ビットを記録したものをSLC（Single Level Cell），電荷の量を数段階に変化させることで1セルあたり2ビット以上の記録を可能にしたものをMLC（Multi Level Cell）とよぶ[8]．MLCの方がSLCに比べて大容量が確保できるが，各セルへの書き込み可能回数が減少する．

　フラッシュメモリが機器内蔵の補助記憶装置として用いられる場合には，SSD（Solid State Drive)とよばれる[9]．SSDはハードディスクの代替として用いられるので，物理的形状も2.5インチ型のハードディスクドライブと同形状のものも多いが，ノートパソコンでは小型化への要求が高いため，mini PCI Expressスロットに設置できるボードと同形状にしたものや，M.2とよばれる規格の小型のボードも利用される．ハードディスクと同形状のものは，インターフェースと

---

[8] 1セルに3ビットの情報を書き込むものをTriple Level Cell（TLC）とよぶことがある．
[9] Solid State Driveは「半導体素子で作られたドライブ」を意味する．

してもSATAが用いられている。mini PCI Expressスロットに挿入する際は，このスロットの端子形状をそのままSATAインターフェースに転用可能にしたmSATAインターフェースが用いられる例が多い[10]。M.2規格ではインターフェースとしてPCI Express接続[11]，SATA接続のいずれかが使われるようになっている[12]。

　フラッシュメモリが取り外し可能な補助記憶として用いられる場合，USBメモリまたはSDカード（miniSD, microSDを含む）がメディアとしてよく用いられる。USBメモリは，USB接続の外付けハードディスクをフラッシュメモリで置き換えたものであり，ハードウェア的には定まった規格はない。これに対し，SDカードはデジタルカメラをはじめ広範な用途があることから，インターフェース，メディアの最低保証転送速度からファイルシステムにいたる細かい規定がある。容量が4〜32 GiBのものをSDHCとよび，ファイルシステムにFAT32を用いることが規定されている。64 GiB以上のものはSDXCとよばれ，ファイルシステムにexFATを用いることを規定している。インターフェースについては従来からあるSDバスではNormal Speed（NS）とよばれる12.5 MB/s（メガバイト毎秒）のモードと，High Speed（HS）とよばれる25 MB/sのモードが定義されていたが，これに上位互換性をもつUltra High Speed（UHS）とよばれるインターフェースでは，UHS-Iで最大104 MB/s，UHS-IIで最大312 MB/sの速度が定義された[13]。さらに，メディアが対応し得る速度をSDバスの場合はクラスとよび，MB/sで表す（クラス4なら4メガバイト毎秒）。UHSモード対応の場合にはスピードクラスとよび，クラス1なら10 MB/s，クラス3なら30 MB/sでの書き込みに対応し得ることを表す。このほか，カード

---

[10] すべてのmini PCI Express拡張スロットがmSATA対応であるわけではないので注意が必要である。

[11] PCI Express上で使われるコマンド群であるNVM Expressに対応するものの場合はNVMe接続とよばれることがある。

[12] M.2規格ではさらにインターフェースの機能に応じてソケットの端子の一部にKeyとよばれる突起が付けてあり，対応しないメディア（ボード）が挿入できないようになっている。SSD向けに使われるソケットはB Key型（SATA, PCI Express × 2, USBに対応）とM Key型（SATA, PCI Express × 4に対応）の2種類がある。メディアは端子にこれらのKeyに応じた切り欠きがあり，SATA接続のメディアは多くがBとMの両方のKeyに対応するが，PCI Express接続のメディアは多くがM Key型のみに対応している。

[13] UHS-IIは，従来より端子数が追加されたメディアと対応スロットを使用する必要がある。

型のメディアには，SD カード以外に PC カード，コンパクトフラッシュ（CF），MMC，メモリスティック，xD ピクチャーカードなど多数の規格が存在したが，多くの規格のメディアは 2015 年現在ほとんど用いられることがない．

　フラッシュメモリを用いた補助記憶は，ソフトウェア的にはハードディスクの代替として扱われている．つまり，コンピュータ側から見るとセクタ単位でランダムに読み出し，書き込みが可能なメディアとして扱われている．前述のようにハードディスクは 512 B または 4 096 B のセクタを単位として自由に読み書きが可能である．一方 NAND 型フラッシュメモリは，読み出しは 512 B〜16 KiB 程度のページ単位[†14]，書き込みはそのページをいくつか集めた 16 KiB〜4 MiB 程度のブロックを単位としてしか行うことができない[†15]．しかも書き込み前には，一度当該ブロック全体を消去する操作が必要である．また，各セルは書き込むごとに電荷を保持するための絶縁膜が劣化していくため，書き込み可能回数に上限がある．この回数はセルの微細化が進むほど，またセルあたりの書き込みビット数が増えるほど上限値が小さくなる傾向にあり，近年の大容量化に伴い年々その上限値が下がってきている．2015 年時点で販売されているメディアでは，SLC で数十万回，MLC では数千回程度である．

　これらの性質からくる性能低下を緩和するため，フラッシュメモリでは CPU からの読み書き命令を処理するコントローラに次のような機能を設けている．

(1) メディアに書き込むべきデータはコントローラに併設された RAM（バッファ）に蓄積しておき，書き込みに際しては可能な限りブロック単位でまとめて行う．

(2) 1 ブロックに満たないセクタ単位の書き込みが必要になった際には，当該セクタを含むブロックの内容を一度バッファに読み出して，当該セクタのデータだけ書き換えた上で，あらかじめ消去しておいた別のブロックに書き込み，ブロックとセクタの対応関係を入れ替える．こうすることで書き込み時にはブロック消去にかかる時間が不要になる．

(3) 消去済みのブロックをできるだけ前もって用意するため，ファイルの削除

[†14] 各ページはハードディスクと同様に誤り訂正符号を含んでいるので実際の書き込みビット数はさらに多い．

[†15] ページ，ブロックとも容量密度が高い素子ほどサイズが大きくなる傾向にあり，今後も増加が見込まれる．

などに伴い内容が不要になったセクタを OS からコントローラに通知させる．コントローラは不要セクタを集めてブロックの単位にまとめ，自動的に消去する．こうして消去済みブロックを用意する操作を，OS や CPU の動作とは無関係に SSD 自身が行うことで，OS による新たな書き込み時には消去操作が不要になり，書き込み性能が上がる（Trim 機能とよぶ）．

(4) コントローラの機能により，書き込みの多いブロック内のセクタを書き込み回数の少ないブロックに再配置することで，各ブロックの書き込み回数を平均化する（ウェアレベリングとよぶ）．こうすることにより，各ブロックの書き換え回数が上限値に達する時期をできるだけ遅らせてメディアの寿命を延ばす．

このほか，コントローラは書き込み時にセルの劣化により正常なデータ書き込みができなくなったブロックを代替のブロックと入れ替える機能や，読み出したページに誤り訂正が必要など劣化の兆候があれば，他のブロックに移し替えるリフレッシュなどの機能をもつ．

フラッシュメモリは機械的な可動部分がないため，ハードディスクに比べると衝撃などの物理的破壊や温度変化，経年変化に対し耐久性が比較的高く，故障しにくい．一方，その素子上の特性から，セルに蓄えた電荷が時間とともに失われ，データが保持できなくなるため，長期のデータ保存には向かない．各セルのデータ保持期間は，セルの微細化やセルあたりの書き込みビット数の多値化が進むほど短くなる．また，同じセルに関しては書き込み回数が増えるほど，そして同一条件下では環境の温度が高くなるほどデータ保持期間が短くなる．SSD の場合のデータ保持性能は TBW で表される[†16]が，これは通電しない状態で家庭用なら 30℃ のときに 1 年間，業務用なら 40℃ のときに 3 か月間データが保持できる状態にまで劣化するまでの総書き込み TB 数を表している．このことからもわかるように，十分に使い込まれたフラッシュメモリは数か月〜数年単位でデータが消失するおそれがある．よって，デジタル・フォレンジックが求められる場面で長期にわたり電磁的証拠としてフラッシュメモリの内容を保全するべき場合には，可能な限りハードディスクなどの別媒体へ保管するべきである．例外として，一度だけ書き込みが可能であり改ざん防止機能をもつ SD WORM とよばれ

[†16] 測定法は半導体技術協会（JEDEC）による文書 JESD 218 および 219 で規格化されている．

るSDカード互換メディアは，100年のデータ保存期間があるとされ，司法機関などで使われている．ただしこれは，SD WORMに対応する専用のデジタルカメラを必要とする[†17]．

2.2.3 光学ディスク

音楽や映像の配布メディアとして使われているCDやDVD，BDは，レーザー光を用いて読み取りや書き込みが行われるため，光学ディスクと総称される．音楽や映像ではなく，一般のデータ用に用いられる光学ディスクはCD-ROMやDVD-ROM，BD-ROMとよばれ，ソフトウェアなどの配付に使われる．これを1回のみデータの書き込みを可能にしたものがCD-RやDVD-R，DVD+R，BD-Rであり，追記型メディアとよばれる．さらに，書き込み後のメディアに対し消去操作をすることで再利用可能にしたものがCD-RW，DVD-RW，DVD+RW，BD-REであり，書き換え型メディアとよばれる．なお，DVD-ROMとの互換性を犠牲にしてファイル単位の自由な読み書きを可能にしたものにDVD-RAMがある．DVD+R/RWは，各種性能やDVD-ROMとの互換性がDVD-R/RWより高いことを特徴とする規格だが，ほとんどのドライブがDVD-R/RWとDVD+R/RWの双方に対応しているため，メディアの差を除いて意識する必要はなくなっている．

これらのメディアの記憶容量はCDで700 MB程度が上限，DVDでは通常のメディアが4.7 GBであるが，記録層を2層にしたメディア（DVD-R DLなどとよばれる）は8.5 GBまでの記録が可能である．BDの場合は記録層が1層で25 GB，2層で50 GBまで記録が可能であるが，BD XLとよばれる拡張した規格では3層記録の場合に100 GB，4層で128 GBの容量がある．メディアの直径はいずれも12 cmが標準であるが，容量の小さい8 cmのメディアもある．読み書きの速度に関しては，標準の速度としてCDは150 KiB/s（キビバイト毎秒，以下同様），DVDは1 385 KiB/s，BDは4.5 MiB/sが定められており，これに対する倍数で速度を表す（たとえば，10倍速のCD-Rは1 500 KiB/sでの書き込みが可能である）．

[†17] 2015年現在，SD WORMは新たに生産されておらず，在庫がなくなり次第，事業自体が収束すると見込まれている．

読み取り専用の光学メディアは，ポリカーボネートなどを基板とするメディア上に形成された反射層のわずかな窪みの有無を，レーザー光の反射率の差によって読み取っている．そこで，記録を可能にしたメディアでも同様の反射率の差を生むように記録層を工夫している．追記型メディアでは，金属の反射層の上に，光によって分解される色素などによる記録層を形成している[18]．記録時にはレーザー光を強く照射し記録層の一部に穴を開け，反射層を露出させて反射率の変化を生じさせる．書き換え型メディアでは，加熱の仕方によって結晶または非晶質（アモルファス）に相変化する合金を用いて記録層を形成し，反射率を変化させる．読み書きは円周方向で，トラックはらせん状，線速度が一定なので，メディアの記録密度は内外周通じて一定である．なお，読み書きは内周から外周に向かって行われる．

　これらのメディアは，いずれも読み取り時は広く普及したCD/DVD/BD-ROMと同様に扱うことができること，またドライブやメディアが安価であることから，広く使われている．ただし，一般に書き込み速度は高速とはいいがたく，専用のソフトウェアを用いる必要もあるため，データの配付やバックアップ用途に主に用いられている．追記型メディアは，一度書き込んだデータは消去できない（追記および無効化はできる）．書き換え可能メディアも規格上は部分的書き換えもできるが，読み取り専用メディアとの互換性を保つ目的から，一度全体を消去してから再書き込みする利用法が多い．ただし，DVD-RAMはファイル単位の書き換えが可能な構造をもっており，OSが対応していれば見かけ上USBメモリなどと同等に扱える．書き換え型メディアの書き換え可能回数は1 000回程度が保証されているが，DVD-RAMでは10万回程度とされている．

　光学ディスクは高密度記録である上に，記録面が剥き出しであるために物理的損傷に弱く，無理な力を加えないなど取り扱いに注意が必要である．記録面側に傷が入るとデータの読み取りが不可能になることがあるが，記録層さえ無事であれば記録面の保護層の表面を研磨することなどにより，データの読み取りが可能になる場合もある．

---

[18] BD-Rは記録層が有機色素素材のものと，無機金属素材によるものがあり，前者は特にBD-R LTHタイプとよばれる．LTHタイプの方が，メディアを安価に製造できるが，対応するドライブを必要とする．

追記型メディアや書き換え型メディアで使われている材料は光や高温多湿環境下で劣化するので，長期保存に際しては注意が必要である．書き込みデータの経年劣化に関しては，常温低湿で遮光された条件であれば100年以上の寿命が保てるとの研究もあるが，通常の環境では10年程度と考えられている．追記型メディアは記録面に使われている色素が紫外線と高温に弱く，たとえば直射日光下に長時間放置するとデータが失われる[†19]．書き換え型メディアは高温環境下ではアモルファス化した記録部が徐々に結晶化すると考えられ，やはり経年劣化が問題となる．高温多湿環境では，さらにメディアの金属部分の酸化などの劣化をもたらす．光学ディスクのメディアの保存期間に関しては，CD-Rなどについて ISO 18927，DVD-RなどについてISO/IEC 10995で寿命推定法が規格化され，これらに基づき環境温度25℃，湿度50％環境下で30年保存可能なメディアについての認定制度がある．これらの認定を受けたメディアが長期保存用ディスクなどの名称で販売されている．さらに，長期保存を目的としたM-DISKとよばれるメディアが，米 Millenniata 社により提案されており，記録には専用のドライブを必要とするものの，通常のDVD/BDドライブで読み取り可能なメディアを用いて，1 000年以上の保存を可能にしている．

2.2.4 磁気テープ

かつてのカセットテープやビデオテープのように磁気テープを用いた記録メディアは，コンピュータ向けの外部記憶装置としては歴史が長い．一般にランダムアクセスが不可能であることから，ファイルシステムが構成しにくく，ファイルを直接書き込むことに使われることはほとんどないが，メディアのビット単価が比較的安いこと，および比較的小さな容積で大容量の記録が可能であり保管が容易であることから，主にバックアップメディアや，大量のデータの運搬用として使われてきた．ただし，データの転送速度が他のメディアに比べて一般に遅いことから，データの大容量化に伴いデータの読み書きにかかる時間が長大になり，次第に用途が限定されてきている．

テープメディアは非常に規格が多いが，大きく分けると用いられるテープの幅

[†19] BD-Rは通常，色素が使われていないのでこの問題は発生しにくい．ただしBD-R LTHといわれるメディアは色素が使われており，安価な代わりに紫外線に弱い．

によって4mm（DAT，DDSなどとよばれる），8mm（8mmビデオテープ互換のものやTravanなどがある），1/4インチ（QICなどとよばれる），1/2インチなどに分けられる．2015年現在用いられているのは，1/2インチのテープを用いるものである．

1/2インチ幅の規格は歴史が古く，カートリッジ形状を含め規格が乱立していたが，現在比較的よく使われているのは，IBM社やHP社などが提唱した規格であるLTO Ultriumである．この規格では底面が 102×105.4 mm，高さ21.5mmの直方体形状のカートリッジに封入された磁気テープをドライブに挿入し，データを読み書きする．2015年現在，最も高速大容量の規格はLTO-7とよばれ，非圧縮時で1カートリッジあたり最大6TBのデータを，最大300MB/sで読み書きできる．ドライブがデータ圧縮機能をもつため，この機能を用いると最大容量と転送速度はそれぞれ15TB，750MB/sになるが，圧縮率はデータの性質によって異なる．またLTOの場合はWORM（Write Once Read Many）とよばれるカートリッジが提供されており，このカートリッジに一度書き込まれたデータは書き換えや消去ができない．これは，フォレンジックに必要となる電磁的証拠の保管先としての利用に適している．

磁気テープはソフトウェア的にはOSから見ると単に読み込み，書き込み，早送りや巻戻しができるだけのデバイスとして認識されており，OSではなくアプリケーションプログラムによる直接の読み書きが行われる場合が多い．よって，メディアの内容の読み出しには書き込み時と同一のアプリケーションプログラムを用いなければならない．このアプリケーションプログラムの同定が，フォレンジック作業の際に問題になることがある．

2.3　ハードディスクドライブ内のデータの消去技術と復元技術

コンピュータは，電源を切っても消えないデータを取り扱うためにファイルという仕組みを用いる．ファイルには電磁的証拠として重要な内容が残っている場合が多いが，消去による証拠の隠滅もまた容易である．

補助記憶装置のメディア内のデータ消去は，一般には次のような方法で行われることが多い．

- 「ごみ箱」への移動
- ファイルの削除
- パーティションの削除
- メディアのフォーマット
- メディアの物理的破壊

このうち，最近の多くのシステムが備える「ごみ箱」機能は，OSの機能ではなくエクスプローラーなど，ファイル操作アプリケーションの機能として備えられている．これは，ファイルシステム上はファイルが全く削除されておらず，単にファイル名が変更されているか，別のディレクトリに移動されているだけであるため，容易に内容が復元できる．よって，ここでは削除として扱わない．

このほかの削除手法は，OSレベルでのファイル削除であり，通常のOS機能を用いる限り二度と読まれることはない．しかし，ファイルシステムを直接操作する特殊なアプリケーションを用いると，ファイルは消去直後であれば復元することができる場合が多い．このほか，フォーマットやパーティションの削除といったファイルシステムの破壊によるデータ消去に対しても，条件が整えばデータを復元できる場合がある．

本節ではファイルシステムの構造などと対比しながら，データの消去および復元技術について概説する．

2.3.1 ファイルシステムとファイルの削除

ファイルシステムでは，ファイルはデータ本体とメタデータに分けて管理されている．メタデータ内には配置情報があり，データ本体がメディア上のどの位置にあるかを保持している．言い換えれば，各セクタがどのファイルによって占有されているか，あるいは空き領域となっているかどうかは，メタデータによって管理されている．

ファイルの削除は通常，OS内ではメタデータの削除，特に配置情報の削除によって行われる．つまり，配置情報の書き換えにより，あるファイルに占有されていると記録されていたセクタを空き領域であると記録しなおす．しかし，各セクタ内のデータは消去されることはないので，新規ファイルの作成や既存ファイルの追記などによってそのセクタが再利用されるまでの間は，古いデータがその

まま残っている場合が多い．よって，メタデータ内の配置情報を適切に再構築することができれば，ファイルは削除状態から復活が可能である．

このメタデータ内の再構築の容易さは，ファイルシステムの構造や，ファイルシステムによる削除処理の手順に依存している．そこで具体的なファイルシステムについて，その構造や削除の処理を以下に解説する．

(1) FAT ファイルシステム

FAT ファイルシステムとは，Microsoft 社が MS-DOS で導入したファイルシステムである．ファイルシステムとしては最低限の機能しかもっていないが，実装が比較的簡単なことから現在では広く使われ，Windows など Microsoft 社の各 OS だけではなく，主に SD カードや USB メモリ，リムーバブルハードディスクなどで使われている．特に SD カードなどでは，パソコンのみならずデジタルカメラや携帯電話でも使われ，事実上，異機種間のデータ交換で標準的に使われるファイルシステムの 1 つである．

FAT ファイルシステムでは，データ領域を固定長のクラスタという領域に分けて管理する．クラスタはいくつかの連続した番号のセクタの集まりであり，たとえば 512 B 長のセクタをもつメディアで 4 KB のクラスタを採用している場合は，1 クラスタあたり 8 個のセクタが使われる．メディア内のデータ部の全クラスタには先頭から順番に 2 から始まる番号が付けられており，これが領域管理の単位となる．このクラスタ番号の表現に何 bit 使用するかによって，FAT ファイルシステムは 3 種類に分類できる．最初の FAT ファイルシステムはクラスタの表現に 12 bit の値を使用したので FAT12 ともよばれる．同様に 16 bit，32 bit の値を用いてクラスタを表現するのが FAT16，FAT32 である．クラスタの最大の大きさとクラスタの数によってファイルシステムが構成できる最大のパーティションの大きさが決まり，FAT12 では最大 32 MB，FAT16 では最大 4 GB，FAT32 では最大 2 TB である．

なお，FAT ファイルシステムを改良した exFAT ファイルシステムが提案されている．exFAT ファイルシステムは従来の FAT32 と似たデータ構造をもつが互換性はなく，その代わりに性能が向上している．詳しくは (2) で説明する．

FAT ファイルシステムでは，パーティションは先頭から順に図 2.3 のような

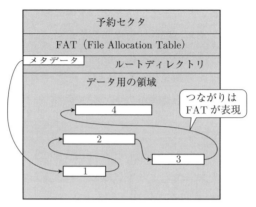

図 2.3 FAT パーティション内の構成

構成になっている．なお，ハードディスクドライブ（以下，HDD）以外では通常パーティションが用いられないので，メディアの先頭から同様の構成になっている．

(a) 予約セクタ

特に先頭のセクタはブートセクタとよばれ，ここに FAT の種類や構成を表すパラメータが入っている．

(b) ファイルアロケーションテーブル（FAT）

各クラスタが使われているか空いているか，また使われているとすれば当該クラスタの続きとなる部分はどのクラスタかを示すために使われる．たとえば FAT16 では，FAT ファイルシステムの名前の由来となっている重要なテーブルである．なお，FAT は障害に備えて同じものが通常 2 つ保存されている．

FAT の構造は数字が並んだ巨大な表だと思えばよい．たとえば FAT16 の場合，2 B ずつ 16 bit 分，つまり 65 536 個の値が格納されている表である．この表は先頭から順に 0，1，……，65 535（16 進数で FFFF まで）の番号が付けられており（エントリとよぶ），それぞれ対応する番号のクラスタの状態を表す（ただし，クラスタ番号 0，1 は使われないので表の最初の 2 つのエントリは使われない）．この値が 0 のときはそのクラスタが空き領域であることを，1 のときは通常使えない予約領域であることを示す．16 進数で FFF7 のときは不良クラスタ，すなわちメディア上に傷などがあってそのクラスタが利用できないことを表す．

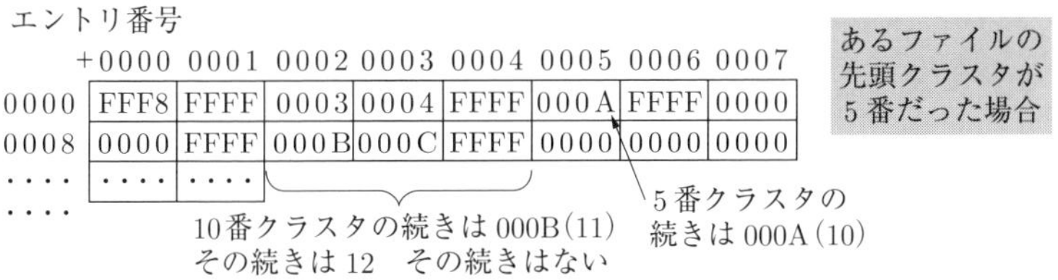

```
エントリ番号
         +0000 0001 0002 0003 0004 0005 0006 0007        あるファイルの
0000     FFF8 FFFF 0003 0004 FFFF 000A FFFF 0000          先頭クラスタが
0008     0000 FFFF 000B 000C FFFF 0000 0000 0000          5番だった場合
....     .... .... ....
....
```

10番クラスタの続きは000B(11)　　5番クラスタの
その続きは12　その続きはない　　続きは000A(10)

※実際にはリトルエンディアンなので各エントリのバイトは逆順に並ぶ

図 2.4 FAT の構造

2以上かつ16進数でFFF6以下のときは，そのクラスタに格納されたデータの続きがどのクラスタ番号にあるかを表す．たとえばFATの5番目のエントリの値が10であれば，クラスタ番号5のデータの続きはクラスタ番号10に格納されているという意味になる．さらにクラスタ番号10の続きがどうなっているかを調べるには，FATの10番目のエントリの値が何番であるかを見ればよい（図2.4）．

また，エントリの値が16進数でFFF8以上のときは，そのクラスタの続きとなるクラスタは存在しないことを表す（通常はFFFFが用いられる）．このようにFAT内の値を調べることによって，あるファイルのデータが格納されているクラスタがデータ領域内でどのような順番で並んでいるか（これをクラスタチェーンとよぶ）を表すことができる．FAT12やFAT32でも，ビット数が異なるだけで仕組みは同様である．ただし，FAT32では32 bit分の領域を確保するとFATが巨大になりすぎるため，ブートセクタでFATそのものの大きさを指定するようになっている．

(c) ルートディレクトリ

ルートディレクトリの内容を示すディレクトリエントリが格納される領域である．ただし，FAT32においてはデータ領域の中に含まれる場合があり，その際はこの領域が省略される．

(d) データ領域

実際のファイルやディレクトリなどが入るための領域である．

FATファイルシステムにおいてファイルを表すのに使われるのがディレクトリエントリである．ディレクトリエントリはディレクトリ内に並ぶ，1エントリ

あたり 32 B の固定長のデータである．ルートディレクトリは専用の領域に，その他のディレクトリはファイルと同様に取り扱われてデータ領域内に入っている．

ここで，ディレクトリエントリについて説明する．各ディレクトリエントリには次の①～⑤のような情報が入っている．

① ファイル名

最大 11 B であり，9～11 B 目は拡張子として扱われる．つまり英字で 11 文字しかない．これを 8.3 形式とよぶ．VFAT とよばれる拡張が用いられているときは，複数のディレクトリエントリにわたり，ファイル名だけを格納して最大 255 文字の長いファイル名（Long File Name：LFN）を表現できる．LFN では文字コードが Unicode になっているので，漢字をはじめとする世界各国の文字をファイル名で使用できる．ファイル名はディレクトリエントリの先頭に入っており，先頭の 1 B はほかの意味にも使われる．先頭バイトが 0 のときはそのディレクトリエントリが未使用であることを，16 進数で E5 だったときは，そのディレクトリエントリが削除されたこと，すなわちファイルが削除されたことを示す．LFN が使われているときは先頭バイトが LFN 用のディレクトリエントリの順番などを表すようになる．

② ファイル属性

1 B でファイルの種類（通常のファイルボリュームラベルディレクトリ）と属性（読み取り専用，隠しファイル，システムファイル，アーカイブ）を表す．また，この値が 16 進数で 0F であった場合には，VFAT 拡張により LFN を格納するために用いられているエントリであることを示す．

③ タイムスタンプ

ファイルを作成した時刻（精度は 0.01 秒単位），更新した時刻（精度は 2 秒単位），最後にアクセスした日（精度は 1 日単位）を保持する．時刻は現地時間で格納され，世界標準時との時差は考慮されない．また，ファイル生成時刻と最終アクセス日は拡張された仕様であるため，システムによっては保存されない場合もある．Windows は Vista 以降では最終アクセス日を標準では更新しないようになったため，フォレンジックの際には注意が必要である．

④ ファイルの長さ

ファイルの長さをB単位で表す．4B分の領域があるので，ファイルの長さは最大4GiBとなる．

⑤ ファイルの先頭の内容が格納されているクラスタの番号

2B（FAT12，FAT16）または4B（FAT32）で表されている．

ディレクトリエントリの内部構造は，FATファイルシステムが発展するに従って拡張が繰り返されたため非常に複雑である．ここでは詳細は割愛するが，特に先頭にファイル名が入っていることと，先頭バイトが特殊な意味をもつことはファイルの削除を理解する上で重要である．

FATファイルシステムにおいては，各ファイルのデータ領域内の位置，すなわち配置情報は次のようにして表現されている．

① ディレクトリエントリが，ファイルの先頭クラスタの番号を指す．
② FATが，そのクラスタの続きのクラスタの番号を順に指す（クラスタチェーン）．
③ 最後のクラスタのどの部分までが有効なデータかは，ディレクトリエントリのファイルサイズによって表される．

ファイルの消去はディレクトリエントリの無効化とクラスタチェーンの消去によって行われる．すなわち，次の手順で行われる．

① 該当するディレクトリエントリのファイル名の先頭バイトを16進数でE5に設定する．VFATが使われている場合には，対応するLFNを含むディレクトリエントリの先頭バイトもE5にする．
② FAT内の，当該ファイルに相当するエントリをたどってすべて0，すなわち空き領域にする．

図2.5は，あるディレクトリに「TESTFILE.TXT」「DELETED.EXE」「とてもとても長いファイル名をもつ場合のディレクトリエントリ.html」「少し長めのファイル名をもつファイルの削除.DOC」という名前の4つのファイルを作成し，一部のファイルを削除した場合のディレクトリエントリの様子の概略である．通常のディレクトリエントリでは先頭11Bがファイル名，次に1Bのファイル属性，残りがタイムスタンプ，ファイルサイズ，先頭クラスタなどのメタデータであるが，LFNを用いる場合は，先頭1Bとファイル属性以外のほとん

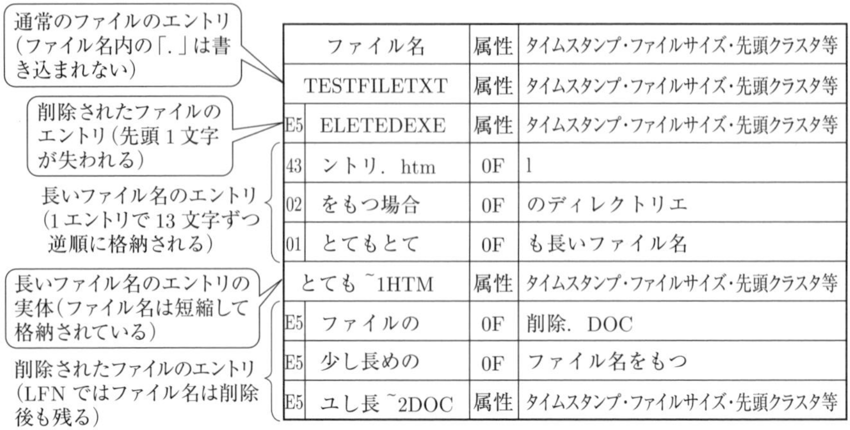

	ファイル名	属性	タイムスタンプ・ファイルサイズ・先頭クラスタ等
	TESTFILETXT	属性	タイムスタンプ・ファイルサイズ・先頭クラスタ等
E5	ELETEDEXE	属性	タイムスタンプ・ファイルサイズ・先頭クラスタ等
43	ントリ．htm	0F	1
02	をもつ場合	0F	のディレクトリエ
01	とてもとて	0F	も長いファイル名
	とても~1HTM	属性	タイムスタンプ・ファイルサイズ・先頭クラスタ等
E5	ファイルの	0F	削除．DOC
E5	少し長めの	0F	ファイル名をもつ
E5	ユし長~2DOC	属性	タイムスタンプ・ファイルサイズ・先頭クラスタ等

- 通常のファイルのエントリ（ファイル名内の「.」は書き込まれない）
- 削除されたファイルのエントリ（先頭1文字が失われる）
- 長いファイル名のエントリ（1エントリで13文字ずつ逆順に格納される）
- 長いファイル名のエントリの実体（ファイル名は短縮して格納されている）
- 削除されたファイルのエントリ（LFNではファイル名は削除後も残る）

図 2.5 ディレクトリエントリの構造

どの部分にファイル名を格納したエントリが現れる．このような構造は，LFNに対応しないシステムにおいてもこれらのファイルの読み書きを可能にするための工夫である．削除されているファイルであっても，主なメタデータはディレクトリエントリ内に残っている．ここで重要なのは，この時点では先頭バイト以外のディレクトリエントリの情報と，各クラスタ内のデータそのものは残っていることである．よって，適切にクラスタチェーンとディレクトリエントリを復元してやれば，削除されたファイルを復元できる場合がある．

(2) exFAT ファイルシステム

exFAT ファイルシステムにおいては FAT32 に対して次のような点が変更されている．

(a) exFAT ファイルシステムの FAT は FAT32 とほぼ同じ構造をしているが，各エントリは2つの場合にその内容が無視される．

① 当該クラスタが使用されていない（空きクラスタである）場合にも，FATエントリは0にされず単に無視される．空きクラスタはアロケーションビットマップとよばれる特殊なファイルによって表現される．アロケーションビットマップでは，先頭からの各ビットが順に空きクラスタを0，使用中クラスタを1で表現する．

②　ファイルが連続したクラスタに順に配置されているとき，ディレクトリエントリ内にある先頭FATエントリとファイルサイズからファイルを単に無視する．このときには，ディレクトリエントリ内のストリーム拡張エントリによって使用中のクラスタが表現される．
(b) exFATファイルシステムでは，ディレクトリエントリは32 bitごとのエントリは同様だが内容は新規に定義され，従来のFATファイルシステムとの互換性はない．従来のファイルを表すエントリの代わりに，1つのファイルは「先頭バイトが85で始まるファイルディレクトリエントリ」「先頭バイトがC0で始まるストリーム拡張エントリ」およびVFATと同様のLFNを表すエントリからなる．その結果，従来のFATファイルシステムと違い，次のようなファイル属性が表現できるようになっている．
①　ファイルの長さは8Bで表現されるので，FAT最大16 EiBのファイルが作成できる（従来は4 GiB）．さらに，有効データ長を定義できるようになり，実際にメディアに書き込まれているデータと見かけ上のファイルサイズを異なるものにすることが可能になった．
②　タイムスタンプはファイル生成時刻だけでなく，更新時刻についても0.01秒単位になった．最終アクセス時刻については2秒単位の精度で表現可能になった．さらに，タイムスタンプは世界標準時で記録されるとともに，タイムゾーン（世界標準時との時差）も記録されるようになった．
③　オプションでNTFS同様のユーザ単位のアクセス制御機能を備えさせることが可能になった．

(3) NTFS

NTFSはFATファイルシステムの後継として導入された，ハードディスク向けのWindows系OS用のファイルシステムである．NTFSは非常に多くの機能をもつファイルシステムであり，ユーザから見ると次のような点が特徴的である．

- 実用上無制限に近い巨大なファイルやドライブが扱え，多数のファイルを扱っても性能が低下しにくい．

- ユーザやユーザグループを単位とした，読み出し，書き込みや実行，削除などに関するきめ細かなアクセス制御が可能である．
- ファイルやディレクトリごとに監査機能を付加できる．監査機能が有効になったファイルに関してはアクセスが監視され，読み出し，書き込み，属性変更など事前に設定された条件に合致したときはログがとられる．
- ジャーナリングファイルシステムとなっており，ファイルシステムのメタデータの変更が電源断などにより中断されてもファイルシステム全体の破綻につながる障害が起こりにくい．
- ファイル単位での圧縮や暗号化機能がある（ただし，暗号化は Windows XP Home などではサポートされない）．
- 各ファイルが付加データとして複数の代替データストリーム（ADS）をもつことができる．

なお NTFS は，アクセス制御機能があるため他のパソコンへ持ち運んだ場合には利用しにくいことから，可搬型やリムーバブルのメディアでは用いられない．よって，ほぼ内蔵され固定されたハードディスクにのみ使われている．

NTFS は非常に多機能なファイルシステムであるが，細部の機能にかかるデータ構造については公開されていないところもあり，すべてが明らかになってはいない．しかし，基本となる部分の構造は比較的単純である．NTFS では，ファイルシステム内のすべてのデータは，メタデータも含めてファイルとして扱われている．このすべてのファイルのもととなるのは，Master File Table（MFT）とよばれるテーブルであり，固定長（通常は 1 KiB）のファイルレコードの表となっている．

MFT は論理ドライブ（ボリュームとよばれる）ごとに作成される．各ファイルレコードは 0 から順番に番号が付いており，これが NTFS ファイルシステム内の各ファイルに対応する情報をもっている．つまり基本的に各ファイルに関する情報はいずれかの 1 つのファイルレコードから得られる．この MFT を基準にすべてのデータが格納されている．

NTFS もディスクは，クラスタとよばれる固定長の単位で構成されている．1 クラスタは通常 4 KiB である．ブートセクタには MFT の先頭位置に関する情報が入っており，MFT の先頭のファイルレコード（0 番）は MFT 自身を表す．

つまり MFT 自身も $Mft という名前のファイルである．そのほか，ファイルレコード 0～15 番はファイルシステムのメタデータ，すなわちファイル管理に不可欠な情報を格納するファイル用のために使われる．たとえば，ファイルレコード 6 番は $Bitmap というファイルであり，このうちの各クラスタが使用されているか否かを示す内容をもっている．

各ファイルレコードの中身は，属性（Attribute）と値がセットになったデータが連なっている．属性は，たとえば属性名が $FILE_NAME なら値はファイル名を表す，属性名が $DATA なら値はファイルのデータそのものである，などの構造である．次に，デジタル・フォレンジックに重要と思われる代表的な属性について説明する．

① $STANDARD_INFORMATION

ファイルの基本情報を表し，値にはタイムスタンプ，ファイル属性，バージョン番号（ファイルが書き換わるたびに増える値），ファイルの所有者などが収められている．タイムスタンプは，ファイルの作成時刻（BTIME），最終変更時刻（MTIME），最終参照時刻（ATIME）のほかに MFT 自身が書き換えられた時刻（CTIME）が収められている．すべての時刻の精度は 100 ナノ秒であり，時刻は国際標準時で収められている．ファイルの属性は FAT と同様のもののほかに，圧縮ファイルなのか，暗号化ファイルなのかなどの情報ももつ．このほか，アクセス制御情報やファイル監査に関する情報へのポインタももっている．

② $FILE_NAME

ファイル名以外に，タイムスタンプ，ファイル属性，ファイルの大きさ，ファイルが属する親ディレクトリの情報をもっている．ファイル名は Unicode で表現されており，最大 255 文字である．

③ $DATA

ファイルのデータ自身を表す．データが極めて小さく，ファイル名など他の属性の領域とあわせてもファイルレコード内に収まってしまう場合には，$DATA の内容はまさにデータそのものが入っている．ファイルのデータが大きくなった場合には，非常駐属性となり，MFT 内にはメディア内でデータが入っているクラスタ位置に関する情報が収められる．

④ $INDEX_ROOT, $INDEX_ALLOCATION, $BITMAP

　この3つの属性は，ディレクトリを表現するために用いられる．ディレクトリはファイル名からそのファイルの実体を素早く検索できる必要があるため，NTFSはディレクトリをB+Treeとよばれる木構造を用いて表現し，検索速度を高めている．このために使用されるのがこれらの3つの属性である．ディレクトリは，1つのディレクトリ内のファイル数が少ないうちは，$INDEX_ROOTだけを用いてMFT内で表現される．ディレクトリ内のファイルが多くなると，$INDEX_ALLOCATIONと$BITMAPを用いて，後述の非常駐属性として表現される．

　属性には常駐属性と非常駐属性がある．常駐属性とは，値の部分が十分に小さく，ファイルレコード内に収まっているものである．非常駐属性とは，$DATAのように値の部分が大きく，MFTの外に格納されているものである．非常駐属性の場合，値の部分はランとよばれる，連続したクラスタ領域を単位に表される．各ランは先頭のクラスタ番号とクラスタ数で表現できる．ファイルがすべての連続したランに収められたときは，1つのランの情報が収められるが，メディア内のいくつかの部分に分散して収められたときは，そのランの数だけの情報が収められる（図2.6）．メディア0内でファイルがあまりにも細分化され，多数のランに分割されてしまったときは1つのファイルレコードには収まりきらなくなるので，$ATTRIBUTE_LISTとよばれる属性を用いて複数のファイルレコードをつなぎあわせて使用する．すなわち，このときは例外的に1つのファイルが複数のファイルレコードに対応することになる．

　NTFSにおいてファイルの削除は，ファイルに対応するファイルレコードの

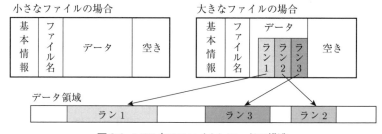

図2.6　MFT内のファイルレコードの構造

削除と，対応するクラスタを未使用状態に戻す操作，そのファイルが属するディレクトリからのエントリ削除の3つの操作で行われる．ファイルレコードの削除は，MFT内の各ファイルレコードが削除されているか否かを1 bitの情報の列で表す，ビットマップとよばれるデータの値を変更して行われる．このビットマップは，ファイルレコード0番のファイルである．$MFTの$BITMAP属性内で表現されている．また，クラスタを未使用状態に戻すには，ファイルレコード6番のファイル$Bitmapという別のビットマップの値を変更する．ディレクトリエントリの削除はB+Treeのノードの削除で行われる．MFT内やメディア内のデータの内容そのものはこの時点では消去されていない．

(4) HFS，HFS+

　HFSはmacOSで採用されてきたファイルシステムであり，macOSの機能に特化したさまざまな機能をもつ．HFS+（またはHFS Plus）はHFSを改良したファイルシステムであり，機能強化を含むさまざまな改善が行われている．ここでは主にHFS+について述べるが，HFSも共通点が多い．

　HFS+においては，各ファイルはブロックとよばれる単位で管理されている．このブロックはNTFSやFATファイルシステムのクラスタに相当し，通常は4 KiBである．メタデータはいくつかの特殊なファイルに分散して格納されており，主なものとして各ファイルのファイル名やメディア上のデータ格納ブロックなどを指すCatalog File，各ブロックが空いているか否かを示すためのAllocation Fileがある．Allocation FileはNTFSと同様のビットマップであるが，Catalog FileはB*-Treeとよばれる検索性に優れる木構造を採用している．各ファイルはファイル名のほかにファイルIDとよばれる番号で管理されているが，Catalog Fileの場合，木構造の葉にあたるノードに各ファイル名やディレクトリの名前とタイムスタンプ，配置情報などの各種メタデータが格納されているほか，ファイル名とファイルIDや，そのファイルが格納されているディレクトリ（親ディレクトリ）を高速に検索できるようになっている．

　ファイルの配置情報もCatalog File内に格納されている．HFS+では，各ファイルは可能な限り連続したブロックに格納されることを想定しており，分断化された各連続ブロック（NTFSでいうランに相当する部分で，HFSではExtent

とよばれる）の数が 8 以下の場合は Catalog File 内で表現できるように構成されている．ファイルが 8 を超える Extent に分断化されている場合には，Extent Overflow File とよばれる別の B*-Tree を用いて，各ファイルの残りの部分を表現する．

ファイルの削除は，Catalog File および Extent Overflow File の B*-Tree ノードから該当するファイルに関するノードを削除し，Allocation File の相当部分を空き領域としてマークすることによって行われている．

(5) UNIX のファイルシステム

UNIX 系 OS のファイルシステムは非常に種類が多い．今日広く使われている Linux においても ext2, ext3, ext4, XFS, ZFS, BrtFS などが使用されており，それぞれ構造が異なる．Linux 以外の UNIX 系 OS についても，それぞれ少しずつ異なる構造をもつファイルシステムが実装されている．しかし，これらの多くは初期の UNIX のファイルシステムである UFS から派生したか，それを参考に作られたものが多く，データ構造に類似点がある．いずれのファイルシステムも UNIX に必要な共通の機能を求められるため，機能面の差は小さい．

UNIX のファイルシステムもいくつかのセクタをあわせたブロックとよばれる単位で番号を付けて管理されている．UNIX のファイルシステムの多くは，i-node という構造に基づくデータ構造をもつ．この i-node は NTFS の MFT に似た，すべてのファイルに基本的に対応する表である．i-node は，ファイルに 1 対 1 対応する固定長（たとえば ext2 では 128 B）のデータ構造で，ファイルの所有者，グループやタイムスタンプ，ファイルサイズ，アクセス制御情報などの基本的なメタデータをもつほか，当該ファイルのメディア上での配置に関する情報を保持している．ファイルが小さい場合（ext2 では 12 ブロック以下の場合），i-node 内に直接そのブロック番号を書く領域がある．これを超える場合は別に 1 つのブロックを確保してここに当該ファイルが使用しているブロックの番号を列挙する（間接ブロックとよばれる）．それでも不足する場合はこの間接ブロックをさらに多段に構成する．ext2 では 3 段までの間接ブロックを構成できる．このほか，各 i-node および各ブロック番号が使用されているか否かをビットマップで表すデータ構造がある．ext4 やいくつかの最近実装されたファ

イルシステムは，木構造にしたブロックの列挙の代わりに，NTFS のランや HFS の Extent と同様に，メディア上で連続したブロックの列挙でファイルの配置を表現することが多い．これを UNIX でも Extent とよび，間接ブロックの代わりに i-node から Extent へのポインタを指すことでファイルの配置が表現される．

ext2 をはじめとする UNIX 系ファイルの削除の手順は次のとおりである．
① ディレクトリエントリが消去されたとマークされる．
② i-node が未使用であるとマークされる．
③ ビットマップ上で，当該ファイルが使用していた領域が未使用であるとマークされる．

このほか，i-node の示す配置情報が間接ブロックだった場合や，Extent の場合には，これらについても消去されたとマークされる必要がある．この際に，マークされた間接ブロックのノードや Extent のデータ構造が消去されるかどうかは，ファイルシステムの実装に強く依存している．

(6) ファイルの完全な消去

これまで見てきたように，多くのファイルシステムでは，ファイルの削除はメタデータに対する操作のみで行われている．よって，ファイル内のデータの実体はメディア上に残されており，これは 2.3.2 項で示す手法で復元できる可能性がある．これを防ぐためには OS のファイルシステム機能内に，削除時に当該ファイル内のデータ部にダミーのデータを完全に上書きするような機能が含まれるのが理想であるが，このような機能を設けるとファイルの削除のたびに長い処理時間が必要となるため，通常は備えられていない．

そこで，ファイルを完全に消去するためには専用のアプリケーション（ツール）を用いる方法が広く使われている．これらのツール内で最もよく使われる手法は，ファイルを削除する前にそのファイルの先頭から末尾まで，意味のないデータ（0 や乱数など）を連続して上書きし，その後に当該ファイルを削除することである．これにより，ファイル復活ツールなどを用いてファイルが復元されても，ファイルの内容は破壊されており復元できないようにできる．ただしこの際には，NTFS の ADS や HFS のリソースフォークなどのデータも忘れず上書

きしておくようにしなければならない．また，この手法による削除でもファイル名やタイムスタンプ，所有者などメタデータの一部が復元されるので，それを防ぐためには削除前にファイル名の変更などを行ってこれらのメタデータも書き換えておく必要がある．

すでに削除してしまったファイルの内容を完全に消去したい場合，最も平易な方法はそのメディアに対し新しいファイルを作成し，メディアの空き容量がなくなるまでそのファイルに乱数などの無意味なデータを追記し続けることである．すると，メディア内の空き領域はそのファイルによって使い尽くされるため，それ以前に削除されたファイルの残骸はすべて上書きされるはずである．メディアの空き容量がなくなったら，当該ファイルを削除すればよい．

これらの完全消去ツールは各種 OS 向けに市販・公開されているほか，一部の OS では標準で備えられている．macOS はごみ箱内のファイルを復元不可能なようにしてから削除する機能を備える．Windows には cipher とよばれるコマンドがあり，ファイルの暗号化を扱うことができるが，このコマンドにメディア内の空き領域に残った削除ファイルの残骸を消去する機能がある（/W オプション）．

なお，これらの消去手法は一般の HDD やフロッピーディスクに関しては有効だが，フラッシュメモリのように同一セクタへの上書きをできるだけ避けることになっているメディアや，CD-R のようにそもそも上書きが不可能なメディア上では有効ではない場合があることに注意が必要である．

2.3.2　ファイルやデータの復元技術

コンピュータ上で不正が行われる際，その電磁的証拠はファイルとして残ることが多いが，そのファイルは故意または過失により消去されることがある．この消去されたデータを復元することは，フォレンジックにおいてしばしば必要になる技術である．そこでこの項ではデータの復元技術について述べる．

（1）削除されたファイルの復元

上述したとおり，ファイルシステムにおいてファイルは，データとメタデータに分けて管理されており，ファイルの消去の際にはメタデータだけが操作される．よって，適切にメタデータを復元することができれば，データがほかの

ファイルによって上書きされていない限り，削除されたファイルの内容を復元できる．

このファイルの復元の容易さは，ファイルシステムの構造や実装によって大きく異なる．特にファイルの配置情報が復元できるかどうかによって，難易度が変わる．たとえばFATファイルシステムの場合，ファイルの削除によって失われるメタデータは，ファイル名の先頭1Bおよびクラスタチェーンである．しかもLFNが使われている場合にはファイル名そのものも残っているため，クラスタチェーンだけが失われる．クラスタチェーンはファイルの配置情報そのものなので，ファイルの復元時には失われたクラスタチェーンを正しく類推できるかどうかが問題となる．

FATファイルシステムにおける具体的なファイル復元の手順は次のとおりである．まず次の手順でディレクトリエントリを復元する．

① 削除したファイルのディレクトリエントリの先頭をE5から元の値に戻す．この際，ファイル名が8.3形式であったときは先頭文字が何であったかわからないのでユーザに入力を求める必要があるが，LFNが使われていたときはファイル名がすべて残っているので，これを用いて自動的に復元できる．

② LFNが入ったディレクトリエントリを元に戻す．すなわち，元のディレクトリエントリの前にあり，ファイル属性が16進数で0Fになっているエントリの先頭に逆順にシーケンス番号を書き込む（最初のエントリには終了を示すため番号にさらに16進数で40を加える）．

これでディレクトリエントリが復元でき，その内容から最初のクラスタ番号およびファイルサイズを得ることができる．これをもとにFAT中にクラスタチェーンを復元する必要がある．もし元のファイルが全く断片化されていなかった場合，最初のクラスタ番号から連続したクラスタをファイルサイズに相当する分だけチェーンに加えると元のファイルが復元できる．断片化されていた場合でも，断片化された各クラスタの間にほかのファイルが挟まっているだけの比較的単純な場合は，元のクラスタチェーンは容易に類推できる．しかし，断片化されたクラスタが空き領域をまたがっていたり，極めて複雑に断片化されているような場合にはクラスタチェーンの復元は困難になる．

FATファイルシステム以外のファイルシステムでは，削除された配置情報の復元の容易さはさまざまである．以下に概要を述べる．

- NTFSでは，ごく小さなファイルではMFTのファイルレコード内にデータおよびメタデータがすべて含まれており，MFTのビットマップの修正だけでファイルが復元できる．そうでない場合でも，MFT内に配置情報がすべて収められており，ファイルの削除によって失われないので復元は容易である．しかし，ディレクトリエントリはB+Tree構造で表現されており，このノードがファイル削除とともに消去された場合，その復元が困難になる場合がある．よって，ファイルそのものが復元できても，それが所属していた親ディレクトリが不明になる場合が少なくない．
- HFS+では，ファイルの配置情報はCatalog FileのB*-Treeノード内およびExtent Overflow Fileで表現されている．B*-Treeの構造は複雑であり，また削除時に即座にノードデータの上書きが行われる場合があるため，削除されたノードの復元は簡単ではない．しかし一部のファイル復元ソフトウェアは，Catalog File内の削除ノードの痕跡を発見する機能をもち，ファイルの復元を実現している．一般にファイルの断片化が進んでおらず，Catalog File内に配置情報がすべて書き込まれている場合には，高い確率でファイルを復元できる．
- UNIXにおいては，ファイルの削除に際してもi-node内の情報は即座には失われない場合が多いため，ファイルの配置情報もすぐには失われないことが多い．特にファイルが比較的小さく，直接参照ですべてのブロックが表現できる場合には，比較的容易にファイルを復元できるといえる．しかし一部のファイルシステム，たとえばext2，ext3，ext4では，ファイルの削除時にi-node内のファイルサイズなどいくつかのメタデータの削除が行われるため，ファイルの復元が困難になる．

いずれにせよ削除されたファイルの復元は，そのファイルが使用していたクラスタ（ブロック）がほかのファイルによって上書きされていないことが前提になる．これはすなわち，当該ファイルの削除が行われてからメディアへの書き込みがどれだけ行われたかによって，ファイルの復元は困難になっていく．ユーザが明示的にファイルの作成や書き込みをしなくても，メディアへの書き込みはOS

や各種サービスプログラムによって自動的に行われることがあるため，当該メディアの完全なコピーを作成してからファイル復元作業を行うべきである．フォレンジックにおいて，調査の前にまずメディアの完全なコピーをとることが何よりも大切とされるのは，このためである．

ところが，近年使用が広がっているSSDでは，ファイルの削除の直後にファイルのデータ本体も消去されることがある．OSとSSDのコントローラがTrimとよばれる機能をもっている場合には，OSがファイル削除時にSSDのコントローラに当該ファイルが占めていたブロックを通知し，コントローラがそのブロックをページ単位に集約して消去する．これは，フラッシュメモリの素子が書き込み前に内容の消去を必要とすることから，その消去にかかる時間を隠蔽し性能を向上させるために設けられた機能であるが，この機能を有するSSDから削除ファイルの復元を行うことは極めて困難である．

(2) 削除されたパーティションの復元

多くのコンピュータではHDDをパーティションとよばれる領域に分割して使用することができる．いわゆるWindowsが動作するPCでは，基本パーティションとよばれるものが使われている．HDDの先頭セクタはMaster Boot Record（MBR）とよばれるが，この中にパーティションテーブルとよばれる領域があり，HDDを最大4つの基本パーティションに分割できるようになっている．これをMBRパーティションとよぶ．しかしMBRはその構造上，2 TB以上の容量をもつメディアを扱うことができないため，近年ではMBRパーティションを拡張したGUID Partition Table（GPT）とよばれるものが使われており，この場合はGPTパーティションとよぶ．

パーティション情報には，HDD内に示されたファイルシステムの先頭位置と終了位置，ファイルシステムやOSの種類などがある．これを書き換えることによってHDD内のファイルシステムは容易に見かけ上消去できる．パーティション内のデータ量が大きい場合，ファイルシステムの内容の消去には時間がかかるため，素早くすべてのファイルを消去するためにいわゆる「パーティションの削除」を行うことも多い．

もし事故で，あるいは故意にパーティションが削除された場合，この中のファ

イルを読み出すにはまずパーティションの復活が必要である．たとえば，すべてのパーティションが消去されていたとしても，先頭のパーティションの位置は多くの場合一定であるのでこれを利用すると，最初のパーティションの内容を読み出せる．このパーティションの中身のデータからファイルシステムの種類および大きさが推定できると，2番目のパーティションの開始位置が推測可能である．これを繰り返すとすべてのパーティションの位置と大きさの推定が可能である．

現在発売されているフォレンジックツールとよばれるソフトウェアの多くは，このパーティションの復活の作業を自動的に行う機能をもっている．また，いわゆるデータ復元ツールやパーティション操作ツールなども自動的にパーティションを復元する機能をもつ．

(3) フォーマットされたメディアの復元

ファイルの削除としてフォーマットという作業が行われることがある．フォーマットとは，メディアまたはパーティション内のファイルシステムを初期化することを指す．これはさらに，

① メタデータの初期化のみを行うもの（クイックフォーマットなどとよばれる）

② メタデータの初期化およびデータ部のクラスタの不良検査を行うもの

に分けられる．後者においては，データ部の上書きによる初期化が行われる場合があるため，データの復元はより困難である．

(4) カービング（Carving）

ファイルシステム内のメタデータがファイル削除やフォーマットなどによって失われているが，ファイルのデータが上書きされておらず残っていると考えられるとき，メディア内のファイルの痕跡を探してつなぎ合わせ，元のファイルを復元することができる場合がある．このような技法をカービング(Carving)とよぶ．

カービングは，実行ファイルや Office ドキュメント，画像ファイルや動画ファイル，XML ファイルなど，内部に定まった構造をもつファイルの特徴を利用して，セクタ間でのデータの整合性を確認しながら行われる．カービングは需要も

高く，また研究テーマとしても興味深い点が多いことから，産業界から学術界にいたるまで盛んに研究開発が行われている分野である．ファイルの復元ソフトウェアやフォレンジックツールの中には，このカービング機能を備えるものが多い．ただし，いずれのツールにおいても，メディア内に残るすべてのデータを復元することは困難であり，かつ復元されたファイルもしばしば破損していることがあることには注意が必要である．

第3章

デジタル・フォレンジックのための OS 入門

3.1 コンピュータ内のソフトウェア

　コンピュータ内のソフトウェアには，そのコンピュータで行う処理そのものが記述されたプログラムと，処理の対象となるデータとがある．プログラムは，機械語（またはマシン語）とよばれる CPU が直接理解できる命令列で記述されている必要がある．この機械語で直接プログラムを記述するのはプログラマの負担が大きいため，ほとんどのプログラムはプログラミング言語とよばれる，プログラマにとって記述しやすい人工言語で記述され，これをコンパイラ（compiler）とよばれるプログラムを用いて機械語に変換している．ソフトウェアは，このようにして作られた機械語を補助記憶装置内に実行形式ファイルとよばれる形式で保管したものを利用する．このようなファイルは，その内容が2進法で表現されることからしばしばバイナリ（binary）とよばれる[†1]．

　プログラミングの際には，このようなコンパイラを用いる以外に，プログラミング言語で書かれたテキストファイルを直接逐次解釈し翻訳するプログラムを用いる場合がある．このような逐次型の翻訳プログラムを，インタープリタ（interpreter）とよぶ．インタープリタで処理されるプログラムは，スクリプト（script）とよばれることが多い[†2]．コンパイラにより生成された機械語は実行が高速で，実行形式ファイルの解読も比較的困難であるため，プログラム

[†1] binary とは2進法を表す．なお実際にはバイナリファイルの内容は16進法で表すことが多い．
[†2] 文書作成や表計算アプリケーションの中で定型処理を行うためにマクロとよばれるプログラミングが行われることがあるが，マクロもスクリプトの一種であり，この場合はマクロ機能がインタープリタの役割を果たしている．

の知的財産権の保護やマルウェアなどによる改ざん防止が比較的容易である[†3]. これに対し，スクリプトは解読や改ざんが容易であるためマルウェアの標的になりやすく，フォレンジック上はより注意を要する．プログラミング言語 C, C++, Objective-C, C#, Java などはコンパイラで翻訳されることを前提としている[†4]. 一方，JavaScript, Ruby, Python, Perl, PHP, Visual Basic for Application（VBA）などはインタープリタで処理されることが前提となっているプログラミング言語である．

　コンピュータ内のプログラムは，すべて基本プログラムとアプリケーションプログラムに分類できる．アプリケーションプログラムは，ワードプロセッサや表計算，インターネットブラウザなど，ユーザが直接操作してデータを取り扱うものである．このアプリケーションプログラムの起動や終了，プログラム本体やそれらが扱うさまざまなデータの管理，複数のプログラムが同時に動作する場合の協調動作などを司るのがオペレーティングシステム（OS）とよばれる基本プログラムである．たとえば，スマートフォンでは Android や iOS, パソコンでは Windows や macOS, サーバ型コンピュータでは Windows Server のほかに Linux や Solaris など UNIX 系統とよばれる OS が使われる．基本ソフトウェアにはそれ以外に，上述のコンパイラやインタープリタといった，プログラミング言語を処理するためのソフトウェアがある．広義には，ハードウェアを直接制御するプログラムであるファームウェア（Firmware）や，アプリケーションからよく利用される基盤的ソフトウェアであるデータベースマネジメントシステム（DBMS）なども含まれることがある．

3.2　オペレーティングシステムとその起動

　コンピュータの主記憶（RAM）は電源投入時にはその中身がないため，電源投入直後には実行するべきプログラムが存在しないことになる．そこでまず，ROM 内に基本的なソフトウェアをあらかじめ書き込んでおき，これを CPU に

[†3]　ただし，いずれも不可能なわけではなく，技術的に高度であるというだけである．
[†4]　Java や C# など最近のプログラミング言語には，コンパイラにより機械語に翻訳されるのではなく，中間言語とよばれる形式に変換された上で，実行時に改めてインタープリタまたはコンパイラで翻訳されるものが増えてきている．

提示してコンピュータを起動する．ROM 内には，コンピュータのハードウェアの健全性を調査し，接続されている主記憶のサイズや各種デバイスの種類，外部記憶媒体のサイズなどを確かめ，必要な設定を行った上でオペレーティングシステム（OS）を外部記憶媒体から読み込むためのファームウェアが書き込まれている．これを一般に IPL（Initial Program Loader）とよぶが，PC の場合には BIOS（Basic Input/Output System）とよばれる場合が多い[†5]．BIOS はさらに現在では UEFI（Universal Extensible Firmware Interface）という規格に基づくファームウェアへの置き換えが進んでいる．

一般的な PC の起動時において OS 起動までの手順は次のようになる．

(1) ROM 上の BIOS または UEFI ファームウェアが実行され，これによりハードウェアの健全性を調べる．この際に特定のキーの入力があれば，ハードウェアに関するさまざまな設定メニュー（BIOS メニューなどとよぶ）が起動することがある．そのような指示がなければ，設定された外部記憶媒体から OS 起動のための最低限のプログラム（ブートローダなどとよばれる）を読み込み，主記憶に書き込んだ上で，これを実行する．どの外部記憶媒体のブートローダを最初に読み込むかは，BIOS などで設定できる場合が多い．

(2) ブートローダは，さらに OS のうちカーネルとよばれる部分を外部記憶媒体から読み込み，主記憶に書き込む．外部記憶媒体に複数の OS がインストールされている場合は，これらのうちからどの OS を起動するかを選択するメニューを表示した上で，指定のものを読み込む（ブートセレクタなどとよばれる）．

(3) ブートローダが主記憶に書き込んだカーネルを実行する．カーネルはファイルシステムから必要なシステムファイルを読み込みつつ，OS として起動する．

このような手続きは，最初に小さな IPL からブートローダ，カーネルの順に次第に大きなプログラムを読み込み，実行することを繰り返すため，靴紐を何段

[†5] 本来，BIOS は，OS が周辺機器への入出力時にハードウェアを直接操作することを避けるために，ROM 内に用意されたファームウェアのことを指すが，現在はデバイスドライバに置き換えられ，そのような機能が使われなくなった．しかし，BIOS がもっていた IPL 機能とハードウェア検査機能，設定機能のみが使われるようになった現在でも，これを BIOS とよぶ習慣が定着している．

も編み込みながら結ぶ様子になぞらえてブートストラッピング（bootstrapping）とよぶ．この過程でOS内に不正なプログラムなどが入り込むと，システムセキュリティ上重大な事態になるため，近年はあらかじめ正規のブートローダやOSカーネルを電子署名しておき，ブートストラッピングの過程で署名を検証することによって，不正なプログラムの侵入を防ぐ仕組みが考えられた．これをセキュアブート（Secure boot）とよぶ．

　OSの主な機能には，メモリやファイル，デバイスといったプログラム実行時に必要な資源（リソース）を割り当て管理するリソース管理機能，プログラム（プロセス）の起動，実行，休止，終了などの状態を管理するプロセス管理機能，ファイルシステムの提供機能，ユーザ認証機能などがある．ユーザ認証機能は，ユーザIDとパスワードなどを使って利用者を識別し確認する．その認証結果に応じてOSは利用者に権限を与え，起動可能なプログラム，利用可能なメモリや読み書き可能なファイルなどをその権限に応じた範囲にする．これを保護機能とよぶ．保護機能は同時に動作するプログラムや操作されるデータが干渉しないよう互いに隔離し，異常または悪意あるプログラムからOS本体やシステムにとって重要なファイルを改ざんされることを防ぐ．

3.3　ファイルシステムの基本的機能

　OSは，上述のようなデータ形式に基づくデータを，補助記憶装置に対しファイルという形式で書き込む．この機能をファイルシステムとよぶ．ファイルシステムについてはすでに第2章で述べたが，ここではOSとの関係について解説する．

　ファイルは，言い換えればコンピュータ内で電源を切っても消えないデータを取り扱うための仕組みである．現在主流のOSであるWindowsやLinux，macOSなどでは，基本的にファイルはバイト単位で長さを自由に伸縮できる単なる一連のデータである．ファイルの読み出しは，一般に先頭から順次行われるが，希望すれば設定された任意の位置から読み出すこともできる．ファイルの書き込みも同様に任意の位置から行うことができるが，書き込んだ場合にはその位置にあったデータは上書きされ，失われる．ファイルの末尾にさらにデータを書

き込むと自動的にファイルの長さが伸びていく．これを追記とよぶ．同様にファイルの末尾の任意の位置から後ろのデータを切り捨ててファイルの長さを縮めることもできる．しかし，ファイルの先頭の手前側にデータを継ぎ足したり，中間にデータを挿入したりすることは原則としてできない．このような構造に単純化しておくことにより，ファイルのメディア上での取り扱いがより容易になる．

　ファイルシステムで使われるメディアは，いずれも固定長（128 B〜数十 KB 程度）のセクタ単位で読み書きされる．よってファイルシステムでは，ファイルをこのセクタ単位に分割して格納し，管理する．このほか，ファイルシステムによって多少の違いはあるが，各ファイルに関し次のような情報を管理している（これらをメタデータとよぶ）．

- ファイル名
- 配置情報（ファイル先頭のセクタ位置と各部分のセクタ位置など）
- 長さ（バイト数）
- タイムスタンプ（作成日時，最終更新日時，最終アクセス日時など）
- アクセス制御情報（ファイルの所有者，読み取り，書き込み，プログラムとしての実行などの操作を許されたユーザのリストなど）
- その他の付加データ（ファイルの種類，アイコンなど）

　各プログラムがファイルを読み書きするということは，ファイル名から該当するメタデータを取り出し，ファイルの配置情報を得てデータを読み出し・書き込みながらファイルの配置情報を更新するということである．通常，ファイルの削除は，このメタデータの無効化によって行われる．これが，上述したように削除ファイルの復活が可能になる原理である．

　次に，ファイルの各メタデータについて概説する．

(1) ファイル名

　ファイルには文字列による名前を付けて管理するが，これをファイル名とよぶ．たとえば"文書1"や"notepad.exe"などが典型的ファイル名である．ファイル名には英数字や記号，日本語などの文字が利用できる．ただしOSやファイルシステムによっては一部利用できない文字がある．たとえばWindowsでは /，¥，:，*，?，"，<，>，| といった記号はファイル名には使えない．またOS

により，ファイル名の英字の大文字と小文字の区別をつけるかどうかは異なり，一般にWindowsやmacOSは大文字小文字を同一視するが，UNIX系OSでは区別する．このほか，ファイル名の長さにも制限が設けられており，最近の多くのファイルシステムは最大255BまたはUnicodeで255文字などの制限がある．

UNIXやWindowsでは，ファイル名のうちピリオド以降の部分を拡張子とよぶ．特にWindowsでは，拡張子によってファイルの種類を区別しており，たとえばWordの文書ファイルは".docx"，プログラムは".exe"などの拡張子を付けることが定められている．主な拡張子とファイルの種類の対応を表3.1に示す．画面上ではファイル名のうち拡張子を表示せず，アイコンの種類で表現するように設定されている場合が多い．

ファイル名はその内部のデータがどのような意味であるかを表すように付けられている場合が多い．たとえば"H28決算.xlsx"というファイルは，おそらく平成28年度の決算処理のために使われたExcel形式のワークシートであろうと推測できる．このように，ファイル名はフォレンジック上の大きな手がかりとなる．

(2) 階層化ディレクトリとパス名

1つのメディア内にファイルが多数あると整理が困難になるので，多くのファイルシステムでは，ファイルはディレクトリまたはフォルダとよばれる単位でまとめて管理できるようになっている．ディレクトリ内ではファイル名がファイルの識別に用いられるので，1つのディレクトリの中には，同じファイル名のファイルは複数存在できない．

ディレクトリの中にはさらにディレクトリを格納できるので，ディレクトリ間に親子関係が生じる．これは木構造で表現できることから，ディレクトリツリーとよぶ．メディアの中には少なくとも1つのディレクトリが必要であり，これがディレクトリツリーの根となるので，ルートディレクトリ（またはルートフォルダ）とよぶ．ルートディレクトリ以外のディレクトリはサブディレクトリ（またはサブフォルダ）とよばれ，ファイルと同様に名前を付けて管理される．

ファイルシステム上でのファイルの位置を示すため使われる表記がパス（path）である．パス名はルートディレクトリから順に，ディレクトリツリー

表3.1 主な拡張子と対応するファイル形式（Windows）

拡張子	ファイルの種類
exe	プログラム
com	プログラム（MS-DOS でかつて用いられたもの）
dll	ダイナミックリンクライブラリ（複数のプログラムで共有されるコードが格納されている）
cmd	バッチファイル（Windows NT 以降の cmd.exe 用）
bat	バッチファイル（MS-DOS でかつて用いられた）
txt	プレーンテキスト（書式のない文書ファイル）
doc, docx	Microsoft Word の文書
xls, xlsx	Microsoft Excel の表
ppt, pptx	Microsoft PowerPoint のプレゼンテーション
jtd	一太郎の文書
rtf	リッチテキストフォーマット（文書ファイルの一種）
csv	CSV ファイル（表計算などで利用できるテキストファイル形式）
eml	電子メールをファイルに書き出したもの
pdf	PDF ドキュメント
htm, html	HTML 文書
css	スタイルシート
cgi	CGI プログラム
url	URL ショートカット
gif	GIF 形式画像
png	PNG 形式画像
jpg, jpeg	JPEG 形式画像
tif, tiff	TIFF 形式画像
emf, wmf	WMF 形式画像
ai	Adobe Illustrator 形式画像
eps	EPS（Encapsulated PostScript）形式画像

拡張子	ファイルの種類
avi	AVI 形式動画像
wmv	zWindows Media 形式動画像
qt, mov	Quicktime 形式動画像または音声データ
mpg, mpeg	MPEG 形式動画像
mp3	MP3 形式音声データ
wav	WAVE 形式音声データ
wma	Windows Media 形式音声データ
c, cpp	C または C++ のプログラムソース
bas	Visual Basic などの BASIC プログラムソース
cs	C# プログラムソース
jav, java	Java プログラムソース
js	JavaScript プログラム
vbs	Visual Basic Script プログラム
pl	Perl プログラム
rb	Ruby プログラム
py	Python プログラム
asm	アセンブラのプログラムソース
7z	7z 形式アーカイブ
zip	ZIP 形式アーカイブ
rar	RAR 形式アーカイブ
cab	CAB 形式アーカイブ
tar	tar 形式アーカイブ
gz	gzip 形式圧縮ファイル
bz, bz2	bzip または bzip2 形式圧縮ファイル
taz, tgz	tar 形式アーカイブを gzip で圧縮したもの
tbz	tar 形式アーカイブを bzip2 などで圧縮したもの
log	ログファイル（テキストファイルであることが多い）

をたどったディレクトリ名を列挙し，最後にファイル名を書いて表記する．区切り記号にはWindowsなどでは"¥"を，UNIX系OSでは"/"を用いる．Windowsではパス名にはさらに物理的なメディアを示すドライブ名が":"（コロン）とともに入るので，たとえば"C:¥Users¥uehara¥Documents¥letter.doc"は，「CドライブのルートディレクトリのなかのUsersディレクトリの中のueharaディレクトリの中のDocumentsディレクトリの中のletter.docというファイル」を表す．

ファイルシステムでは，ディレクトリはファイル名の一覧と管理情報（の一部）を格納した特殊なファイルとして実現される．ファイルの消去が行われた際には，このディレクトリ内の情報がどれだけ復元できるかが消去ファイル復元の鍵となる．

3.4 プロセス管理とメモリ管理

ファイルシステムの提供と並ぶOSの重要な機能は，プロセス管理とメモリ管理である．プロセスはプログラムが起動された実体を指す．プログラムは通常，ファイルシステム上のファイルとして保持されているが，これを実行可能形式とよぶ．Windowsでは実行可能形式のファイルはPortable Executable形式（PE形式）とよばれ，通常.exeという拡張子をもつ．LinuxではELF形式とよばれるファイルである．実行可能形式ファイル内には，プログラムの実体となる機械語の列以外に，プログラムが利用するデータ，仮想記憶上にプログラムやデータを配置するために用いられる再配置情報，プログラムが利用するライブラリ関数などを表すインポート関数情報が格納されている．

実行可能形式のファイルがOSにより実行されると，まず仮想記憶空間が確保され，ここにプログラムとデータが配置される．次に，インポート関数の情報に従って，プログラムが利用中のライブラリ関数がライブラリファイル（Windowsでは.DLL，Linuxでは.soという拡張子をもつ）が仮想記憶空間上に配置される．こうして配置されることで，各プログラム，データおよびライブラリ関数の仮想記憶空間上のアドレスが確定するため（これをアドレス解決とよぶ），あとは再配置情報に従って，実際に配置された主記憶上のアドレスと整合するように

プログラムとデータの一部が書き換えられる．なお，ライブラリ関数の再配置を実行時に行うことをダイナミックリンク（Dynamic Link）とよぶ．このダイナミックリンクの際には一定の時間がかかるため，高速化のためにはダイナミックリンクのときに行った処理の結果を一部保存しておき，同一のプログラムが再度起動された際には再利用することが考えられる．Windows ではこのような操作をプリフェッチとよび，¥Windows¥Prefetch なるディレクトリ内にその処理結果が保持されている．このプリフェッチファイルの内容により，当該 PC 内でどのプログラムがいつ起動されたかを判断できることがある．

　1つのプロセスは通常，1つのプログラムとそれが扱うデータが置かれる仮想記憶空間と，そのプログラムを実行している1つ以上の仮想 CPU からなる（図 3.1 参照）．OS は各仮想 CPU をスレッドとよぶ単位で管理している．プロセスは同時に，ファイルシステム上の各ファイルや周辺機器（デバイス）の操作を行う際の管理単位でもある．このような主記憶（メモリ），CPU，ファイル，デバイスなどを総称して資源とよぶため，プロセスは資源管理の単位ともよばれる．

　プロセスはプログラムの起動により生成され，開始される（図 3.2 参照）．開始されたプロセスは実行可能状態になり，CPU が利用可能になったときに実行状態に入る．ファイルや周辺機器に対しデータを入出力する必要が生じると，プロセスは入出力待ちの状態に入る．入出力が終了した時点でプロセスは再度実行可能状態になる．CPU を一定時間利用し続けた場合にも，割り込み機能によってプロセスは強制的に実行可能状態に遷移させられ，ほかのプロセスに CPU が

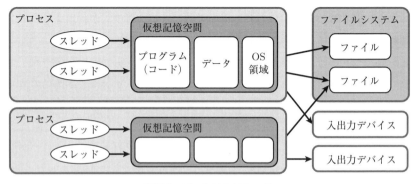

図 3.1　プロセスとスレッド

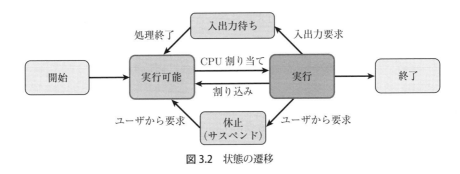

図 3.2 状態の遷移

割り当てられる．こうして，各プロセスが CPU の時間を少しずつ割り当てられてプログラムの実行を進めるため，実際の CPU の数よりも多い数のプログラム（プロセス）が同時に動作しているように見える．これを OS のマルチタスク機能とよぶ．プロセス内にスレッドが複数ある場合には，各スレッドが同様の状態遷移をしながらプログラムの実行を進めていく．このほか，UNIX ではプロセス全体を一時停止させる機能があり（サスペンドとよばれる），利用者の指示によってサスペンド状態と実行可能状態の間を遷移する．

各プロセスが利用できる主記憶（メモリ）も通常は OS によって仮想化されており，これを仮想記憶とよぶ．仮想記憶では，実際の主記憶の量より大きな領域が各プロセスから利用可能である．各プロセスが利用可能な仮想記憶空間を分離することにより，各プロセスの動作がほかのプロセスの動作に影響されないように保護している．OS は仮想記憶のうち，実際の主記憶に入りきらない記憶領域をハードディスクなどの補助記憶に待避しており，これをスワップとよぶ．たとえば Windows では，スワップとして pagefile.sys というファイル名のファイルが用いられる．

3.5 データ表現

コンピュータの内部では，すべてのデータを最終的に 0 と 1 で表される値で表現する．この 0 か 1 かの情報を 1 ビット（bit）とよび，1 b と表記する場合もある．実際にはこのビットを 8 つ集めた 1 バイト（Byte）という量を単位にデータを扱うことが多い．1 バイトはしばしば 1 B と表記される．1 B の値は 2 進法

では8桁の数値が格納でき，2の8乗すなわち256通りの値が表現できる．

2進法は表記が読み取りにくいので，2進法で4桁の数値を1桁で表すことができる16進法がしばしば用いられる．2進法で4桁の数は10進法の0〜15までの値に対応するが，このうち1桁で表せない10〜15までをA〜Fまでのアルファベットで置き換えたものが16進法である．たとえば10進法での60は，2進法では00111100となるので，16進法では3Cとなる[†6]．

メモリをはじめ，あらゆる記憶装置上のデータは，数値の羅列にすぎない．これに人間がいろいろな解釈を加えることにより意味を与え，プログラムに処理させている．これをデータ表現とよぶ．このデータ表現の理解はフォレンジックで得られるデータの理解に不可欠であるので，以下，さまざまなデータ表現について解説する．

(1) 数値のデータ表現

0以上の整数値を表現するには2進法が使われる．これを符号なし整数とよぶ．たとえば，1Bすなわち8 bitの値を2進数と見ると，最大で2の8乗から1を引いた値まで，すなわち10進法では0〜255にあたる数が表現できる．一般のプログラム中では，16，32，64 bitの値が使われることが多い．これらはそれぞれ，最大で2の16，32，64乗から1を引いた値，すなわち65 535，約43億，約1 800京までの数が表現できる．負数も表現したいときは2の補数表記とよばれる表現を用いると，8 bitでは−128〜127までの値を表現できる．16，32，64 bitを用いても同様に，絶対値が符号なし整数の場合の約半分になるような範囲の値を表現できる．

整数ではなく実数を表現するには通常，浮動小数点表現とよばれる特殊な表現を用いる．これは科学技術計算に利用できるように値の有効数字を一定に保つ工夫がなされた表現である．最も多く使われているIEEE 754規格の場合，浮動小数点表現には32または64 bitの値を用いて，10進数換算でおよそ7桁または15桁程度の精度の数値表現を可能にしている．

なお，複数バイトの値をメモリ上に置くときの順序をエンディアン (endian)

[†6] 16進法で表される数を16進数とよぶことが多い．つまり60が10進数だとすると，同じ値は3Cという16進数となる．

とよぶ．ビッグエンディアン（big endian）では，32 bit の AF210A00（16 進表記）という値があった場合，アドレスの小さい方に上位のバイトを置くので，これをメモリの 00000C00 番地に書き込んだ場合，0C00 番地に AF，0C01 番地に 21，0C02 番地に 0A，0C03 番地に 00 が書き込まれる．ところがリトルエンディアン（little endian）では，逆にアドレスの小さい方には下位のバイトを置くので，0C00 番地から 00　0A　21　AF の順に書き込まれる．このエンディアンは CPU や OS によって異なり，いわゆる UNIX ではビッグエンディアン，Windows ではリトルエンディアンが広く使われてきた．しかし，Pentium などのいわゆる x86 系 CPU がリトルエンディアンしかサポートしないことから，Linux など最近のパソコンで動作する OS は UNIX 系でもリトルエンディアンが使われている．フォレンジック作業の際には，使われているシステムのエンディアンを誤ると得られたデータの解釈ができない場合があるので注意が必要である．

(2) 文字のデータ表現

　7 bit の 2 進数が文字を表すとすると，128 通りの文字が表現できる．文字のうち英語のアルファベットや数字，いくつかの記号程度を表すには十分なので，英語圏では ISO 646，俗に ASCII（アスキー）コードとよばれる規格で 7 bit の範囲の値に意味を与え，100 程度の文字を表すのに使っている．たとえば，16 進数で 41 は A を表す，などと取り決められている．日本では ASCII コードのうちバックスラッシュ（\）を円記号（¥）にするなど一部を入れ替えた上で，8 bit に拡張し，カタカナと句読点などの記号を加えた JIS X 0201 とよばれる規格が，漢字を必要としない分野で使われている．JIS X 0201 のうち下位 7 bit 分は，ASCII コードとほぼ同じである．拡張されたカタカナの部分は慣習的にアルファベットと同じ幅，すなわち漢字の半分の幅の文字として表示することになっているため，「半角カタカナ」ともよばれる．

　日本で代表的に使われている漢字用文字コードは JIS が定めたもので，使用頻度の高いものから順に JIS 第 1〜第 4 水準と分けて定義されている．うち第 2 水準までは JIS X 0208 で規格化，2000 年に第 3 水準以降が定義されてからは JIS X 0213 が JIS X 0208 をほぼ含む形で規格化されている．同規格は 2004 年に改定された版が 2015 年時点でも最新であり，漢字 10 050 字，かな文字や英数字，

記号などを含めると11 233字が定義されている．なお，JIS X 0213の制定前の1990年にJIS補助漢字が規格化され，JIS X 0212として漢字5 801字，非漢字266字が追加されたが，補助漢字と第3水準以降の漢字において一部文字が重複するなどの理由から，JIS X 0213を優先して使用すべきとされている．2012年にJIS X 0213に追補が行われ，常用漢字とJIS漢字コードの対応が明確にされた．

これらJISで定義された漢字用文字コードは2Bで表現されるため，1Bで表現できるJIS X 0201の倍の幅で表示する慣習がある．この意味でJIS X 0201に含まれる文字を「半角文字」，JIS X 0213などで定義される文字を「全角文字」とよぶ．JIS X 0213にはJIS X 0201でも定義されている英数字，カタカナ，記号なども含まれるので，同一の文字に複数の文字コードが定義されていることになる．よって，JIS X 0213で表現された英数字やカタカナを「全角英数字」「全角カタカナ」とよんで，JIS X 0201で表現された文字と区別する慣習がある．

インターネットでは現在もASCIIコードやJIS X 0201など1Bで表現できる文字コードが主流として用いられている．日本語の文書でも英数字と記号はJIS X 0201で表現することが多いので，2Bの漢字用文字コードと1Bの文字コードを混在させる技術が必要である．このための規格は歴史的経緯から数種類が混在しており，インターネットの電子メールなどではISO-2022JPとよばれる規格，WindowsやmacOSではシフトJISとよばれる規格，UNIXの一部ではEUCとよばれる規格が使われている．シフトJISやEUCはWebページの記述にも用いられる例がある．これらはUTF-8とよばれる規格に置き換えられつつある．

文字コードは国ごとに異なる発展を遂げてきたため互換性に乏しく，国際的な文字データ交換には支障を生じてきた．そこで世界中の文字コードをUnicodeとよぶ単一のもので統一しようという試みがある．この試みは企業により始められたが，標準化団体との協業により現在では国際標準規格のISO/IEC 10646に反映された（JIS X 0221が対応する）．Unicodeでは，文字を21 bit[7]の文字コードで表す．このうち，U+0000〜U+FFFFまでの16 bitで表される領域を基本多言語面とよび，BMP（Basic Multilingual Plane）と略す．BMPのU+0000〜

---

[7] 厳密には16進法で0〜10FFFFまでの文字コードが割り当てられている．Unicodeの文字コードは16進のコードの前にU+の文字を付け，U+0041などと表記する．

U+007F まではASCIIコードがそのまま含まれているなど，世界各国で使われている多くの文字コードがほぼそのまま収録されたが，中国，日本，韓国（略してCJKとよぶ）で使われている漢字コードをそのままBMPに納めるのは困難であったため，漢字に関してはCJK各国で用いられている文字を一度統合した文字コードが再定義され，各国の文字コードとの対応表が作られた．これをCJK統合漢字とよぶ．BMPにはこうして日本の漢字のうちJIS第1水準と第2水準，JIS X 0212で定義された補助漢字のすべてと，第3，第4水準の漢字のほとんどが収録されたが，BMP内に含まれていない漢字が2004年版の規格で304字ある．

このUnicodeをASCIIコードと混在させて使用するように考えられたものはUTF-8とよばれ，ASCIIコード該当部分（U+0000～U+007Fまで）を1Bで，他のコードに該当する部分は2～6Bの組み合せで表現する．日本の場合BMPに収録された漢字については3Bで，BMP内に含まれない第3，第4水準の漢字については4Bが必要である．このUTF-8はインターネット内で広く使われる文字コード表現方式になっており，Webページや電子メールなどでの使用が広がっている．また，Unicodeのうちほとんどが BMP の使用で事足りることから，BMPの使用を前提として基本は2Bですべて表現するものをUTF-16とよぶ．UTF-16ではBMPに含まれるものはそのまま，含まれない文字はサロゲートペアとよばれる手法を用いて4Bで表現する．

このように，現在JISによって多くの漢字に文字コードが割り当てられているが，それでも細かい字形の違い（いわゆる異体字）を含めるとすべての漢字に文字コードが割り当てられているわけではない．たとえば部首「しんにょう（辶）」には点が1つのものと2つのものがあるが，「辻」という字の部首が1点か2点かは文字コードでは区別できない．このような文字をあえて区別したいという要求に関しては，文字コード中で文字に割り当てられていない領域を使って組織やシステムごとに独自に文字コードを割り当てる「外字」とよばれる仕組みが使われてきた．このような外字を含むデータは，当該システム以外では正常に使用できないため混乱が生じる．

このような状況を改善するため，Unicodeには異体字セレクタ（IVS）とよばれるものが定義されており，基本となる文字（基底文字とよぶ）の文字コードの

後ろに付け加える異体字セレクタとよばれる特殊な文字コードによって細かい異体字を表現できるようになった[†8]．どのような異体字がどの文字に割り当てられるかは IDS とよばれるデータベースに登録されており，これを参照することで細かい異体字が表現できるだけではなく，異体字による違いを無視した文字検索などが行えるようになった．ただし，2015 年時点ではこの IVS/IDS に対応したシステムは少ない．

(3) 波のデータ表現

音声や電波など波で表されるデータを処理するためにはデジタルでの波の表現が必要である．これも種々の方法があるが，最も簡単な方法は，波を一定時間ごとに区切り（サンプリングとよぶ），その波の高さを数値で表して並べる方法である．たとえば図 3.3 は，左から順に波の高さがおよそ −2, 1, 2, 3, 3, 2, 1, −1, ……となっているので，これを 2 進数で表して並べれば波が表現できる．

この際注意するべきは，波の形はあくまでも近似で表されているということである．まず一定時間ごとに区切っていることにより，その間の波の形は一定の高さに平均化されている．そして高さ自体も，適当な整数値に丸められているため，図の右側のようにデジタルでの表現では波は階段状に表されている．これを離散化とよぶ．アナログの情報をデジタルで表現する際にはこのような離散化の影響が必ずあるが，たとえば波の場合はサンプリングの間隔を小さくし，波高を多くのビット数で表現するようにするなどすれば，離散化の影響は小さくなる．その代わりデータ量は増大していく．

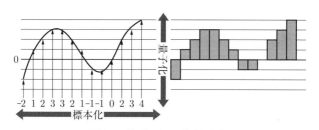

図 3.3　波データのデジタル化

[†8] その代わり，1 つの文字が 2 つの文字コードで表現されることになり，漢字 1 文字が UTF-8 では最長 6 B，UTF-16 では最長 8 B で表現されることになった．

実際のコンピュータ内では，特に音声データを表すのにこのような波のデジタル表現がよく使われる．Windowsなどで多用される音声データファイルであるwav形式にはいくつかの内部形式があるが，代表的なものでは単純にこのように波の形状を記録した形式が用いられている．

(4) 画像のデータ表現

画像のデータ表現法もいくつかの手法があるが，代表的なものは点に分解して表現するものである．たとえば，画像を1024行1024列に並んだ点で表現するとしよう．1点あたり1 bitの値を与え，白なら0，黒なら1の値を与えると，この大きさの単純な白黒画像が表現できる．この場合，データ量は128 KiBになる．

カラー画像の場合，たとえば1点あたり3 Bの値を使って，光の三原色である赤緑青（RGB）の強さをそれぞれ1 Bつまり256段階で表現すると，1024行1024列に並んだ点のデータ量は3 MiBになる．各点は256の3乗すなわち約1678万色の表現が可能である．

このように画像の各点を直接表現するデータ形式をビットマップ（bitmap）形式またはラスタ（raster）形式とよび，各点のことをピクセル（pixel）とよぶ．これに対し，画像を線分や多角形，ある数式で表現できる曲線などの集合で表し，データとしてはこれらの座標値と色のみを保持するものをベクトル（vector）形式とよぶ．ビットマップ形式は写真など自然な画像を表すのに適しているが，拡大すると各ピクセルが大きく粗くなり画質が悪くなる．ベクトル形式は地図や設計図などの図形を表現するのに向いており，拡大縮小しても画質が悪化しないが，描画処理が必要でありコンピュータの処理能力をある程度必要とする．

(5) 情報の圧縮

デジタルで情報を扱う際の1つの利点は，データ圧縮技術の発達により，より少ないデータ量で元のデータを送る手法が確立していることにある．特に画像の場合，デジタル表現には離散化の影響が大きく，人間にとって離散化の影響が感じられない程度に点の数を増やし，光の強さを多段階で表すとデータ量が膨大になるので，さまざまな手法を用いてデータを圧縮する．

たとえば上述の1024行1024列の点からなる単純白黒画像において，黒い点

が平均して全体の0.1％程度しかないことがわかっている場合，平均すると画像全体で，1 000程度しか黒い点がない．1つの黒い点を座標で表すには縦横とも1 024通り，つまり10 bitずつ，合計20 bitあればよいので，これをすべて列挙しても6.6 KB前後のデータで十分である．よって元の画像を約20分の1のデータで表現できる．このほか，同じ色の点が集まりやすい，つまり縦横で見た場合，同じ色の点が並ぶ傾向があることなどを用いてもデータの圧縮は可能であり，さまざまな研究が行われている．

　画像の圧縮に関しては研究が進んでいることもあり，特に写真などの自然画像についてはさまざまな性質を用いて，ほとんど画像の品質の低下を感じさせない範囲でデータ量を数十分の一に圧縮させる手法が知られている．その中で最もよく使われている圧縮画像の規格がJPEGとよばれるものであり，デジタルカメラなどで広く使われている．JPEGにはさらに，1994年にISO/IEC 10918-1などで規格化されたオリジナルのJPEGと，圧縮方式を変更して画質の向上を目指したJPEG 2000（2000年規格化），JPEG XR（2009年規格化）という互換性のない3つの規格があるが，いまだにオリジナルのJPEGが広く使われる．動画像ではこれをさらに拡張したMPEGとよばれる規格があり，これもMPEG-1，MPEG-2，MPEG-4，MPEG-4 AVC/H.264，HEVC/H.265などの後継が開発されて広く使われている．音声の圧縮に関しても非常に多くの研究があり，音質の劣化を抑えて圧縮率を高める手法がいくつか知られており，代表的なものには最近のデジタル携帯音楽プレーヤーなどで使われているMP3やAACがある．

　このように画像や音声にかかわる圧縮手法には，圧縮率を高めるため，圧縮時に人間に感知できない程度にデータの一部を削除することが多い．そのため，圧縮されたデータを復元しても完全には元のデータには戻らない．このような圧縮手法を有損失圧縮または不可逆圧縮とよぶ．これに対し，コンピュータ向けデータのように完全に復元できないと困る場合は，無損失圧縮または可逆圧縮とよばれる手法が使われる．ZIPやLZH，RARなどの名で知られる，アーカイバとよばれるファイル圧縮ソフトウェアで使われる手法はすべて可逆圧縮である．不可逆圧縮は可逆圧縮に比べて高い圧縮率を達成できるが，一般には圧縮率を高めるほど復元後の画像や音声の品質が劣化する．

(6) ファイルのデータ形式，アプリケーションのデータ形式

　上記のデータ形式はすべてコンピュータ内で処理される基本的なデータ形式であるが，実際のアプリケーションプログラムなどで使われるファイルでは，これをもとにしてさらに取り決めを加えたデータ形式が使われることが多い．たとえば JPEG や MPEG，MP3 などは圧縮形式であるだけではなく，ファイルとして書き込まれる際に付加すべきメタデータなどの形式が定められている．インターネットでは，ASCII コードなどの文字コードに基づくテキストデータに文法などを規定した形式が広範に使われている．Web ページの表現に使われる HTML や，電子メールの表現に使われる RFC 5322 が代表的なテキストデータに基づくファイル形式の規格である．これらは多くが標準規格となっており，多くのアプリケーションプログラムで読み書きが可能である．

　文書作成や表計算に使われるアプリケーションプログラムの多くは，それぞれ独自のデータ形式のファイルの読み書きを行う場合がある[†9]．その内容の分析にはそのファイルを利用したアプリケーションそのものが必要となる場合が多いが，いくつかのフォレンジックツールは主なアプリケーションプログラムの独自データ形式の解析機能を備えており，アプリケーションプログラムの起動なしに内容を判別できる．

3.6　ログとダンプ

　OS やほかのプログラムが実行される際に，管理上の都合により発生した事象をファイルの形式で残しておきたいことがある．これを一般にログ（log）とよぶ．デジタル・フォレンジックで扱う電磁的証拠のうち，パソコンなどの機器におけるログは，利用者の行動履歴や当時のハードウェアの状態などについてのわかりやすい証拠となり得るので，一般のファイルと並んで重要な調査対象である．

　Windows ではイベントログとよばれる専用のログ記録システムがある．Linux

[†9] Microsoft 社製の Word，Excel などは，かつては独自のファイル形式を採用していたが，現在ではファイル形式を OOXML とよばれるデータ形式に変更し，これを標準化団体で規格化している．よって，原理的には OOXML の規格文書を元に互換アプリケーションが作成可能になった．

をはじめとする UNIX 系 OS では多くの場合，syslog とよばれるログ記録システムがある．しかし，これらの OS が用意したログ記録システムを用いずに，独自にファイルなどの形式でログファイルを残すものも多い．Windows の場合にはこれらに加えてレジストリとよばれる，本来 OS やアプリケーションの設定を記録するためのシステムがあるが，このレジストリ内にも一部ログが残る．

　ここまで挙げたファイルは機器の電源を切っても基本的には残存するものだが，このほかに各プロセスが使用中の仮想記憶空間にも調査上重要な証拠が残されている場合がある．そこでこのような電磁的証拠を収集するために行われるのがクラッシュダンプである．クラッシュダンプは元来，プロセスが異常終了した際にその原因を解析するため，仮想記憶空間のデータをすべてファイルに書き出す仕組みである．このクラッシュダンプは，Windows では .dmp という拡張子をもつファイルとして記録され，Linux をはじめとする UNIX 系では，core というファイル名のファイルとして記録される．クラッシュダンプは通常，アプリケーションまたは OS が異常な状態に陥った際に生成されるものであるが，Windows においてはレジストリをあらかじめ設定し特定のキーの組み合せを押すことで，また，Linux では当該プロセスにシグナルを用いて伝えることで，それぞれ強制的にクラッシュダンプを生成させることができる．

第4章

フォレンジック作業の実際—データの収集

本章では，図1.5で示されたデジタル・フォレンジックの手順のうち②のデータの収集に関するものを扱う．収集のための事前の準備から実際のデータ収集作業にいたるまでの一連の作業について述べる．なお，データの収集方法に関しては文献[1]が参考になる．

4.1 エビデンスの取り扱い

(1) 精密機器としての対応

収集時におけるエビデンス（対象デバイス）の取り扱いは，エビデンスに保存／格納されているデジタルデータに対して，作業側による一切の改変や消失を生じさせてはならないということを意識し，デジタルデータの揮発性に配慮した取り扱いが求められる．加えて，デジタルデータが保存／格納されている機器媒体は精密機器であり外的要因によるデータ消失の可能性もあるため，精密機器としての観点からの物理的破損や損傷からの保護を考慮した取り扱いも求められる．

なおここでいうエビデンスとは，証拠（または証拠となり得る）物品という意味であり，収集対象機器（複製元）およびデータが保存／格納された複製先ハードディスク（デバイス）の両者を指す．

精密機器への対応としての留意点には，「衝撃・振動」「静電気・電波」「磁気・磁力」「埃・高温多湿」などが挙げられる．

(2) 円滑な収集作業のために

データ収集作業が円滑に進むか否かは，事前準備がどれだけ綿密に行われてい

るかに大きく左右される．

① 複製先ハードディスクのサニタイズ
　複製先ハードディスク内でのデータ混在を避けるため，複製先ハードディスクは事前にデータ完全消去（上書き消去）を行い，一切の微細なデータも存在しない状態としておく．

② 使用する資機材の準備
　データ収集ツールとその付属品は定期的に動作確認を行い，確実に稼動可能な状態を保持／維持しておかなければならない．また不測の事態に備えたツールの予備や代替機器／手法の確保に加え，収集作業に必要となる備品などの補助ツールの事前準備も重要である．

③ 作業スキルの習得
　さまざまな資機材の使用方法の習得が必須であることに加え，作業環境や収集対象物の特性に応じた資機材や収集方法の取捨選択を判断可能なスキルも必要である．

(3) 収集作業実施環境への配慮
　オンサイトでのデータ収集作業は限られた時間と制約下で実施されることも多いため，事故やミスの防止策を講じると共に，必要に応じ収集対象物品管理者への作業環境整備の協力要請も検討する必要がある．

① 電力供給の確保
- 24時間電力供給され，作業現場への電力供給遮断やブレーカーが落ちることはないか．
- 発電機を用意する必要はないか．

② 作業場所の整理整頓
- 作業に必要な資機材を配置可能な広さを確保しているか．
- 電源タップに足を引っ掛けコンセントから外れてしまい，作業者自身による強制的な電力遮断に注意．
- 埃などが少なく，精密機器がショートなどによるダメージを受けにくい環境であるか．

③ 収集対象物品確定
- 収集対象物と使用者（所有者）の紐付けはなされているか．

- 複数の同一機種が収集対象となった場合，固体識別が可能な情報を取得しているか．

④ 無理のない作業プラン構築
- 予定している時間内にすべての作業が完遂可能か．
- 強引な PC の分解が原因で元に戻せなくなる危険性はないか．

⑤ 第三者の干渉の回避
- 共謀者／結託者がすぐ側にいる可能性はないか．

(4) 収集対象の選別と優先付け

複数の物品を押収した場合，事案処理に必要とする時間もしくは進行状況によっては，収集対象に対し選別／優先順位を決定する必要がある．

また 1 台の PC であっても，内蔵されているハードディスクが複数枚存在する場合や，メモリダンプやプロセス情報などを取得する必要がある場合にも，収集対象の選別／優先順位を考慮する必要がある．

4.2 ハードウェアによるデータ収集

(1) ハードウェアによるデータ収集の特徴
① 収集手法概要

ハードウェアによるデータ収集では，図 4.1 のようにハードウェアに直接複製元のデバイスを接続しデータ収集を行う．

ハードウェアによるデータ収集においては，以下に挙げるメリットとデメリットや，使用用途と条件を理解しておく必要がある．

② メリット
- 高速なデータ転送による作業時間の短縮が可能．
- 100％物理コピー，およびイメージファイルコピーでのデータ収集が可能．
- 機種によっては 1 対 2 もしくは 1 対 1 の 2 系統同時のデータ収集が可能．

③ デメリット
- PC からハードディスクを取り外す必要がある．
- 作成可能なイメージファイル形式の種類が少ない．

第4章 フォレンジック作業の実際—データの収集

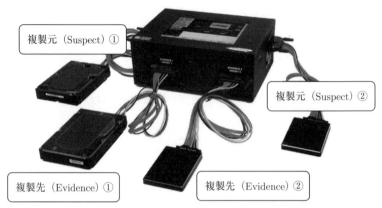

図4.1 ハードウェアによるデータ収集

- 複製元と複製先のハードディスク接続を間違えると，複製元にデータを書き込んでしまう（証拠データ破壊のリスク）．

④ 主な使用用途や条件
- 大容量ハードディスクのデータ収集．
- ハードディスクパスワードが解除されている必要がある．
- ハードディスク全体暗号化有無の確認が必要．暗号化されている場合，暗号化されたデータがそのまま収集される．

(2) ハードウェアに求められる機能的要件

ハードウェアに求められる機能的要件には，次のものが挙げられる．

① 書き込み防止機能

接続した複製元に対して一切の書き込みを行わず，読み込み専用となること．

② 複製機能
- 3～5 GB/min 以上（平均値）のデータ転送速度を有し，複製元全領域の複製が可能であること．
- 100％物理コピー，およびイメージファイルコピーでのデータ収集が可能であること（イメージファイル形式例：Linux DD，EnCase Image(E01)，AFF など）
- 複製元が有する不良領域（バッドセクタ）への対応が可能であること．

③ 同一性検証機能
　ハッシュ値などによる，複製元と複製先の同一性検証が可能であること．
④ 作業ログ／証跡情報の表示および自動生成機能
- 複製元／複製先デバイスの詳細情報が取得可能であること．
　　例：メーカー／モデル名，シリアル番号，容量など
- 作業時の各設定情報や実行結果のログが取得可能であること．
- ハードウェア自体の機器情報（シリアル番号／バージョン情報など）が記録されること．
⑤ ハードディスク隠し領域解除機能
　HPA (Host Protected Area) や DCO (Device Configuration Overlay) 機能により区切られた領域を解除し，ハードディスクのオリジナルサイズの複製が可能であること．
⑥ さまざまなインターフェースへの対応
　複製元ハードディスクのインターフェースにはさまざまな種類が存在するが，オプション対応も含め SCSI, IDE, SATA, SAS, SSD への対応が可能であることが求められる．
⑦ ハードディスクデータ消去機能
- ハードディスクのデータ消去（サニタイズ）が可能であること．
- 消去方式は DoD, NSA, NATO, Gutmann, Secure Erase, ユーザ指定など，複数の方式から選択可能であること．
- ユーザ指定では上書き回数が指定可能であること．

4.3　ソフトウェアブートによるデータ収集

(1) ソフトウェアブートによるデータ収集の特徴
① 収集手法概要
　この手法は収集対象 PC を専用のソフトウェアでブートし，データ収集を行う方法である．収集対象 PC と収集ツール（もしくは外付けハードディスク）を USB ケーブルなどで接続する．収集対象 PC の電源投入後，CD ブート／USB ブート可能な専用ソフトウェアを用いて OS を立ち上げずにブートを行い，PC

内蔵ハードディスクのデータ収集を行う．

　収集データは収集対象 PC と USB ケーブルなどを介して接続された収集ツールを経由して，複製先ハードディスクに収集データを格納（保存）する．もしくは収集対象 PC に直接接続された複製先ハードディスクに収集データを格納（保存）する．

② メリット

　PC を分解しハードディスクを取り出すことなく，100％物理コピー，およびイメージファイルコピーでのデータ収集が可能．

③ デメリット

　平均 1～2 GB/min という低いデータ転送速度．収集対象 PC からのデータ転送に用いる USB などの接続形式に大きく依存される．

④ 主な使用用途や条件

- 分解が困難な PC や PC 分解に許可が得られなかった場合など，PC からハードディスクを取り外せない場合に用いる収集方法．
- BIOS 設定画面からブートローダの確認・変更が必要となるため，BIOS パスワードが必要な場合もある．
- ハードディスク全体暗号化有無の確認が必要．暗号化されている場合，暗号化されたデータがそのまま収集される．

(2) ソフトウェアブートに求められる機能的要件

　ソフトウェアブートによるデータ収集で用いるソフトウェアの機能的要件に関しては，4.2 節のハードウェアに求められる機能的要件の内容に準ずるものである．

4.4　ソフトウェアによるデータ収集

　ソフトウェアによるデータ収集の対象デバイスを大別すると，起動中 PC と外部記憶媒体に分類できるが，ここでは起動中 PC を収集対象とした場合について述べる（外部記憶媒体のデータ収集については 4.8 節で述べる）．

(1) ソフトウェアによるデータ収集の特徴
① 収集手法概要
　ソフトウェアによるデータ収集では，図4.2のように収集対象PCと複製先ハードディスクを接続し，複製先ハードディスクに格納されている収集用ソフトウェアを用いてデータ収集を行う．

　ソフトウェアによるデータ収集においては，次に挙げるメリットとデメリット，使用用途と条件を理解しておく必要がある．
② メリット
- 物理ドライブ全体としてのデータ収集に加え，パーティションレベル（論理ドライブレベル）でのデータ収集が可能．
- ハードウェアと比較した場合，より多くのイメージファイル形式でのデータ収集が可能．
- データ収集機能だけではなく，データ簡易閲覧機能を有しているものが多く，データ収集に加え簡易調査の実施が可能．

③ デメリット
- 起動中収集対象PCへのアクセスが発生してしまう．
- イメージファイルコピーでの取得のみとなり，100％物理コピーでのデータ

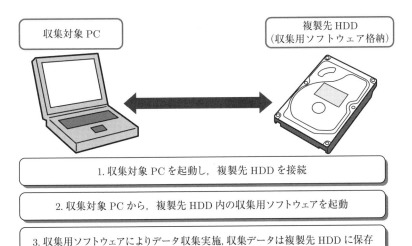

図4.2　ソフトウェアによる起動中PCからのデータ収集

収集が不可能.
- 平均1〜2GB/min という低いデータ転送速度. 収集対象 PC からのデータ転送に用いる USB などの接続形式に大きく依存される.

④ **主な使用用途や条件**
- 収集対象 PC の使用環境上,電源のオフが困難な場合に用いる.
- ハードディスク全体が暗号化されている PC の場合,暗号化の種類によっては論理ドライブレベルでのデータ収集を行うことで,復号(平文化)された状態でのデータ収集が可能.
- 起動中PCへのアクセスが伴うため,詳細な作業履歴を残しておく必要がある.

(2) ソフトウェアに求められる機能的要件

ソフトウェアに求められる機能的要件には,次のものが挙げられる.

① **複製機能**
- 複製元全領域のデータ収集が可能であること.
- イメージファイルコピーでのデータ収集が可能であること.
  イメージファイル形式例:Linux DD,EnCase Image(E01),AFF など
- 複製元が有する不良領域(バッドセクタ)への対応が可能であること.

② **同一性検証機能**

ハッシュ値などによる,複製元と複製先の同一性検証が可能であること.

③ **作業ログ／証跡情報の表示および自動生成機能**
- 複製元／複製先デバイスの詳細情報が取得可能であること.
  例:メーカー／モデル名,シリアル番号,容量など
- 作業時の各設定情報や実行結果のログが取得可能であること.
- ソフトウェア自体のバージョン情報が取得可能であること.

4.5 ファイルデータのみの収集

事案要件によってはデータ取得に対して条件が課せられる場合もあるが,PCやデバイスを起動した状態で現存するファイルデータのみのデータ収集が認められたり要求されたりした場合,複製元データへのアクセスが発生する可能性が非

常に高くなる.

そのためファイルデータのみのデータ収集では,PC 上でのコピー&ペーストは極力避け,可能な限り複製元データのタイムスタンプを維持し,かつデータ改変が生じないコピー方法を選択することが重要である.

そのようなコピー方法としては,次のものが挙げられる.

- Robocopy(Robust File Copy)コマンドによるコピー.log オプションを付与することで,作業ログの作成も可能となる.
- フォレンジックソフトウェアによる論理イメージファイルとしてのデータ取得(例として,EnCase Logical Image(L01),AccessData Logical Image(AD1)などが挙げられる).

4.6 モバイル端末のデータ収集

スマートフォンに代表されるモバイル端末のデータ取得をハードディスクや外部記憶媒体のデータ収集と比較した場合,その多くはソフトウェアによるものとなるが,その方法は統一/確立されていないのが現状である.

また各デバイスメーカーの開発速度も速く,同一モデルでもキャリアが異なると認識できないものや,OS バージョンによっては同じ収集方法が適用できない場合もある.

加えてソフトウェアごとに対応機種が異なり,収集可能なデータの種類も異なるなど,どのようなデータがどの程度収集可能なのかが明確ではないことにも注意が必要である.

モバイル端末のデータ収集に関しては第 7 章にて詳細を述べる.

4.7 メモリなどの揮発性情報のデータ収集

デジタルデータが存在する場所は記録媒体により揮発性に差があり,PC からハードディスクを取り外してコピーを行う場合は,静的状態のデジタルデータが対象となり比較的取り扱いやすい状態であるが,メモリ上に展開されているデータは起動中 PC でなければ得られない情報といえ,PC の電源をオフにすると収

集できないデータで，より揮発性が高いということがいえる．

　また起動中 PC から得られる情報としてプロセス情報や通信情報があるが，これら情報も起動中でなければ取得できない情報であり，昨今のフォレンジック調査ではメモリダンプとして取得したメモリデータから，プロセスや通信状況を解析しマルウェアなどのウイルス感染による挙動の一端を探し出すなど，起動中 PC 上の動的情報の解析が必要とされる場面も増えてきており，事案によってはそれら情報の収集も考慮する必要がある．

　なお収集した揮発性情報に関しては，あくまでもデータ収集時の情報（スナップショット）であるため，必ずしも調査側が欲する情報が含まれているとは限らない点に注意が必要であり，データ収集の際にはその点を理解する必要がある．

　その他揮発性情報のデータ収集に関しては，次に挙げるいくつかの注意点と留意点を理解する必要がある．

- メモリダンプに用いるツールにより，収集されるデータに差がある．
- メモリは動的に変動するため，複製元と収集データでのハッシュ値による同一性検証が実質不可能．
- 揮発性情報は一時的な情報であるため起動中 PC での再現性が低く，再度収集を試みても同様の情報を収集できる可能性が低い．

4.8　外部記録媒体のデータ収集

　外部記録媒体に対するデータ収集では，4.4 節で述べたソフトウェアを用いたデータ収集となる場合が多い．外部記録媒体に対するデータ収集では，図 4.3 のようにハードウェア書き込み防止デバイスを介し，収集対象デバイスと収集用 PC を接続しデータ収集を行う．書き込み防止デバイスはハードディスクドライブや USB メモリ，メモリカードなどさまざまな外部記録媒体に対応した製品が存在する．収集用 PC とこれらの書き込み防止デバイスをセットで準備することにより，さまざまな収集対象デバイスからデータ収集を行うことができる．

　外部記憶媒体の収集データ保存先は，収集用 PC に接続した外付けハードディスクなどに保存／格納することが推奨されるが，収集するデータサイズが小さいものであれば収集用 PC のローカル上に一時的に保存しておくことも可能であ

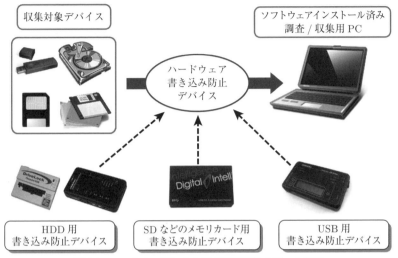

図 4.3　ソフトウェアによる外部記録媒体のデータ収集

る．ただしその場合，収集用 PC のローカル上を恒久的な保存場所とするのではなく，別途収集データ格納用ハードディスクへのデータ保存を行わなければならない．

4.9　セキュリティ設定がある場合の対処法

(1) セキュリティ設定による収集への影響

　セキュリティ向上の一環として，PC やデバイス類に対して BIOS パスワードや暗号化などさまざまな仕組みのセキュリティ設定が付加されている場合も多く，証拠収集という観点から見た場合にはそれらセキュリティ設定自体がデータ収集の障害／弊害となってしまう．このためパスワード解除や暗号文の復号（平文に戻すこと）など，各セキュリティ設定を回避する手法の確立が必要である．特に暗号化されたデバイスやデータはソフトウェアによって復号の仕組みが全く異なるため，ソフトウェアの特性に応じた復号方法を収集作業の前に検討／確立する必要がある．

　しかし，これらセキュリティ設定は企業のセキュリティポリシー上の理由か

ら，収集作業を行う側の要求としての各セキュリティ解除がすべて受け入れられるとは限らないため，事前に入念な打合せや必要に応じて検証作業を行い，与えられた条件下で最善の収集手法を選択する必要がある．

(2) 主なセキュリティ設定への対応

収集対象デバイスに設定されるセキュリティとその対応方法には，次のようなものが挙げられる．

① BIOS パスワード

PC の電源投入後，OS 起動前に BIOS 設定画面に移行しようとした際，入力を求められるのが BIOS パスワードである．BIOS は PC などのマザーボードに格納されたファームウェアの一種であるため，ハードディスクを PC（マザーボード）から取り外すことができればハードディスクから直接データ収集を行うことが可能である．ただし，ハードディスクが暗号化されている場合は，データが暗号化されたままの状態で収集される点に注意が必要である．

② ハードディスクパスワード

ハードディスクへのアクセスに必要となるパスワードで，ハードディスクパスワードが設定されているハードディスクへのアクセス（ハードディスク起動）には，パスワード入力が必須である．

このパスワードは BIOS パスワード回避時とは異なり，PC からハードディスクを取り外してもハードディスクパスワードは解除されないため，このセキュリティが付加されたハードディスクを内蔵する PC の収集にはパスワード解除が必須である．しかし，ハードディスクパスワードの設定と解除は BIOS 画面内で行われるため，上述の BIOS パスワードが設定されている PC では，ハードディスクパスワード解除のために BIOS パスワードの入力も必須となる．

③ ハードディスク（デバイス）全体暗号化

暗号化されたハードディスクやデバイスに対するデータ収集では，暗号化を解除し復号した状態でのデータ収集が求められるが，その復号方法は暗号化ソフトウェアによって全く異なり画一的な復号方法の確立は困難である．しかし，暗号化された状態でデータ収集されたものに対してデータ収集後に復号の手法がある場合は，暗号化されたままデータ収集を行うことができる．

Windows Vistaから実装されたBitlocker暗号化の場合，Windowsログイン後にハードディスクが復号されるため，PCを起動した状態で論理ドライブレベルを対象としたイメージファイル形式でのデータ収集を行うことで，論理ドライブレベルで復号された状態のデータ収集が可能であり，この方法により収集されたデータ領域に対しては復元を行うことも可能である．

またBitlocker To Go暗号化に関しても，復号されエクスプローラーで表示された状態の論理ドライブレベルを対象としたイメージファイル形式でのデータ収集を行うことで，論理ドライブレベルで復号された状態のデータ収集が可能であり，この方法により収集されたデータ領域に対しては復元を行うことも可能である．

なお一部の暗号化ソフトウェアでは，PC起動時に暗号解除のパスワードを入力することで物理ドライブレベルでの復号が行われ，Windowsログイン後に収集用ソフトウェアで物理ドライブレベルでのイメージファイル形式のデータ収集を行うことが可能なものもある．

図4.4はハードディスク全体暗号化の対応を表したものである．ここで注意しなければならい点は，パーティションレベルで復号された場合のデータ収集である．

収集用ソフトウェアを用いたデータ収集においては，一度の収集作業で取得可能なパーティションは1つであるため，ハードディスクに複数のパーティションが作成されていた場合，すべてのパーティションを収集するためにはパーティションごとに複数回の収集作業が必要となることに注意が必要である．

そのため収集後のデータが，収集対象ハードディスクのどのパーティションを収集したものであるのかを明確に区別可能な管理方法をとることが求められる．

また複数回の収集作業が発生するということは，収集対象PCへのアクセスも複数回発生することとなるため，収集作業ごとに詳細な作業履歴を残しておく必要がある．

④ ディレクトリ／ファイルレベルの暗号化

PC端末内での復号が可能な場合もあるが，復号サーバへのリアルタイムアクセスが必要ものもあるなど復号の仕組みも各ツールで異なるため，画一的な復号方法の手順化は困難である．そのため事前のヒアリングなどで，各暗号化ソフト

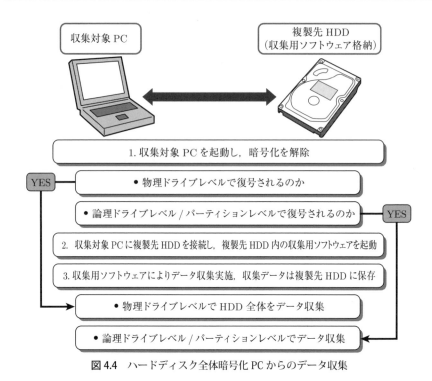

図 4.4 ハードディスク全体暗号化 PC からのデータ収集

ウェアに適した復号の方法を確立しておく必要がある．

　暗号化ソフトウェアをアンインストールすることでフォルダ／ファイルレベルの暗号化は復号されるが，ソフトウェアによっては復号の過程で，暗号化データを削除し復号データを新規作成するような挙動をするものもあるため，データ収集実施前に暗号化ソフトウェアのアンインストールは原則行わないことを強く推奨する．

　復号にほかの方法を選択する余地がなく，暗号化ソフトウェアのアンインストールを行わなければならない場合，次の点に注意が必要となる．

- インシデントとは無関係の削除済みデータが復元される．
  　調査／解析フェーズにおいてデータ復元を実行した場合，暗号化ソフトウェアのアンインストール時に削除された暗号化データが復元されてしまい，調査の妨げになる可能性がある．
- 新規作成された復号データによるデータ格納領域への上書き．
  　復号データが新規作成されるということは，データ格納領域へのデータ上

書きが発生することになるため，暗号化ソフトのアンインストール前に存在していた「復元可能データ」を，必然的に復元不可能にしてしまう．
- 参照してはいけないタイムスタンプ．
新規作成された復号データのタイムスタンプは，暗号化時のものとは全く異なるため，データのタイムスタンプが時系列調査に使用できなくなってしまう．

4.10 Evidence Information と Chain of Custody

Chain of Custody（COC）とは，一般的には貿易や流通経路において生産／加工の移動経路を管理・保証するシステムのことを意味するものであり，COC をデジタル・フォレンジックや e ディスカバリに置き換えて考えた場合，「保管の継続性」「証拠の連鎖性・継続性」と言い換えることができる．

そのため Evidence Information/COC には，証拠収集の作業工程における機器類の情報や作業結果，作業担当者や実施日時に加え，複製先ハードディスクの保管経路を記録し，「保管の継続性」を残すことも重要である．

さらにはデータ収集時の収集データのハッシュ値を記録として残しておくことで，複製先ハードディスクの移動先においてハッシュ値による同一性検証が可能となり，「証拠の連鎖性・継続性」の証明にもつながる．

この COC は複製先ハードディスクと一緒に保管されるものであり，複製先ハードディスクが移動（所有者の変更）すると共に，付帯して移動するものであることを理解することが必要である．

(1) Evidence Information に記載すべき内容
① 収集作業の概要
- 案件番号
- エビデンス番号
- 作業日時
- 作業場所
- 作業従事者

- 作業結果
- 同一性検証結果

② **収集対象筐体側固体情報**

- メーカー名
- モデル名
- シリアル番号
- 対象によってはBIOS日時も取得

Client Information

Name	TEL	Case #	Evidence #
Email	FAX		
Division Name		Acquisition Date	m　/ d　/ y
Company Name		Acquisition Location	TimeZone GMT±　:
Address		Comment	

Suspect Evidence Information

Computer				User Name	
Manufacture	Model Name	Model #	Serial #	In Japanese	
BIOS Time(m/d/y, h:m:s)	Actual Time(m/d/y, h:m:s)		Company Management #	In English	
Source Hard Drive					
Manufacture	Model Name	Model #	Serial #	Size(GB)	Drive Total　/

Copy Evidence Information

Copy Hard Drive　(Evidence 1)					
Manufacture	Model Name	Model #	Serial #	Size(GB)	Drive ID
Copy Hard Drive　(Evidence 2)					
Manufacture	Model Name	Model #	Serial #	Size(GB)	Drive ID

Acquisition Information

Copy Type	Acquisition Tool	Software/Firm Ver.	Check Log ☐Evidence1 ☐Evidence2	Hash Verify ☐Evidence1 ☐Evidence2	Image Read ☐Evidence1 ☐Evidence2
MD5 Hash					Sector Byte
SHA1 Hash					

図4.5　Evidence Information Sheet サンプル

③ 複製元個体情報（PC から取り外した HDD など）
- メーカー名
- モデル名
- シリアル番号
- 全体容量
- セクタ数

④ 複製先ハードディスク情報
- メーカー名
- モデル名
- シリアル番号
- 全体容量
- セクタ数

⑤ 複製データの情報
- 収集データタイプ（物理コピー／イメージファイル）
- イメージファイル名（イメージファイル形式で収集した場合）
- 読み込み確認結果

⑥ 収集に用いたツールの情報（ハードウェア／ソフトウェア）
- メーカー名
- ツール名
- ソフトウェアバージョン
- ファームウェアバージョン

⑦ 複製元（原本データ）と複製先（複製データ）のハッシュ値
- 可能であれば，MD5/SHA1/SHA256 の 3 つの値を取得
- ハッシュ値による複製元と複製先の同一性検証も収集時に行う

⑧ 収集ツール生成ログの確認／回収日時

⑨ 作業項目ごとの確認／署名

(2) COC に記載すべき内容

① 該当事案（案件）情報

② 複製データ保存先媒体情報（保存先ハードディスクの個体情報）

Chain of Custody Information			
Date(m/d/y)	Released	Received	Purpose
	Printed Name	Printed Name	Receipt of Source Data.
	Signature	Signature	
	Printed Name	Printed Name	
	Signature	Signature	
	Printed Name	Printed Name	
	Signature	Signature	
	Printed Name	Printed Name	
	Signature	Signature	
	Printed Name	Printed Name	
	Signature	Signature	

図 4.6　COC サンプル

③ 複製先ハードディスクの物理的移動の履歴
- いつ
- どこ（誰）から
- どこ（誰）へ移動したのか

④ 新旧所有者の確認／署名

4.11　収集用ソフトウェアの使用方法

　データ収集に用いられるソフトウェアにはさまざまな種類があるが，ここでは入手の簡易さと官民における使用実績から，米国 AccessData 社製の収集用ソフトウェアである FTK Imager Lite（フリーウェア）について解説する．FTK Imager Lite は AccessData 社のホームページよりダウンロード可能である．

(1) FTK Imager Lite の概要と特徴
- Windows 上で動作可能な，簡易フォレンジックツール．
- FTK Imager Lite は PC へのインストールが不要で，外付けハードディスクなどの外部デバイスから起動が可能．
- ライブレスポンスにおけるエビデンス収集機能．
- ディスクイメージ作成，メモリダンプ，ファイル収集が可能．
- アクセス権やファイルロックの影響を受けないため，すべてのフォルダ／

ファイルにアクセス可能．
- イメージファイルの読み込みが可能なため，取得したイメージファイルデータの簡易閲覧／データの簡易復元が可能．
- 読み込んだイメージファイルデータには，一切の改変を行わない．
- ソフトウェアレベルでの書き込み防止機能を実装しているため，ライブエビデンスに使用しても，直接的な改変を最小限に抑えることが可能．

(2) FTK Imager Lite を用いたデータ収集

ここでは USB メモリ（2 GB）を収集対象とし，FTK Imager Lite を用いたイメージファイル形式でのデータ収集方法を解説する．

①収集対象 USB メモリを，収集用 PC に接続する（図 4.7 参照）．

※本項では SAMPLE(E:) ドライブを収集対象 USB メモリとする．

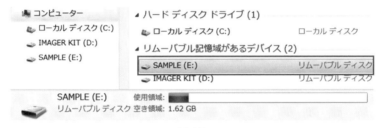

図 4.7

② FTK Imager Lite の実行ファイルをダブルクリックする．その際，収集用 PC には管理者権限をもったアカウントでログインしておく必要がある（図 4.8 参照）．

FTK Imager.exe

図 4.8

③ FTK Imager 画面左上の「Add Evidence Item」アイコンをクリックする（図 4.9 参照）．

図 4.9

④「Select Source」画面で「Physical Drive」を選択し,「次へ (N)」をクリックする(図 4.10 参照).

選択可能な保全対象は,次のとおり.

　　Physical Drive:物理ドライブ全体

　　Logical Drive:論理ドライブ(パーティション,外部記憶媒体)

　　Image File:イメージファイルの読み込み

　　Contents of a Folder:ライブエビデンスのフォルダレベルの読み込み

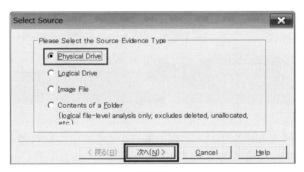

図 4.10

⑤「Select Drive」画面のプルダウンから収集対象デバイスを選択し,「Finish」をクリックする(図 4.11 参照).

　※ここでは「¥¥.¥PHYSICALDRIVE2 - Imation USB……」を選択.

4.11 収集用ソフトウェアの使用方法 | 105

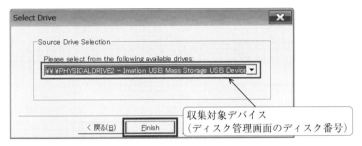

図 4.11

⑥「Evidence Tree」に表示されたドライブ上で右クリックし，サブメニューから「Export Disk Image...」をクリックする．
※図 4.12 で「¥¥.¥PHYSICALDRIVE2」と表示されている箇所．

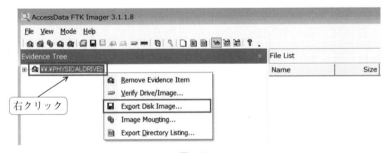

図 4.12

⑦「Create Image」画面で「Verify images after they are created」と「Precalculate Progress Statistics」にチェックを入れ「Add」をクリックする（図 4.13 参照）．

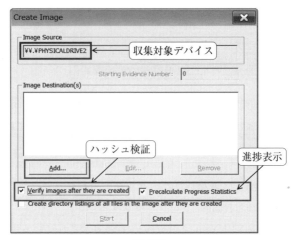

図 4.13

⑧ 「Select Image Type」画面で「Raw(dd)」を選択し,「次へ (N)」をクリックする(図 4.14 参照).

作成可能なイメージファイル形式は次のとおり.

   Raw(dd)

   SMART：SMART Image Format

   E01：EnCase Image Format

   AFF：Advanced Forensic Format

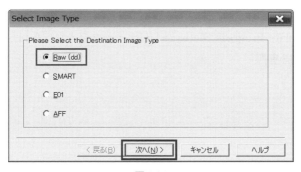

図 4.14

⑨「Evidence Item Information」画面で下記項目を入力し,「次へ (N)」をクリックする (図 4.15 参照).
 Case Number：案件管理番号
 Evidence Number：エビデンス管理番号
 Unique Description：対象者名など
 Examiner：収集施行機関名など
 Notes：収集実施場所など

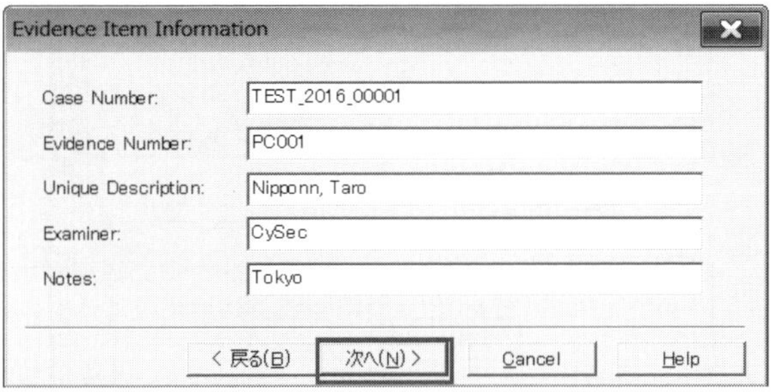

図 4.15

⑩「Select Image Destination」画面でデータ保存先,イメージファイル名,イメージファイルフラグメントサイズを入力し,「Finish」をクリックする (図 4.16 参照).

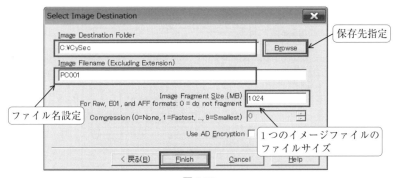

図 4.16

⑪再度「Create Image」画面が表示されたら，収集対象デバイス，データ保存先，イメージファイル名，イメージタイプを確認し，設定内容に問題なければ「Start」をクリックする（図4.17参照）．

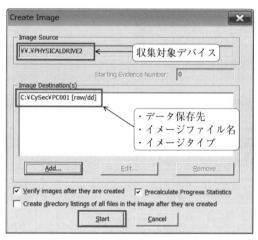

図 4.17

⑫処理が開始されると「Creating Image」画面が表示され，進捗状況が確認可能となる（図4.18参照）．

図 4.18

⑬処理が完了すると図 4.19，図 4.20 の画面が表示され，処理結果が確認可能となる．

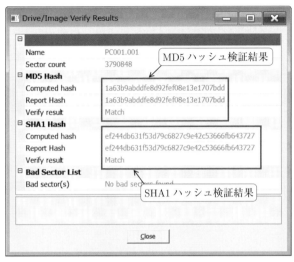

図 4.19

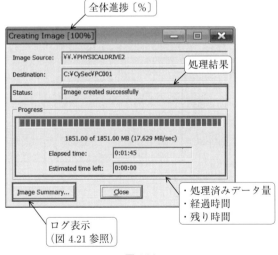

図 4.20

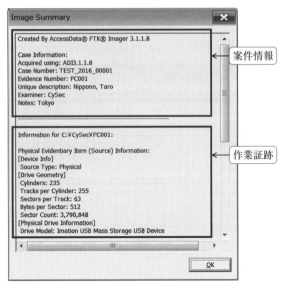

図 4.21

⑭ FTK Imager Lite での処理完了を確認した後，データ保存先フォルダにアクセスし，イメージファイルとログファイルが作成されていることを確認する（図 4.22 参照）．

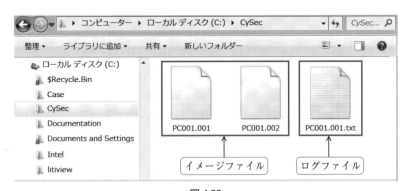

図 4.22

注意 本節では，収集用 PC に直接収集対象デバイスを接続しているが，本来であれば収集対象デバイスは書き込み防止デバイスを介して収集用 PC に接続するべきものである．また，収集データの保存先も収集用 PC 上ではなく，外付け

ハードディスクなどの外部記憶媒体に保存するべきである．

参考文献

[1] デジタル・フォレンジック研究会「証拠保全ガイドライン　第 6 版」2017.5.9 https://digitalforensic.jp/wp-content/uploads/2017/05/idf-guideline-6-20170509.pdf（2017.11.23 確認）

第5章

フォレンジック作業の実際—データの復元

本章では，図1.5に示したデジタル・フォレンジックの手順のうち，③データの復元に関するものを扱う．ここでは収集したデータを分析できるようにするために，消去データの復元方法について述べる．また，「データ復元」では調査対象端末の記憶媒体から削除されたファイルの実体を復元するだけではなく，次のような場所から分析に必要なデータの収集を行う．

調査対象端末
- アプリケーションの自動バックアップ
- ボリュームシャドーコピー
- テンポラリファイルなど

他のシステムやサーバ
- 電子メール（他のPC，メールサーバ，自動転送先）
- ファイルサーバなど

バックアップ
- OSの自動バックアップ
- ファイルサーバや電子メールサーバのバックアップなど

クラウド
- クラウドストレージ
- クラウド上の自動バックアップなど

クラウドや外部記憶媒体に自動バックアップを取得する機能をもったOSやアプリケーションが増えており，これらも分析の対象となり得るか検討する必要がある．

5.1 データの削除

削除したデータの復元が可能であることは広く知られているが，その手法には簡易的なものから複雑で時間を要するものまでさまざまなものがある．なぜ削除したデータが復元できるのかは第 2 章でも説明したが，ここでは，復元ツールの使い方を含めて記述する．まずはデータの削除についてだが，データ削除には次のような方法がある．

データ削除の例
① 「ごみ箱」に移動，「ごみ箱」を空にする
② ファイルの完全削除[1]（Shift＋削除），Delete コマンド
③ パーティション構成の解除（削除）
④ 論理フォーマット（クイックフォーマット，標準フォーマット[2]）
⑤ 物理フォーマット[3]（ゼロフィル，ローレベルフォーマット）
⑥ WIPE（DoD 方式，Secure Erase など）
⑦ 物理破壊・デガウス（磁気破壊，消磁）

第 2 章で説明したように，記憶媒体に保存されたファイルは，保存したデータの媒体上の場所を示すメタデータとデータ本体（ファイルの内容）とに分かれて保存される[4]．OS 上の操作でファイルを削除した場合，インデックス情報が書き換えられるだけであり，画面上に表示されなくなるだけである．したがって，データの実体は削除されておらず，記憶媒体上のデータの実体部分が別のデータで上書きされるまで，データは記憶媒体上に残されたままなのである[5]．上述した「データ削除の例」の①〜④の方法で削除した場合はデータの実体は直ちには削除されないため復元できる可能性があり，⑤〜⑦はデータが上書きあるいは同等の処理が行われるため復元が困難となる．なお，近年普及が急速に進んでいる SSD（Solid State Drive）は，処理の高速化のためにデータの実体を

---

[1] 「ファイルの完全削除」は Windows の表記であり，ごみ箱を経由しない削除のこと．
[2] 標準フォーマットとは，クイックフォーマットと不良セクタのチェックを行うこと．https://support.microsoft.com/ja-jp/kb/302686
[3] 本来は HDD を出荷する際に行われる初期化を指すが，ここでは HDD 全体にゼロ（00）を書き込むことをいう．
[4] ファイルシステムやデータサイズにより異なる．
[5] フロッピーディスクや SSD など，記憶媒体によっては違う動きをするものもある．

適時消去する仕組みになっており，デジタル・フォレンジック作業における復元の位置付けは今後変わってくることが考えられる．SSDについては，第11章で解説している．

5.2 データの復元

次に削除データを復元する方法について説明する．デジタル・フォレンジック調査で一般的に行うデータ復元の方法は2種類ある．1つはファイルシステムがファイルを管理するためのメタデータから復元する方法であり，もう1つは記憶媒体上に残されたデータの痕跡から復元するカービング（Carving）とよばれる方法である．

5.2.1 メタデータからの復元

NTFSでは，すべてのファイルエントリをMFT（マスターファイルテーブル）で管理している[†6]．MFTには$MFTというファイルが割り当てられているが，エクスプローラー上からは見ることはできず，図5.1のようなデジタル・フォレンジック調査用のツールを用いることで参照することができる．

MFTファイルの基本的な構造は図5.2のような1024バイトのレコードの集合体となっている．原則として1ファイルに1レコードが割り当てられており，ファイルの属性や記憶媒体上の場所などが保存されている．

MFTの分析ツールであるMFTDumpで$MFTを分析すると，図5.3のような結果が得られる．カラムを見てわかるように，それぞれがファイルなのかディレクトリなのか，消去されているのか現存しているのかを確認することができる．

MFTの分析ツールには，次のようなものがある．
- MFTDump
    http://malware-hunters.net/
- analyzeMFT
    https://github.com/dkovar/analyzeMFT

---

†6　第2章参照．

- Mft2Csv

  https://github.com/jschicht/Mft2Csv

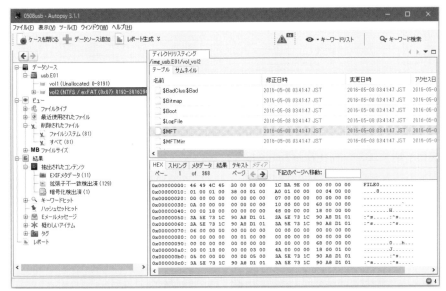

図 5.1　Autopsy で $MFT を表示

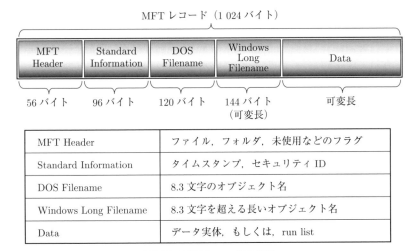

図 5.2　MFT レコードの構造

	A	B	C	D	E	F	G	H	I
1	RecNo	Deleted	Directory	ADS	Filename	siCreateTime (UTC)	siAccessTime (UTC)	siModTime (UTC)	siMF
2	0	0	0	0	$MFT	2015/7/22 5:08	2015/7/22 5:08	2015/7/22 5:08	
3	1	0	0	0	$MFTMirr	2015/7/22 5:08	2015/7/22 5:08	2015/7/22 5:08	
4	2	0	0	0	$LogFile	2015/7/22 5:08	2015/7/22 5:08	2015/7/22 5:08	
5	3	0	0	0	$Volume	2015/7/22 5:08	2015/7/22 5:08	2015/7/22 5:08	
6	4	0	0	0	$AttrDef	2015/7/22 5:08	2015/7/22 5:08	2015/7/22 5:08	
7	5	0	1	0	.	2013/8/22 13:31	2016/5/16 0:56	2016/5/16 0:56	
8	6	0	0	0	$Bitmap	2015/7/22 5:08	2015/7/22 5:08	2015/7/22 5:08	
9	7	0	0	0	$Boot	2015/7/22 5:08	2015/7/22 5:08	2015/7/22 5:08	
10	8	0	0	0	$BadClus	2015/7/22 5:08	2015/7/22 5:08	2015/7/22 5:08	
11	8	0	0	1	$BadClus:$Bad	2015/7/22 5:08	2015/7/22 5:08	2015/7/22 5:08	
12	9	0	0	0	$Secure	2015/7/22 5:08	2015/7/22 5:08	2015/7/22 5:08	
13	10	0	0	0	$UpCase	2015/7/22 5:08	2015/7/22 5:08	2015/7/22 5:08	

図 5.3　$MFT の分析結果

また，MFT の特徴として，サイズの小さいファイル（他の情報も合わせて 1 024 バイトに収まるよう，700 バイト程度以下）は MFT レコード内の Data 領域に格納するという仕様がある．図 5.4，図 5.5 はそれぞれ 600 バイトと 700 バイトのテキストデータだが，図 5.4 は「ディスク上のサイズ」が 0 バイトとなっており，ファイルの実体が MFT レコード内に格納されていることを意味している．図 5.5 は 700 バイトだが，「ディスク上のサイズ」は 4 096 バイトとなっており，MFT とは別の領域にデータが格納されている．なお，4 096 バイトという

図 5.4　600 バイトのファイルのプロパティ　　図 5.5　700 バイトのファイルのプロパティ

のは，最小のクラスタサイズである．

600バイトのファイルのMFTレコードは図5.6のようになっており，Data領域にテキストファイルの内容（"a"が600個）が格納されていることが確認できる．

なお，FATにはこのような仕組みはないため，1バイトのファイルであっても図5.7のように「ディスク上のサイズ」は4 096バイト（1クラスタ）になる．

このように，MFTにはOSで管理するすべてのファイル（ディレクトリもファイルとして扱われている）の情報があり，これを分析することで「データ削除の例」の①，②のような，OS上から削除しただけのファイルであれば（データが上書きされていなければ）比較的容易に復元することが可能なのである．

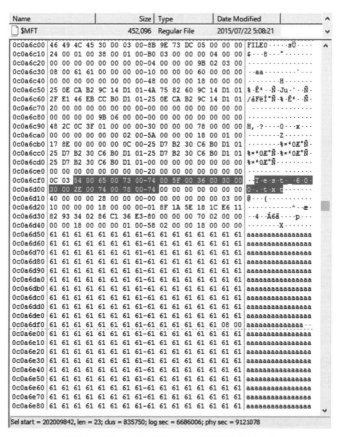

図5.6　600バイトのファイルのMFTレコード

図 5.7　FAT に保存したファイルのプロパティ

5.2.2　カービングによる復元

もう1つの復元方法であるカービングだが，これは「データ削除の例」の③，④のような方法で MFT や，MFT レコードが失われたファイルの復元に用いられる方法である．復元の成功率は下がるが，スラック領域などに残されたデータを復元することが可能となる．

カービングとは，記憶媒体全体から特定のファイルシグネチャにマッチする部分をファイルとして復元する方法である．記憶媒体全体からファイルシグネチャと同じ文字列を検索する作業のため非常に時間がかかり，ファイルがフラグメント化されていたり，一部でも上書きされていたりすると部分的にしか復元できない場合がある．ファイルシグネチャとは，ファイルの種類を識別するためにアプリケーションが付加したヘッダーやフッターである．ファイルシグネチャの例を

表 5.1 ファイルシグネチャの例

種類	拡張子	ファイルシグネチャ（HEX）	ASCII
実行形式	EXE	4D 5A	MZ
画像（Exif）	JPG	FF D8 FF E1	ÿØÿá..Exif..
PDF	PDF	25 50 44 46	% PDF
Microsoft Office 97-2003	DOC，PPT，XLSなど	D0 CF 11 E0 A1 B1 1A E1	ミマ.燦ア..
Microsoft Office Open XML Format	DOCX，PPTX，XLSX	50 4B 03 04 14 00 06 00	PK......
アーカイブ	ZIP	50 4B 03 04	PK..
ショートカット	LNK	4C 00 00 00 01 14 02 00	L........

表 5.1 に記載する．アプリケーションからファイルシグネチャを，ファイルシグネチャからアプリケーションを検索するサイトもある．

ファイルシグネチャの検索サイト

- FILE SIGNATURES TABLE

    http://www.garykessler.net/library/file_sigs.html

- File Signatures

    http://www.filesignatures.net/

5.2.3 上書きされたデータの復元

「データ削除の例」の⑤，⑥であるが，これはデータ記録面をすべて別の文字列で上書きする消去方法である．OSからは最後に上書きされた文字列のみが読み取れる状態であり，データの復元は無理と考えた方がよい．ハードディスクの場合は磁気力顕微鏡で残留磁気を計測することでデータ復元が可能とする報告もあるが，高価な分析機器と高度な専門知識が必要であり現実的とはいえない．また，「データ削除の例」の⑦の物理破壊・デガウスについても，処理が適切に行われていれば復元は困難といえる．

COLUMN

スラック領域

ハードディスクが管理する，最小記録単位をセクタとよび，ファイルシステムが管理する最小記録単位をクラスタ（ファイルアロケーションユニット）とよぶ．多くは，セクタが512バイト，クラスタが4 096バイト（8セクタで1クラスタとなる）であるが，図C5.1のように，クラスタのサイズはフォーマット時に指定が可能である．

スラック領域とは，クラスタ内の使用されていない領域のことを指し，図C5.2はクラスタサイズが4 096バイトのファイルシステムに，3 000バイトのファイルを保存した状態を模式したものである．この場合，クラスタ内の未使用領域，すなわちスラック領域は1 096バイトということになる．

これは，保存するファイルのサイズがクラスタサイズの整数倍でない限り必ず出現する領域であり，過去に保存していたデータがこの領域に残されている可能性があるということである．スラック領域は，ファイル単位だけではなく，ディスクやパーティンション単位でも存在しており，同様に過去のデータが残されている可能性がある．デジタル・フォレンジック調査において特定のデータを探す場合には，このような領域に対しても検索を行うことになる．

セクタのサイズ，クラスタのサイズは「fsutil fsinfo ntfsinfo <ドライブレター>」コマンドで確認することができる．

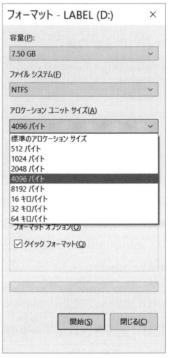

図 C5.1

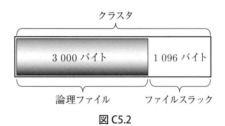

図 C5.2

5.3 データの隠蔽

　データの復元とは少し違う話になるが，NTFS には代替データストリーム（Alternate Data Stream：ADS）という機能がある．ファイルの実態とは別に，必要に応じて補助的な情報（ファイルプロパティ，画像のサムネイルデータなど）を格納する仕組みであり，ユーザが通常見ることのできない場所にデータを隠すことが可能な機能である．よくある代替データストリームとしては，図 5.8 のようなインターネットからダウンロードしてきたファイルに付加されている情報（ZoneID）があるが，マルウェアや不正なファイルの隠蔽場所としても利用されることがある．

図 5.8　インターネットからダウンロードしたファイルのプロパティ

図 5.9 ファイルの代替データストリームを閲覧

　代替データストリームの有無は，dir コマンドに r オプションを付加することで確認することができ，内容は more コマンドで閲覧が可能である(図 5.9 参照)．

　なお，データストリームは，NTFS 以外のファイルシステムに移動するとファイルから取り除かれるため，論理コピーの際には注意が必要である．

5.4　データ復元のツール

(1) メタデータからの復元

　6.4 節で紹介する Autopsy（図 5.10 参照）というオープンソースのフォレンジックツールでデータ復元が可能である．

5.4 データ復元のツール | 123

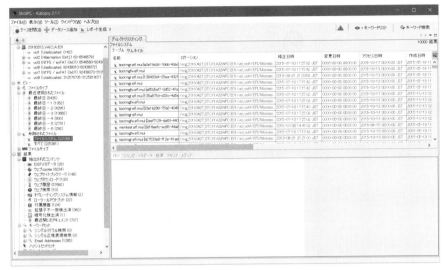

図 5.10 Autopsy の出力例[†7]

(2) カービング

カービングのツールとして有名なものが，Autopsy でも使われている PhotoRec（図 5.11 参照）である．パーティションの復元が可能な TestDisk も含まれており，これも強力なツールとして定評がある．

(3) ボリュームシャドーコピー

もう 1 つ，ボリュームシャドーコピーからデータを復元するツールを紹介する．ShadowExplorer（図 5.12 参照）というツールであり，これも GUI から簡単にシャドーコピーの中を確認できるようになっている．

[†7] http://www.sleuthkit.org/autopsy/

図 5.11　PhotoRec の出力例[†8]

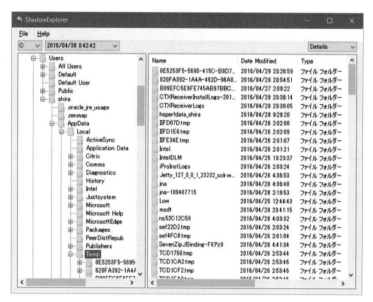

図 5.12　ShadowExplorer の出力例[†9]

[†8]　http://www.cgsecurity.org/wiki/PhotoRec
[†9]　http://www.shadowexplorer.com/

第6章

フォレンジック作業の実際—データの分析

本章では，図1.5に示したデジタル・フォレンジックの手順のうち，④のデータの分析に関するものを扱う．ここでは調査目的を達成するための分析の方法について述べる．

6.1 データ分析の基本

保全したデータを分析するためには，対象となるシステムの仕組みと，どこにどのようなデータが保存されているか知っておくことが不可欠である．本節では，データ分析を実施する際に必要となる基本的な事項を説明する．

6.1.1 Windowsレジストリ

(1) レジストリとは

Windowsシステムの設定情報のデータベース[1]であり，OSの基本情報やハードウェア，アプリケーションの設定，パスワードなどが保存されている．図6.1はWindows標準のレジストリエディタ（Regedit.exe）を起動したものである．

レジストリの実体となる情報は，表6.1に記載のサポートファイルに保存されており，Windows起動時にこれらのファイルが読み込まれレジストリに展開[2]される．これらファイルに格納されているレジストリ情報を「ハイブ」とよび，ツリー構造に展開されたフォルダに該当する部分（図6.1の左ペイン）を「キー」

---

[1] REG：CurrentControlSet，パート1
https://support.microsoft.com/ja-jp/kb/102987
[2] 上級ユーザ向けのWindowsレジストリ情報
https://support.microsoft.com/ja-jp/kb/256986

126 | 第6章 フォレンジック作業の実際—データの分析

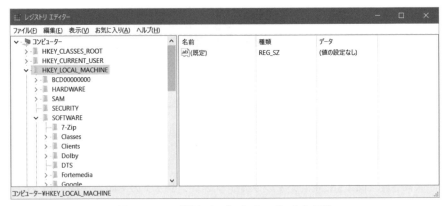

図 6.1 OS に付属のレジストリエディタを起動

表 6.1 レジストリハイブとサポートファイル

レジストリハイブ	サポートファイル
HKEY_LOCAL_MACHINE¥SAM	Sam, Sam.log, Sam.sav
HKEY_LOCAL_MACHINE¥Security	Security, Security.log, Security.sav
HKEY_LOCAL_MACHINE¥Software	Software, Software.log, Software.sav
HKEY_LOCAL_MACHINE¥System	System, System.alt, System.log, System.sav
HKEY_CURRENT_CONFIG	System, System.alt, System.log, System.sav, Ntuser.dat, Ntuser.dat.log
HKEY_USERS¥DEFAULT	Default, Default.log, Default.sav

あるいは「サブキー」とよぶ．調査においては，これらのサポートファイルを保全データから取り出しレジストリ分析ツールで分析することになる．表 6.2 はレジストリの定義済みキーとその説明[3]である．

(2) コントロールセット

コンピュータを起動するために必要な設定の多くは，レジストリの HKLM[4] ¥SYSTEM¥ キーに保存されている．デバイスの追加や設定の変更により Windows の起動に失敗した際に，過去のコントロールセット（設定）で起動できるよう，複数のバージョンを保持している．したがって，レジストリの分析

---

[3] 上級ユーザ向けの Windows レジストリ情報
https://support.microsoft.com/ja-jp/kb/256986

[4] HKEY_LOCAL_MACHINE の略．

表 6.2　定義済みのキーと説明

フォルダ／定義済みキー	説明
HKEY_CURRENT_USER	現在ログオンしているユーザの構成情報のルートが格納されている．現在ログオンしているユーザのフォルダ，画面の色，コントロールパネルの設定などがこのキーに格納される．
HKEY_USERS	コンピュータ上に読み込まれた有効なユーザプロファイルがすべて格納されている．HKEY_CURRENT_USER は，HKEY_USERS のサブキーである．
HKEY_LOCAL_MACHINE	コンピュータに固有の構成情報が格納されている（この構成は，すべてのユーザに適用される）．
HKEY_CLASSES_ROOT	このキーは HKEY_LOCAL_MACHINE¥Software のサブキーであり，エクスプローラーを使用してファイルを開くときに正しいプログラムを起動するための情報が格納されている．
HKEY_CURRENT_CONFIG	システムの起動時にローカルコンピュータにより使用されるハードウェアプロファイルに関する情報が格納されている．

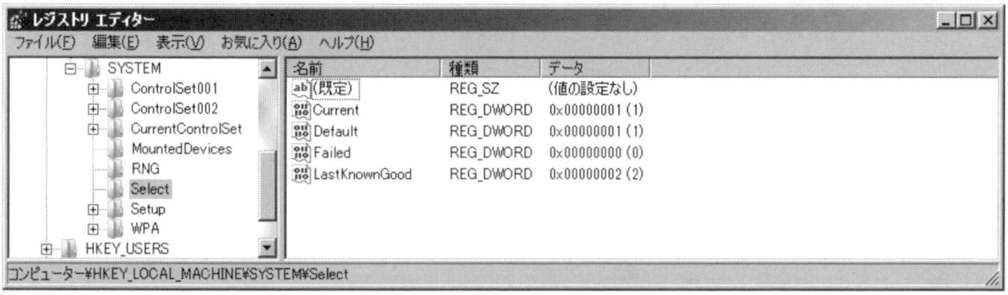

図 6.2　HKLM¥SYSTEM¥Select（画面は Windows 7）

を行う際には，コンピュータがどのコントロールセット[5]で起動されていたのか確認が必要となる．図 6.2 の例では，SYSTEM キーの下に ControlSet001 と ControlSet002 の 2 つが見えるが，起動時にどちらかが選択されているということであり，そのどちらを読み込むかは，次のレジストリに設定されている．

HKLM¥SYSTEM¥Select

6.1.2　Windows システムファイル

(1) デフォルト状態

システムの分析を行うにあたり，その OS のデフォルトの状態や設定を理解しておく必要がある．これは通常存在しない（不正と考えられる）ファイルや設定

---

[5]　コントロールセットとは？　このカレントコントロールセットとは何ですか．
https://support.microsoft.com/ja-jp/kb/100010

表6.3 システムフォルダ／ファイル

フォルダ／ファイル	説 明
$Recycle.Bin	ごみ箱．ユーザの SID [†6] で管理
Documents and Settings	XP アプリ用のショートカット
Program Files, Program Files (x86)	インストールしたアプリケーションの保存場所．32 ビットアプリケーションは，「Program Files (x86)」に保存
ProgramData	全ユーザ共有のプロファイル（XP の All Users）
System Volume Information	システムの復元ポイント，以前バージョン機能
Users	ユーザプロファイル
Windows	システムディレクトリ
pagefile.sys	スワップファイル
hiberfil.sys	ハイバネーションファイル

の発見や，仮説を構築し効率よく検証するのに必要なスキルとなる．デフォルトのファイルや設定に似せた不正ファイルは数多いため，直感だけで判断することはできないが，分析の初期段階で思わぬ発見をすることも多い．

代表的なシステムフォルダ／ファイルを表 6.3 に記載する．

(2) ユーザプロファイル

ユーザプロファイルとは，ユーザのログイン名が付けられたフォルダであり，ユーザ個別の設定ファイルなどが保存されている．各ユーザのプロファイルは「%USERPROFILE%」（通常は C:¥Users¥<ユーザ名>）となる．ユーザが主に利用するフォルダには表 6.4 のものがある．

また，ユーザ別のテンポラリファイルや各種履歴などは，表 6.5 に記載のユーザプロファイル下のアプリケーションデータフォルダに保存されている．

たとえば，iPhone のバックアップを iTunes 経由で取得した場合，Roaming

表6.4 ユーザフォルダ

名 称	フォルダの場所
デスクトップ	%USERPROFILE%¥Desktop
ドキュメント	%USERPROFILE%¥Documents
お気に入り	%USERPROFILE%¥Favorites
リンク	%USERPROFILE%¥Links

[†6] コンピュータおよびユーザを一意に特定するための識別子．コマンドプロンプトから「whoami /user」と入力することで，自身の SID を表示できる．

表 6.5 ユーザ別の履歴ファイルなど

名　称	フォルダの場所（%USERPROFILE%¥AppData¥ 以下）
テンポラリ	Local¥Temp
インターネット一時ファイル	Local¥Microsoft¥Windows¥Temporary Internet Files
履歴	Local¥Microsoft¥Windows¥History
最近使った項目	Roaming¥Microsoft¥Windows¥Recent
最近使った共有	Roaming¥Microsoft¥Windows¥Network Shortcuts
クッキー	Roaming¥Microsoft¥Windows¥Cookie

¥Apple Computer¥MobileSync¥Backup にバックアップファイルが作成されるが，バックアップ時に暗号化をしていなければ内容を閲覧することが可能である．スマートフォンの分析は年々困難になってきているが，こういった場所からデータを取得することが可能な場合がある．

（3）環境設定

コンピュータの環境設定の情報はレジストリキー（図 6.3 参照）に保存されている．ファイルパスやテンポラリなど，これもデフォルトとの差異に気をつける必要がある．

　　HKLM¥SYSTEM¥CurrentControlSet¥Control¥SessionManager¥Environment
　　HKLM¥SOFTWARE¥Microsoft¥Windows NT¥CurrentVersion
　　HKU¥<SID>¥Environment
　　HKU¥<SID>¥Volatile Environment

図 6.3　レジストリに設定された環境情報

6.1.3 時刻

(1) コンピュータの時刻

コンピュータがもっている「時間」の理解は重要である．時刻同期の正確性，タイムゾーンの違いなど，「時刻」の基準を明確にしておかなければ正しい分析はできない．時間の情報（タイムスタンプ）はOSが設定するため，OSが稼働していない状態の保全したデータからは稼働時の時刻が正しいか確認することはできない[7]．実際にどのような時刻が設定されていたのかは，ハードウェアに設定されている時刻を直接確認し，OSのタイムゾーンの設定を確認する以外に方法はない．したがって，時刻の状態が明確でない場合は，データ保全時に電波時計などとの誤差を記録しておく必要がある．コンピュータがもっている時計は表6.6に記載した2つである．

表6.6 コンピュータの時計

クロック	説明
ハードウェアクロック	マザーボード上に実装され，バックアップ電池で常に稼働している時計である． Windowsの場合[8]，NTPとの時刻同期の際などに，タイムゾーンの設定に従いローカル時刻が設定される．
システムクロック	OSが管理するソフトウェアの時計である．OSの時計はシャットダウンで消滅してしまうため，起動時にハードウェアクロックを参照し時刻をそのつど設定している． Windowsの場合，時刻をUTC[9]で管理し，タイムゾーンの設定に従い，ローカルの時刻を表示している．

タイムゾーンは，次のレジストリキーに設定されている[10]．

HKLM¥SYSTEM¥CurrentControlSet¥Control¥TimeZoneInformation

データ分析を行う際に，対象となるデータがどのタイムゾーンのコンピュータで作成されたものか確認する必要がある．分析はその時差を考慮して行う必要があるが，多くのフォレンジックツールでは，分析対象のデバイス別にタイムゾーンを指定して分析を行うことが可能である．Autopsyでは，分析対象のファイ

---

[7] NTPの同期ログで確認は可能であるが，ログやNTPサーバが信用できるか確認が必要である．
[8] Linuxの場合，設定でローカル時刻かUTCか選択できる．
[9] Universal Time Coordinated：協定世界時．
[10] TimeZoneInformation クラス
https://msdn.microsoft.com/ja-jp/library/reportservice2010.timezoneinformation(v=sql.120).aspx

ル（データソース）ごとにタイムゾーンを設定する．図 6.4 が Autopsy のデータソース追加画面であるが，中央部分にタイムゾーンの設定がある．

図 6.4　Autopsy でタイムゾーンの設定

また，NTP との時刻同期については，次のレジストリキーに設定されており，同期の状況については，Windows ログ（図 6.5 参照）から確認することができる．

　HKLM¥SYSTEM¥CurrentControlSet¥Services¥W32Time¥Parameters

(2) ファイルシステムによるタイムスタンプの違い

　ファイルシステムによって保存している時刻の情報は異なるため，特にタイムゾーンの設定情報をもたない外部記憶媒体などのファイルについては注意が必要である．FAT と NTFS の違いは表 6.7 のとおりだが，たとえば日本時間の朝 10 時に作成したファイルは，FAT では「10：00」に作成となり，NTFS では「01：00」に作成されたと記録される．NTFS では UTC で時刻が記録されるためである．

図 6.5　Windows ログ

表 6.7　ファイルシステムによるタイムスタンプの違い

ファイルシステム	説明
FAT	ローカル時刻が保存される．タイムゾーンの違いやサマータイムを考慮する必要がある．
NTFS	UTC で保存され，OS がタイムゾーンの設定からローカル時刻に変換し表示する．

(3) ファイルのタイムスタンプと分解能

　OS やファイルシステムによって，保有するタイムスタンプの種類および分解能[†11]が異なる．分解能とはタイムスタンプを記録する時間の単位であり，1 秒単位でしか記録しない場合，1 秒未満のイベントの前後関係は判断ができないことになる．これは，ログに記録される時間の単位についても同様であり注意する必要がある．また，分解能の違うファイルシステム間でファイルをコピーすることで，タイムスタンプの時刻が変更されることがある[†12]．FAT と NTFS でも表 6.8

[†11]　GetFileTime
　　　https://msdn.microsoft.com/ja-jp/library/cc429752.aspx

[†12]　[NT] NTFS から FAT へのファイルのコピー時に日時が変わる．
　　　https://support.microsoft.com/ja-jp/kb/402160

表 6.8　FAT と NTFS のタイムスタンプ

FAT

種　類	概　要	分解能
作成日時	ファイルシステム上にファイルが作成された日時	10 ミリ秒
最終更新日時	ファイルが更新された日時	2 秒
アクセス日時	最後にアクセスした日	1 日

NTFS

種　類	概　要	分解能
作成日時	ファイルシステム上に作成された日時	100 ナノ秒
最終更新日時	ファイルが更新された日時	100 ナノ秒
アクセス日時	最後にアクセスした日時（Vista 以降はデフォルトで記録しない）	1 時間
エントリ更新日時	プロパティやファイルのメタデータが変更された日時．エクスプローラー上からは非表示	100 ナノ秒

のような違いがある．

　また，これらのタイムスタンプがどのタイミングで更新されるのか理解する必要がある．たとえば，ファイルをコピーすると「作成日時」が更新されるため，「更新日時」より新しい「作成日時」のファイルが存在することがあるが，これは異常ではなく，「作成日時」に違う場所からコピーされたものと考える必要がある．

　タイムスタンプは分析において非常に重要な情報となるが，タイムゾーンの設定やタイムスタンプそのものが容易に変更可能であるため注意が必要である．

(4) レジストリキーの最終書込日時

　レジストリキーについても，同様に最終書込日時が記録されている．これはレジストリキーをテキスト形式でエクスポート（図 6.6 参照）することで取得でき，6.2 節で説明するタイムライン分析に利用する情報になる．

　なお，当該タイムスタンプの分解能は分単位である．

6.1.4　ハッシュ分析

　ハッシュ分析とは，保全データの各ファイルのハッシュ値を計算し，「既知のファイル」の除外や「特定のファイル」を探し出すための分析手法のことである．

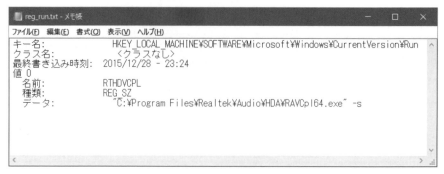

図 6.6　レジストリが保有するタイムスタンプ

「既知のファイル」とは，たとえば OS や Office 系ソフトなど，組織が標準で使用している確実に正当なファイルのことである．「既知のファイル」を分析対象から外すことで，調査の時間を短縮させることが可能である．NIST[†13] から既知のソフトウェアのハッシュ値を集めたデータセットが公開されている．

NSRL（National Software Reference Library）
　　http://www.nsrl.nist.gov/

このようなデータセットや組織で使用しているコンピュータなどのマスターイメージから作成したデータセットと分析対象のデータを比較することで，「既知のファイル」を除外していく．

　もう1つの，「特定のファイル」を探し出す分析は，マルウェアや漏洩したデータなどが特定されている場合に，そのハッシュ値を計算し，同じ値のファイルを探し出す手法である．この手法を用いることで，ファイル名や拡張子を変更している場合でも，「特定のファイル」を探し出すことが可能である．

6.1.5　プログラム実行履歴

コンピュータで行われた不正が何かを解明するには，何のプログラムが実行されたのか追跡することが重要になる．ファイルの閲覧やコピーにも，何かしらのプログラムが実行されているからである．プログラムの実行履歴を確認する方法はいくつかあるが，ここではショートカットファイルとプリフェッチファイルに

[†13]　NIST：National Institute of Standards and Technology（アメリカ国立標準技術研究所）

ついて説明する.

(1) ショートカットファイル

アプリケーションのインストールやプログラムの実行，ファイルのアクセス時に，6.1.2項で紹介した「最近使った項目（Recent）」にショートカットファイルが作成される．このショートカットファイルを分析することで，プログラムを実行した日時やファイルのアクセス日時，ファイルの実体パスを確認することができる．手もとのWindows 10では，画面上には直近にアクセスした10個のファイルのみが表示されていたが，ユーザプロファイルには，150個のファイルのショートカットが保存されていた．

(2) プリフェッチファイル

プリフェッチファイルとは，アプリケーションの起動を高速化するために次のフォルダに作成される，拡張子が.pfのファイルである（図6.7参照）．

%systemroot%Prefetch

実行したプログラムが必ず登録されるわけではないが，不正アクセスの挙動を

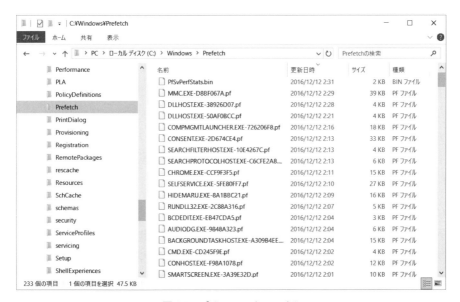

図6.7　プリフェッチファイル

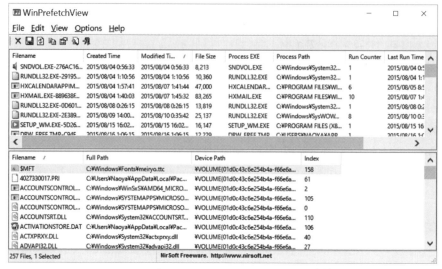

図 6.8　プリフェッチファイルの分析ツール[14]

追跡するために重要な情報となる．プリフェッチファイルから次のことを確認することが可能である．

- 実行したプログラムの実体
- プログラムの最終実行日時
- プログラムの実行回数
- プログラムが読み込んだファイルなど

なお，Windows サーバでは，デフォルトでプリフェッチは無効の設定になっている．

プリフェッチファイルの分析ツール「WinPrefetchView」を実行した画面が図 6.8 である．

(3) その他

pagefile.sys や hiberfil.sys には，メモリの情報が含まれているため，実行したファイルや復号された暗号化ファイルのコンテンツが見つかることがある．プログラムやキーワードが特定されている場合，ファイルを検索するだけで有益な情

---

[14] http://www.nirsoft.net/utils/win_prefetch_view.html

報がでてくることもあるが，いつどのように作成された情報か不明であるため，検索結果を根拠に検証を行うのではなく，分析手法を構築するための参考情報とするのが望ましい．

6.1.6 デバイス接続履歴

USBメモリなどのデバイスをコンピュータに接続すると，ドライバなどがインストールされ次のログとレジストリキーに値が保存される（図6.9参照）．外部記憶媒体などを経由したマルウェア感染の可能性がある場合や，不正な情報漏洩の調査を行う際には重要な情報となる．

%SystemRoot%¥Inf¥setupapi.dev.log

HKLM¥System¥CurrentControlSet¥Enum¥USB

HKU¥<SID>¥Software¥Microsoft¥Windows¥CurrentVersion¥Explorer¥MountPoints2

HKU¥<SID>¥Software¥Microsoft¥Windows¥CurrentVersion¥Explorer¥MountPoints2¥CPC¥Volume

これらのレジストリを分析するツール「USBDeview」を実行した画面が図6.10である．

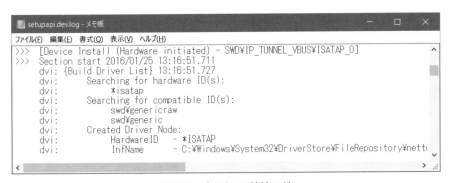

図6.9　デバイスの接続ログ

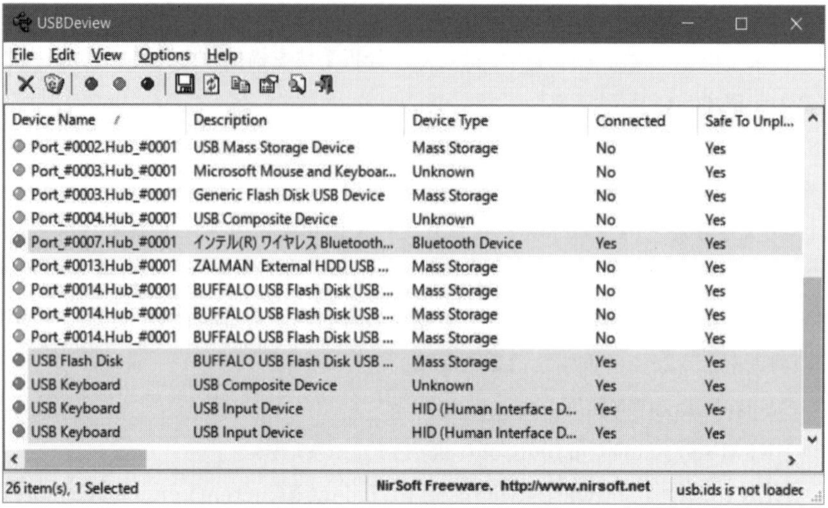

図 6.10　USB デバイスの接続状況分析ツール[†15]

6.2　タイムライン分析

　デジタル・フォレンジック調査ではよく用いられる分析手法であり，ログやファイルのタイムスタンプなどを時系列で整理することで，コンピュータ上で起こったイベントを分析する手法である．分析対象のファイルは膨大であり，すべてを手動で分析するのには限界があるため，判明している挙動を起点に，前後のシステムの動きを確認することで何が行われたのか解明（推測）していくのである．調査の目的によって何のタイムラインを分析するかも変わってくるが，一般的には次の情報を分析対象とする．
- ファイル
- レジストリ
- プログラム実行履歴
- デバイス接続履歴
- インターネット接続履歴
- イベントログ　など

---

†15　http://www.nirsoft.net/utils/usb_devices_view.html

	A	B	C	D	E	F
1	Timestamp	Type	Category	Description	Path	Name
2	2015/12/27 11:33:23	Program started	Operating system		¥Windows¥Prefetch	WSCRIPT.EXE-9093C9D0.pf
3	2015/12/27 11:33:24	Creation	File system		¥Users¥ayato¥AppData¥Local¥Microsoft¥Windows¥INetCache¥IE¥KHC	3789[1].60
4	2015/12/27 11:33:24	Visited	Internet	First visit: http://ha	¥Users¥ayato¥AppData¥Local¥Microsoft¥Windows¥WebCache	WebCacheV01.dat
5	2015/12/27 11:33:24	Creation	File system		¥Users¥ayato¥AppData¥Local¥Temp	rad555E7.tmp
6	2015/12/27 11:33:24	Modification	File system		¥Users¥ayato¥AppData¥Local¥Microsoft¥Windows¥INetCache¥IE¥KHC	3789[1].60
7	2015/12/27 11:33:24	Record change	File system		¥Users¥ayato¥AppData¥Local¥Microsoft¥Windows¥INetCache¥IE¥KHC	3789[1].60
8	2015/12/27 11:33:24	Program started	Operating system		¥Windows¥Prefetch	CMD.EXE-AC113AA8.pf
9	2015/12/27 11:33:24	Creation	Internal file metadata		¥Windows¥Prefetch	CMD.EXE-AC113AA8.pf
10	2015/12/27 11:33:25	Creation	Internal file metadata		¥Windows¥Prefetch	RAD555E7.TMP-6FA4028C.pf
11	2015/12/27 11:33:25	Program started	Operating system		¥Windows¥Prefetch	RAD555E7.TMP-6FA4028C.pf
12	2015/12/27 11:33:26	Creation	File system		¥Windows¥Prefetch	WINZIP32.EXE-C992732C.pf
13	2015/12/27 11:33:30	Program started	Operating system		¥Windows¥Prefetch	WINZIP32.EXE-C992732C.pf
14	2015/12/27 11:33:34	Modification	File system		¥Windows¥Prefetch	CMD.EXE-AC113AA8.pf
15	2015/12/27 11:33:34	Record change	File system		¥Windows¥Prefetch	CMD.EXE-AC113AA8.pf
16	2015/12/27 11:33:35	Creation	File system		¥Windows¥Prefetch	RAD555E7.TMP-6FA4028C.pf
17	2015/12/27 11:33:41	Program started	Operating system		¥Windows¥Prefetch	WSCRIPT.EXE-9093C9D0.pf
18	2015/12/27 11:33:41	Creation	File system		¥Users¥ayato¥AppData¥Local¥Temp	rad3AF3B.tmp
19	2015/12/27 11:33:44	Program started	Operating system		¥Windows¥Prefetch	WSCRIPT.EXE-9093C9D0.pf
20	2015/12/27 11:33:44	Creation	Internal file metadata		¥Windows¥Prefetch	WSCRIPT.EXE-9093C9D0.pf
21	2015/12/27 11:33:44	Visited	Internet	http://hangkimkhi.c	¥Users¥ayato¥AppData¥Local¥Microsoft¥Windows¥WebCache	WebCacheV01.dat
22	2015/12/27 11:33:44	Creation	File system		¥Users¥ayato¥AppData¥Local¥Temp	rad76ECA.tmp
23	2015/12/27 11:33:44	Record change	File system		¥Windows¥Prefetch	WSCRIPT.EXE-9093C9D0.pf
24	2015/12/27 11:33:44	Modification	File system		¥Windows¥Prefetch	WSCRIPT.EXE-9093C9D0.pf
25	2015/12/27 11:33:44	Program started	Operating system		¥Windows¥Prefetch	RAD76ECA.TMP-FB88C0CB.pf
26	2015/12/27 11:33:44	Creation	Internal file metadata		¥Windows¥Prefetch	RAD76ECA.TMP-FB88C0CB.pf
27	2015/12/27 11:34:13	Deletion	File system	è¿¾è·içªå·_40363666	¥$Extend¥$UsnJrnl	$J
28	2015/12/27 11:34:13	Deletion	File system	è¿¾è·içªå·_40363666	¥$Extend¥$UsnJrnl	$J
29	2015/12/27 11:34:23	Creation	File system		¥ProgramData¥Windows	csrss.exe
30	2015/12/27 11:36:08	Modification	File system		¥Windows¥Prefetch	WINZIP32.EXE-C992732C.pf
31	2015/12/27 11:36:08	Record change	File system		¥Windows¥Prefetch	WINZIP32.EXE-C992732C.pf
32	2015/12/27 11:36:15	Deletion	File system	è¿¾è·içªå·_40363666	¥$Extend¥$UsnJrnl	$J
33	2015/12/27 11:36:15	Deletion	File system	è¿¾è·içªå·_40363666	¥$Extend¥$UsnJrnl	$J
34	2015/12/27 11:37:59	Visited	Internet	Visited: aysto@http:	¥Users¥ayato¥AppData¥Local¥Microsoft¥Windows¥WebCache	WebCacheV01.dat
35	2015/12/27 11:46:53	Creation	File system		¥Users¥ayato¥Desktop	README2.txt
36	2015/12/27 11:46:53	Creation	File system		¥Users¥ayato¥Desktop	README3.txt
37	2015/12/27 11:46:53	Creation	File system		¥Users¥ayato¥Desktop	README4.txt
38	2015/12/27 11:46:53	Creation	File system		¥Users¥ayato¥Desktop	README1.txt

図 6.11　タイムラインの例 † 16

タイムライン分析のツールも数多く公開されているが，Autopsy では「ツール」メニューの「Timeline」をクリックすれば自動で生成してくれる．そのほか，「log2timeline」といったツールが有名である．図 6.11 は，これらのツールを使って出力したタイムラインの例である．

6.3　ユーザファイルの解析

6.3.1　文字コード

文字コードとは，文字や記号をコンピュータで扱うために，文字や記号の各文字 1 つずつに割り当てられた（定義された）固有の表現数字（コード）のことをいう．英語圏言語や日本語，韓国語，中国語などのアジア言語にはその言語特有の文字コードが制定され，そのほかにも多種多様な文字コードが存在する．

文字コードはさまざまな局面（使用用途や歴史）においてさまざまなコード体系が用いられてきたが，日本においても ASCII，ISO-2022-JP（JIS コード），Shift_JIS，EUC-JP，Unicode（UTF-8/UTF-16）など，多くの文字コードが利

† 16　https://github.com/log2timeline/plaso/wiki

用されている.

　しかし文字コードが異なると，同じ文字であってもコンピュータが扱う際は別のバイナリ値（表記）となるため[†17]，フォレンジック調査では時にハードディスク未使用領域やファイルスラック領域内への検索などの作業において，文字コードによるバイナリ値（表記）の違いに非常に慎重になる必要がある．

　文字コードが異なると定義されていない文字が存在するなど，文字コード間の互換性問題がある．この問題を解決するため，すべての言語の文字コードを1つの文字コードで対応する（しようとする）Unicodeが作成され，コンピュータでの文字表現が正確に行われるようになってきている．

　代表的なアジア言語の文字コード体系を図6.12に示す．

```
● Japanese                ● Simplified Chinese（中国）
  ISO-2022-JP(JIS)          ISO-2022-Simplified Chinese
  Shift_JIS                 GB 2313
  EUC-JP                    HZ-GB-2312
                            EUC-CN
● Korean                  ● Traditional Chinese（香港・台湾）
  ISO-2022-KR               ISO-2022-Traditional Chinese
  EUC-KR                    Big-5
  Johab                     CNS
  Ks_c_5601                 EUC-TW
```

図6.12　代表的なアジア言語の文字コード体系

6.3.2　キーワード検索

　キーワード検索とは，膨大なドキュメントの中から証拠（もしくは証拠となり得るもの）を見つけ出すための，データ絞り込み手法の1つである．

　キーワード検索にはいくつかの種類があり，用途に応じて使い分けることで効率的なデータの絞り込みが可能となる．

　またキーワード検索を行う対象はドキュメント本文だけではなく，ファイル名やファイルパス，ファイルメタデータなど，検索対象（領域）を限定することによりさらなる効率的なデータの絞り込みも可能となる．

　しかし，日本語環境で作成されたドキュメントへの検索では，「単語はスペースで区切られる」という性質をもつ英語ドキュメントと比較した場合，日本語環

[†17]　特定のコード間では同じ場合もある．

境で作成されたドキュメントには「単語をスペースで区切る」という概念がないことが，検索の難しさの理由の1つとして挙げられる．

また，他国言語がそのまま文章内に記載されていたり，漢字，ひらがな，カタカナ，大文字小文字英語といった多様な文字種に加え，半角と全角の英数字／記号／カタカナが混在するなど，非常に特殊な文字列の集合体であるということも検索の難しさにつながっている．このため，キーワード検索を行う際にはこれらの特徴を理解した上で行わなければ，検索漏れや「ゴミヒット増大」の要因となってしまう．

代表的なキーワード検索の種類には，次のものが挙げられる．

(1) ブーリアン検索

検索キーワード（検索語句）同士を，"AND""OR""NOT"の結合演算子で結合し，演算子による検索条件を適用した検索方法である（表6.9参照）．

表6.9 ブーリアン検索条件

演算子	検索条件	検索式例・要求される検索結果
AND	演算子で結合された両方の語句を含む	検索式例：日本 AND 米国 AND 中国 検索結果：「日本」と「米国」と「中国」のすべての語句を含む文書を検出
OR	演算子で結合されたいずれかの語句を含む	検索式例：日本 OR 米国 OR 中国 検索結果：「日本」か「米国」か「中国」のいずれかの語句を含む文書を検出
NOT	演算子で結合された語句のうち，一方の語句を含むが他方の語句は含まない	検索式例：日本 NOT 米国 検索結果：「日本」を含むが「米国」は含まない文書を検出

(2) 正規表現検索

文字列の集合体を特定のパターンで表す表現方法を正規表現といい，特定パターンで記述されている文字列をメタ文字（キャラクタ）による正規表現を用いて検索する方法を，正規表現検索という（表6.10参照）．

表6.10のメタ文字（キャラクタ）は一例であり，さまざまな検索条件を意味するメタ文字（キャラクタ）がある．

表6.10 正規表現検索条件

メタ文字	検索条件	検索式例・要求される検索結果
[0-9]	数字の0から9までの任意の1文字にマッチ	検索式例：販売総数[0-9]個 検索結果：「販売総数0個」から「販売総数9個」までのいずれかを含む文書を検出
[^X]	「X」の文字列を含まない	検索式例：[^東]京都 検索結果：「東京都」ではない「京都」を含む文書を検出
|	メタ文字の左右にあるいずれかの文字列にマッチ	検索式例：米国|アメリカ 検索結果：「米国」または「アメリカ」を含む文書を検出

(3) 近傍検索

検索対象文書内において複数の検索キーワード（検索語句）の出現間隔（距離）を，検索条件に適用した検索方法である．

英語ドキュメントであれば単語間はスペースで区切られているため，検索キーワード間に登場する単語数を出現間隔として検索可能であるが，日本語ドキュメントでは単語間にスペースがないため文字数を出現間隔の検索条件とすることもある．

6.3.3 類似ファイルの検索

ドキュメントの調査においては，データの一部が改ざんされたファイルの調査など，完全に同一ではないが部分的に類似しているファイルを調査することが重要である．データは1バイトでも変更が生じると変更前とは全く異なるハッシュ値となるため，ファイル単位でのハッシュ値による類似性の解析は不可能である．

類似ファイルの検索方法には，次のものが挙げられる．

(1) Near Duplication（ニアデュプリケーション）

tf-idfによる文書内に出現する単語の重み付け方法を用い，文書内のある単語の出現頻度と逆文書出現頻度を値として表し，tf-idfをベクトル化した文書同士のコサイン類似度が一定の閾値以上のものについて「類似率が高い」と判断する方法．

単語の出現頻度がもとになっているため，文書内の起承転結の前後が入れ替わった文書同士でも，類似率が高い文書として判定される．

(2) Fuzzy Hash（ファジーハッシュ）

データを特定の大きさ（ブロック）ごとに区切り，区切った領域ごとのハッシュ値を算出し，比較対象データの区分領域ごととの同一性を測定し，データ全体での類似率を算出する方法．

データ構造的な測定であるため，可視化した状態での内容そのものの類似箇所や相違点は算出された類似率からは特定できない．

(3) Entropy（エントロピー）

もともとは，物質の拡散具合を表す熱力学上のパラメータのことを指すが，情報理論的な観点では「発生した事象の起こりにくさ」を表す際の指標である．

ハッシュ値とは異なり，1文字だけ記述内容が異なるデータからは類似した値が算出されるが，ファジーハッシュと同様に，内容そのものの類似箇所や相違点は算出されたエントロピー値からは特定できないが，類似率判定の精度はファジーハッシュよりも高い．

(4) Diff（ディフ）

2つのファイルのテキスト情報を比較し相違点を検出する方法で，相違点の検出はツールが行う．

検出結果は目視で内容を比較するため，記述内容そのものの意味や異なる箇所の判別は容易だが，人的労力を要するため容量の大きなファイルや大量ファイルの比較には不向きである．

6.3.4 Predictive Coding（プレディクティブコーディング）

一定のサンプルデータを教師データとして学習し，自動的にファイルの重み付け（スコア付与）を行い，未調査データに対し関連性分類を自動で行う機能．

図6.13はファイルの重み付けの概念を図で示したものである．この機能により調査対象全データの高スコアデータの約30％のデータを調査した時点で，重要データの80％以上を確認し調査にかかる時間を大幅に短縮した事例や，キー

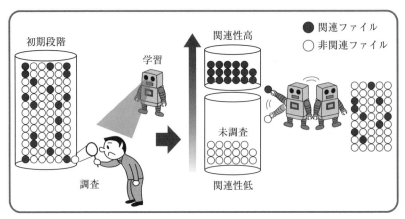

図 6.13　Predictive Coding によるファイル重み付け概念図

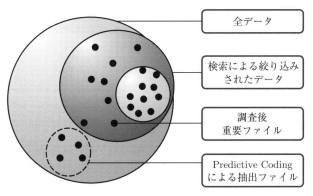

図 6.14　Predictive Coding とキーワード検索による調査

ワード検索による調査だけでは，検索ヒットしなかった領域から重要データを見つけることはできないが，Predictive Coding を使用することによりキーワードによらず重要データを検出することが可能である（図 6.14 参照）．

e ディスカバリや大規模な社内調査といった，膨大な量のデータから重要なデータを効率的に調査する必要のある案件において，新たな調査技術・手法として注目されている．

6.3.5 ファイルヘッダー

ファイルヘッダーとは，一般的にファイルデータ構造の先頭部分にあり，そのデータを特徴付けるデータ記述のことをいい，ファイルシグネチャともよばれる[18]。

図 6.15 は JPEG 画像ファイル，Microsoft Office 2003 形式ファイル，PDF ファイルの各ファイルシグネチャを示したものであるが，同一のファイルフォーマットのファイルであれば，必ず同じファイルシグネチャを有している．

```
●JPEG 画像のファイルシグネチャ
FF D8 FF E0 00 10 4A 46-49 46 00 01 01 01 00 60   ÿØÿà··JFIF·····
00 60 00 00 FF DB 00 43-00 08 06 06 07 06 05 08   ·`··ÿÛ·C········
07 07 07 09 09 08 0A 0C-14 0D 0C 0B 0B 0C 19 12   ················

●Microsoft Office 2003 形式のファイルシグネチャ
D0 CF 11 E0 A1 B1 1A E1-00 00 00 00 00 00 00 00   ÐÏ·à¡±·á········
00 00 00 00 00 00 00 00-3E 00 03 00 FE FF 09 00   ········>···þÿ··
06 00 00 00 00 00 00 00-00 00 00 00 01 00 00 00   ················

●PDF のファイルシグネチャ
25 50 44 46 2D 31 2E 33-0A 25 C7 EC 8F A2 0A 35   %PDF-1.3·%Çì·¢·5
20 30 20 6F 62 6A 0A 3C-3C 2F 4C 65 6E 67 74 68    0 obj·<</Length
20 36 20 30 20 52 2F 46-69 6C 74 65 72 20 2F 46    6 0 R/Filter /F
```

図 6.15 ファイル形式ごとのファイルシグネチャ例

フォレンジック調査で使用する解析ソフトウェアはファイルシグネチャでデータを識別する機能を有しているため，ファイル名の一部である拡張子の偽装や削除が行われていても，ファイル形式の特定を行うことが可能である．

6.3.6 メタデータ

メタデータとは，ファイルそのものではなくファイル自体に内包（付随）される「ファイル自身に関連する情報（属性情報）」のことをいい，ファイルシステムが管理しているプロパティ情報とは異なることに注意が必要である．

メタデータがもつ情報には，作成者／プログラム名／タイムスタンプ／前回印刷日時／前回保存者などの情報がある．

図 6.16 は，ファイルプロパティとメタデータの違いを示したものである．そ

---
[18] プレーンテキストのように，ファイルシグネチャをもたないデータもある．

ファイルプロパティ　　　　　　　　　　メタデータ

図 6.16　Microsoft Office ファイルのプロパティ情報

れぞれのタイムスタンプに記録されている作成日時が異なっていることを確認できるが，フォレンジック調査においてはその違いを理解することが重要である．

6.3.7　画像ファイルの調査

画像ファイル調査では，画像そのものを目視調査することが多くなるが，画像ファイルを1つずつ確認していたのでは時間がかかり，非効率である．そのため，画像ファイルをサムネイルで一覧表示可能なツールを用い，効率化を図ることが重要である（図6.17参照）．

また特殊な画像ファイルの解析例としては，Windows ME より実装された縮小版表示機能を使用した際に作成される，隠しファイル属性のシステムファイルの解析があるが，このシステムファイルの特徴としては次のものが挙げられる．

- システムファイル名は，Windows XP までは Thumb.db，Vista 以降では ThumbCache となっている．
- 縮小版表示機能を使用した際に表示されるサムネイル画像が，オリジナルファイル形式に関係なく JPEG ファイルデータとしてシステムファイル内に保存（格納）される．

図 6.17　解析ソフト Autopsy によるサムネイル調査画面

- Thumb.db はフォルダ内に作成され，当該フォルダ内データのサムネイル画像データが保存（格納）される（図 6.18 参照）．
- ThumbCache は，すべてのサイズのサムネイルを格納するフォルダがユーザごとに作成され[†19]，サムネイル画像サイズ別に，thumbcache_1024.db，thumbcache_256.db，thumbcache_96.db，thumbcache_32.db の 4 つのシステムファイルが作成される．
- サムネイルには画像ファイルのほかに，PowerPoint の最初のスライドや動画ファイルの最初のフレームも含まれる．
- オリジナルのファイルが削除されても，システムファイル内のサムネイル画像データは削除されない．
- オリジナルのファイルが暗号化されている場合でも，システムファイル内のサムネイル画像データは暗号化されない．

[†19]　User¥UserName¥AppData¥Local¥Microsoft¥Windows¥Explorer

図6.18 縮小版表示機能を使用した際に作成されるシステムファイル (Thumb.db)

6.3.8 Eメールの調査

　連絡手段の1つとしてEメールは欠かせないツールの1つであり，情報流出／持ち出しの経路として用いられるケースが後を絶たないことからも，メールデータ調査はフォレンジック調査において必須の調査項目であるといえる．

　メールソフトウェアには多くの種類があり，PCにインストールするものやグループウェア，ブラウザで使用するWebメールも用いられているが，メールソフトウェアごとにデータ形式が異なるため，解析ソフトウェアによっては対応していないものもあるため注意が必要である．

　またEメール調査は「メール内容そのものの調査」と「メールヘッダー調査」に分類することができるが，それぞれの調査のポイントとして，次に挙げる観点で調査を行うことが重要となる．

(1) メール内容そのものの調査

- 「いつ？」「誰が？」「誰と？」「どのような内容？」「添付は？」など，どのような送受信が行われたのか，やり取りされたメールの内容そのものを調査

する.

- 事案によっては，大量のメールを調査することもあるため，送受信日時やアドレスなどでの絞り込みやキーワード検索を行い，効率的なメールデータレビューを考慮することも重要である.
- メール送信側と受信側での，日時の認識離齬(そご)にも注意が必要である．たとえば，受信側が休暇中である場合やPCを起動していない場合，「一昨日に送ったメールだから絶対に読んでいるはずだ」と送信側が主張しても，受信側はメールを受信すらしていない可能性もある．
- 送受信日時期間を限定して調査を行う場合，送信側と受信側のタイムゾーン（時差）に注意する必要がある．たとえば，アメリカでの送信が大晦日であった場合，日本側での受信は元旦となる可能性があり，年をまたぐことで送受信日時が対象期間外となる可能性が生じる．

(2) メールヘッダー調査

メールヘッダーには送受信における送信者／受信者に関連する情報が記録され，通信経路におけるサーバ情報／送信者が使用したメールソフトウェア／文字コード／メッセージIDなどの情報が記録されており，調査において非常に有効な情報となる．

多くのメールソフトウェアではヘッダー情報を参照することが可能で，迷惑メールなどの送信元の特定やフィルタリングにもヘッダー情報が用いられている．ただし，ある程度のスキルをもった者であればヘッダー情報は偽装も可能で，かつ構造的にすべてのヘッダー情報を付加する必要はないため，ヘッダー情報からメール送受信にかかる情報を完全に判断することは困難である．

表6.11は主要なメールヘッダー情報を示したものであるが，メールソフトウェアによって付与されるヘッダー情報が異なり，なかには詳細なヘッダー情報を付与しないものもあるため，すべてのメールソフトウェアで同様のヘッダー情報を確認可能ではないことにも注意が必要である．

表6.11 主要なメールヘッダー情報

ヘッダーフィールド	説明
From	メールの著者のアドレス．単数または複数のアドレスを含めることが可能．
To	実際の送信者のアドレス．From が単一アドレスで Sender と同じ場合は，ほとんどの場合で使用されない．
Cc	カーボンコピー．2次的受信者先のアドレス．
Bcc	ブラインドカーボンコピー先のアドレス．To または Cc に記入したアドレスは，送信先全員に知られてしまうが，Bcc で指定したアドレスは，各送信先で明らかにならない．
Subject	メール件名．
Reply-To:	メールの返信先．指定されていない場合には，通常 From が返信先となる．
In-Reply-To	返信時にどのメールへの返信かを示す．通常は Message-ID が指定される．
References	返信などで関係している他のメッセージの一覧．通常は Message-ID が複数指定される．
Message-ID	メールを特定するためのユニークな ID で，原則全世界で唯一のものである．ユニークな ID の決定方法は任意だが，プロセス ID や時刻との組み合せが用いられることが多い．
Date	送信者が送信を行った日時．
Received	メール配送にかかわったサーバ／転送エージェントの経由情報や経由時間を記録したヘッダーフィールド．
Received: from	転送元サーバ by 転送先サーバ [via 接続プロトコル（UUCP など）] [with 転送プロトコル（SMTP か ESMTP）] id ユニークな ID for 宛先メールアドレス；転送日時．
Return-Path	メールが届かない際のエラー通知を行うために付加するアドレス．
X-Mailer	送信者が使用したメールソフトの種別．

6.3.9 インターネットアクセス履歴の調査

　Internet Explorer（IE）に代表されるブラウザはさまざまな情報を残しているが，それらを多角的に捉えた調査を行うことで，重要な情報へと結び付けることが可能となる．

　しかし，ブラウザの閲覧履歴が残る期間は限定されており，かつ閲覧履歴情報を残す／残さないの設定はユーザが任意に設定することが可能で，履歴情報が残っていない場合もあるため注意が必要である．

　また，ブラウザによっては，閲覧履歴を残さないモードでの Web 閲覧も可能であるため，閲覧履歴が残っていない可能性も考慮する必要がある．Ajax という技術を用いた画面遷移を伴わない動的な Web アプリケーションも，履歴情報

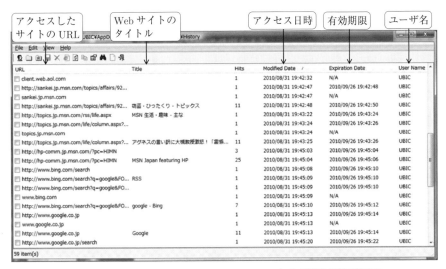

図 6.19　専用ツールによる Internet Explorer（IE）閲覧履歴解析画面

が残りにくいものとして認識する必要がある．

　このように履歴情報が残っていない場合，「なぜ閲覧履歴が残っていないのか」ということをレジストリなどの設定状況から調べ，「閲覧履歴が残らない設定になっている」ことの事実説明の要否を検討することも重要である．

　図 6.19 は，専用ツールによる Internet Explorer（IE）の閲覧履歴ファイル解析例を示したものであるが，ブラウザが残す情報とその調査項目には，次のものが挙げられる．

(1) Web サイト閲覧履歴

　いつ，どのようなサイトにアクセスしたのか，サイトコンテンツは何だったのかを調査することで，ユーザの嗜好性やそのときに興味をもっていたものを推測可能となる．また，情報漏洩の経路として Web メールや Web ストレージサービスを利用する事案も増えてきているため，情報漏洩の調査においても重要な調査項目となる．

(2) キャッシュファイルの解析

　PC に一時ファイルとして残されている，アクセスした Web ページの構成ファ

イルから実際のWebページ画面を再構成することで，過去に表示されていたページを可視化して調査することも可能である．

(3) ファイルのアクセス履歴
ブラウザが残す履歴情報の中には，ローカルデータへのアクセス履歴も記録されている．一般的なブラウザ使用の場合，ユーザの意図に左右されることなく残される情報であるため，ファイルアクセス調査においても非常に有効な情報源の1つである．

6.4 データ解析ソフトウェア（Autopsy）の使用方法

データ解析に用いられるソフトウェアにはさまざまな種類があるが，ここでは入手の簡易さと実装された機能の観点から，sleuthkit.orgにより公開・提供されているオープンソースソフトウェアである，Autopsy（フリーウェア）について解説する．Autopsyはsleuthkitのホームページ（http://www.sleuthkit.org/）よりダウンロード可能である．

6.4.1 Autopsyの概要と特徴
- Windows上で動作可能な，日本語GUIをもつフォレンジックツール．
- データ復元機能やファイルシグネチャマッチング，メールデータのパースなど，シェアウェアフォレンジックツールにも実装されている機能を搭載．
- データタイプやファイルフォーマット，データ状態など，さまざまなカテゴリでのデータ自動分類を実行．
- Linux DD, EnCaseイメージといったフォレンジックイメージのデータ読み込みに加え，Liveデータの読み込みも可能．
- NTFS, FAT, HFS+など，さまざまなファイルシステムのデータ解析に対応．
- JavaやPythonによるモジュールをアドオン可能で，拡張性に富む．

6.4.2 Autopsy の起動とデータ読み込み手順

ここでは Autopsy の起動とデータ読み込み方法を解説する．

※ダウンロードしたインストーラーを実行し，Autopsy は PC にインストール済みとする．

※本項で用いる Autopsy バージョンは，Version 3.1.1 を使用している．

①デスクトップにある Autopsy のショートカットアイコンをダブルクリックする（図 6.20 参照）．

図 6.20

②図 6.21 が表示され，Autopsy が起動することを確認する．

図 6.21

③ようこそ画面で「新規ケース作成」をクリックする（図6.22参照）．

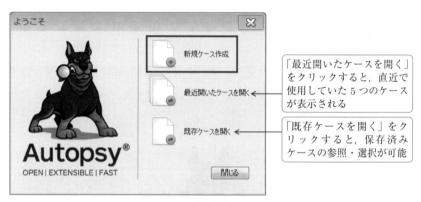

図6.22

④「新規ケース情報」画面の「ステップ1」でケース名（任意名）を入力し，ケース保存先（ベースディレクトリ）を確認し「次へ」をクリックする（図6.23参照）．

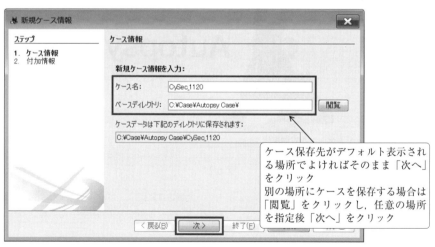

図6.23

⑤「新規ケース情報」画面の「ステップ2」でケース番号と調査担当者を入力し「終了」をクリックする(図6.24参照).

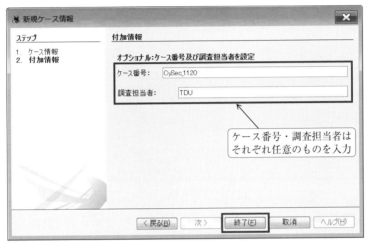

図 6.24

⑥「データソースを追加」画面の「ステップ1」で追加するソースタイプをプルダウンメニューから選択する(図6.25参照).
ソースタイプは次の3つから選択可能.
　　イメージファイル
　　　Raw イメージ(Linux DD)
　　　EnCase イメージ
　　ローカルディスク
　　ロジカルファイル
※ここで「イメージファイル」を選択した場合,FTK Imager Lite で収集したRaw イメージ(Linux DD)や EnCase イメージをソースデータとして解析可能である.

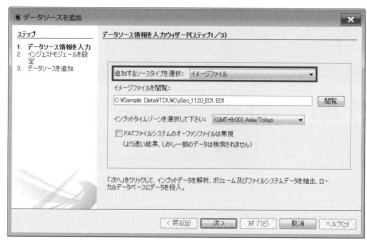

図 6.25

⑦「閲覧」をクリックし，解析対象イメージファイルを参照選択し，「FATファイルシステムのオーファンファイルは無視」のチェックを外し，「次へ」をクリックする（図 6.26 参照）．

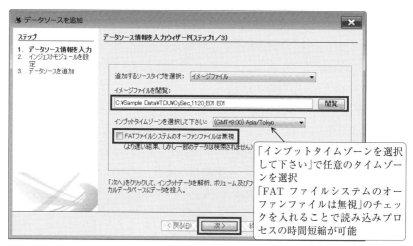

図 6.26

⑧「データソースを追加」画面の「ステップ 2」で読み込んだデータソースに対して行うプロセスを選択し，「次へ」をクリックする（図 6.27 参照）．

6.4 データ解析ソフトウェア（Autopsy）の使用方法 | 157

※ここでは全プロセス項目を選択し，プロセスを実行．

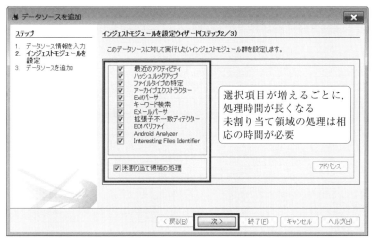

図 6.27

⑨「データソースを追加」画面の「ステップ3」で読み込んだデータの解析処理が開始される（図 6.28 参照）．

図 6.28

⑩解析処理が終了すると，メイン画面右下のインジケータ表示が消える．インジケータ表示が消えたことを確認し，「データソースを追加」画面で「終了」をクリックする（図 6.29 参照）．

図 6.29

⑪メイン画面のみが表示され，解析可能となる．

図 6.30

⑫ Autopsy の画面構成は，図 6.31 のようになっている．

各ペインは次のとおり．

（a）データツリー／解析結果表示ペイン

読み込んだデータのディレクトリ構造や，解析結果が分類表示される．

（b）データリスト表示ペイン

（a）のペインで選択された項目内データが，リスト表示される．

（c）コンテンツビューア

（b）のペインで選択されたデータがプレビュー表示される．プレビューは 6 つのタイプで表示可能．

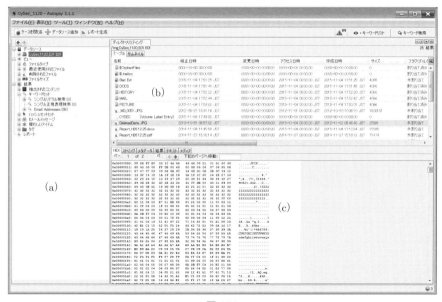

図 6.31

第7章

スマートフォンなどのフォレンジック

7.1 モバイル・フォレンジックの必要性と課題

　昨今のモバイル端末は，より速く，より賢くなってきている．以前の携帯電話は，固定の機能が提供されるデバイスだったが，スマートフォンは，ユーザが購入後にアプリケーションをダウンロードすることで，機能を拡張できる．

　また，多くのスマートフォンは，7.1.3項で説明するSIMカードなしでもWi-Fiでインターネットに接続し，オペレーション可能である．このため，スマートフォンなどの最近のモバイル端末は，次のような従来機器に代替できる．

- ポータブルゲーム機
- ポータブル音楽プレーヤー
- GPS機器
- コンピュータ
- カメラ

　モバイル・フォレンジックとは，デジタル・フォレンジックの一要素であり，証拠性を担保しながらモバイル端末からデータ収集を行い，復元および分析をすることを意味する．モバイル端末とは，一般的に携帯電話やスマートフォンのことを意味するが，たとえば，次のような，内部メモリとコミュニケーション機能をもち合わせたデジタルデバイスも含まれる．

- PDAデバイス（携帯情報端末）
- GPSデバイス（位置情報端末）
- タブレット　など

　本章においては，モバイル・フォレンジックを行う上で必要な基礎知識につい

て述べる.

7.1.1 なぜモバイル・フォレンジックが必要か

犯罪における携帯電話の使用は近年広く認識されているが,モバイル端末のフォレンジック研究は,2000年代当初から始まった比較的新しい分野である.

消費者マーケットにおける,携帯電話,特にスマートフォンの急激な普及は,従来のコンピュータ・フォレンジック技術では,対応できないデバイスへのフォレンジック調査の需要拡大へとつながった.モバイル端末と従来のコンピュータの一番の違いは,モバイル端末はフラッシュメモリを内蔵するため,記憶装置を取り出してのデータ収集ができないことにある.従来の携帯電話はコミュニケーションツールとして使用され,たとえば,電話帳,写真,カレンダー,ノート,SMS・MMSメッセージなどの多種多様な個人情報を格納する.スマートフォンは,上記に加えて,ビデオ,Eメール,Web閲覧情報,位置情報,ソーシャルネットワークのメッセージや電話帳も保持する.また,オンライン決済,ネットバンキング,プリペイド機能などへの利用範囲が拡大し,金銭的資産情報も格納される.

従来のコンピュータでは使用されていなかった,新しいアプリケーションや情報がモバイル端末,スマートフォンで使用されるようになったことも,新しいフォレンジック調査が必要になった要因といえる.

7.1.2 モバイル・フォレンジックの課題

各携帯電話,スマートフォンのメーカーは,競争力を高めるため,電話の筐体,OSのファイル構造,データストレージ,サービス,周辺機器,ケーブルやコネクタ部分など,さまざまなものをカスタマイズする.その結果,コンピュータ・フォレンジックの主要な対象であるハードディスクと比べると,調査対象のモバイル端末によって,さまざまなフォレンジックプロセスや手法を使用しなければならない.モバイル端末業界は,記憶装置の容量増加だけでなく,扱うデータの種類,端末の使用方法自体も,常に早いスピードで進化し続けている.

7.1.3 モバイル端末に関連するデータの格納先

一般的にモバイル端末関連データは，端末本体，SIM カード，メモリカードの 3 つの異なる媒体に格納されている．

SIM カード（Subscriber Identity Module card）とは，加入者を特定するための ID 番号が記録された IC カードである．SIM カードには，カード識別番号である ICCID（IC Card Identifier）と使用者識別番号である IMSI（International Mobile Subscriber Identity）が付与されている．モバイル端末は ICCID と IMSI をチェックすることにより，SIM カードの変更有無を検知する．SIM カード内にはテキスト形式のデータを格納可能なため，モバイル端末の機種によってはアドレス帳や発着信履歴の情報が格納されている場合がある．

また，モバイル端末の機種によってはメモリカードを挿入可能であり，画像や動画データはメモリカード内に格納されている場合がある．

このように，モバイル端末によっては，データの種類によっては 1 つのデータがモバイル端末本体以外の複数の場所に格納されていることがある．

- アドレス帳，発着信履歴（端末本体，SIM カード）
- 画像，動画（端末本体，メモリカード）

3 つの媒体をそれぞれ個別の媒体としてデータ収集することで，より多くの情報を収集できる．たとえば，端末の OS 経由でメモリカードの情報を読み取ると現存する情報しか収集できないが，メモリカードを取り外し，端末の OS を経由せずにメモリカード単体として収集を行うことにより，媒体全体のデータを取得し，現存する情報に加えて削除された情報も収集可能である．

端末本体，SIM カード，メモリカード以外のモバイル端末の関連データ格納場所は，クラウドと調査対象となるモバイル端末を接続したことのある PC が挙げられる．たとえば，iPhone などの iOS デバイスを所有する人の多くは，PC で iTunes を利用する．iTunes が自動でバックアップする設定の場合，接続した PC に iOS デバイスのバックアップファイルが存在する．iPhone の場合，クラウドバックアップ（iCloud）を有効にしている端末はクラウド上にバックアップファイルが存在する．

図 7.1 に示すようにモバイル端末に関連するデータは，端末本体だけではなく，複数の媒体にバックアップデータが残っている可能性を検討する必要がある．

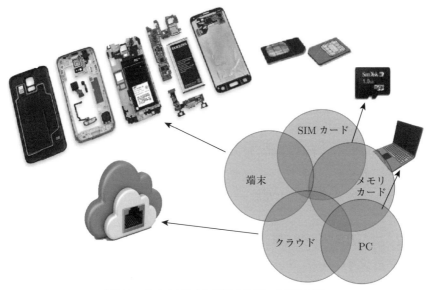

図 7.1　モバイル端末に関連するデータ格納場所

7.2　モバイル端末のデータ収集

7.2.1　モバイル端末収集時の注意点

モバイル端末収集時における注意点として，精密機器の取り扱いの観点においてはPCなどと同様であるが，モバイル端末特有の注意点として次の2点がある．

(1) ネットワークから切り離す

最近のモバイル端末はセキュリティ目的のために，ネットワークを経由してリモートで端末内のデータを完全消去可能な場合がある．また，ネットワークに接続した状態のままだと，新しい発着信やメールデータの受信などにより古いデータが上書きされてしまう可能性もある．よって，モバイル端末は押収直後にネットワークから切り離さなければならない．

ネットワークから切り離す方法としては，機内（Airplane）モードが搭載されている端末に関しては機内モードをONにし，Wi-FiやBluetoothの接続はOFFにする．端末自体にネットワークから切り離す機能が存在しない場合には，

電波を遮断するシールド BOX などにモバイル端末を格納する必要がある．

(2) セキュリティコードの入手

モバイル端末のセキュリティコードは，単純な 4 桁の場合，使用するツールによっては解読可能であるが，OS 側のセキュリティレベルも年々上がっているため，持ち主に聞くなどによって入手可能であれば必ず入手しておく必要がある．特に Android 端末の場合，USB Debugging 機能を ON にしないとデータ収集は困難となるが，USB Debugging 機能は設定画面から ON にすることが多い．このため，一度セキュリティコードを使って端末をアンロックするためにもセキュリティコードの入手が必要となる．

7.2.2 ロジカルデータ収集

モバイル端末におけるロジカルデータ収集とは，データ収集ソフトウェアがモバイル端末の OS を利用し，OS からコマンドを実行することにより，既存データを抽出する手法である．端末はデータを提供する場合としない場合がある．ロジカルデータ収集により取得可能なデータは，原則，既存データのみである．ロジカルデータ収集は Android バックアップや iTunes バックアップと原理的には同じであり，多くの場合，削除済みデータは収集することができないが，テキスト形式で保存されたデータ（SMS，チャットなど）の一部は取得できる端末もある（図 7.2 参照）．

	SIM カード	端末本体
既存データ	データ収集可能	データ収集可能
削除済データ	SMS のみ一部収集可能	テキスト形式データなど一部収集可能

図 7.2　モバイル端末におけるロジカルデータ収集

7.2.3 物理データ収集

モバイル端末における物理データ収集とは，端末の OS を利用せずに端末内のフラッシュメモリから直接バイナリデータを抽出する手法である．端末の OS を介さないため，収集時にセキュリティロックを解除する必要もない．多くのデータ収集ソフトウェアは，BootLoader とよばれるエージェントをモバイル端末に仕込むことで，OS を起動させずにメモリアクセスを可能としている．ただし，近年のモバイル端末のセキュリティ強化により，物理データ収集が実行できるモバイル端末は非常に少なくなっているのが現状である．

物理データ収集において取得可能なデータは，全アプリデータはもちろんのこと，削除済みデータや端末メーカーによって制限されているシステム領域にもアクセス可能なため，キーボード入力値などロジカルデータ収集では得られない多くのデータを取得できる（図 7.3 参照）．しかし，取得されるデータはバイナリデータそのものであるため，人間が理解できるデータにデコードする必要があるが，デコード方法はモバイル端末のモデルによって異なる．

	端末本体
既存データ	全アプリデータ，過去の ICCID および IMSI 情報，予測変換テキスト，ユーザ辞書，Bluetooth paring 情報，セキュリティコード
削除済データ	論理収集より多くのデータ収集可能

図 7.3　モバイル端末における物理データ収集

7.3　iOS 端末におけるフォレンジック

iOS は Apple 社が開発し，2007 年 6 月 29 日に初代 iPhone と共に提供を開始した OS である．iOS は，基本的に Mac OS X をタッチパネルのモバイル端末に最適化した形で再構成したもので，Darwin カーネルの上に Cocoa ベースのアプ

リケーションフレームワークが載っている構成は，Mac OS X と共通している．iPhone, iPod touch, iPad, iPad mini, iPad Pro といった Apple 社製品に搭載されている．

7.3.1 iOS 端末におけるロジカルデータ収集方法

モバイル端末用フォレンジックツール（XRY）を使用した際のロジカルデータ収集の手順を記載する．

① 解析 PC 内においてモバイル端末用フォレンジックツール（XRY）を起動する．
② 収集対象となる iPhone を USB ケーブルで解析 PC に接続する．
③ XRY の画面上にて「データ抽出」→「自動認識」→「iPhone」を選択する．
④ XRY の画面上にて iPhone の背面に刻印されたモデル名を選択する．
⑤ 「デバイスに対するアクション：Logical 抽出」を選択する．
⑥ iPhone に「このコンピュータを信頼しますか」というダイアログが表示される場合，「信頼」をタップする．
- iOS 端末を接続した PC やデバイスからアクセスを求められると，接続先のデバイスを信頼するかどうかを確認する警告が表示される．「信頼」をタップすると，接続先のデバイスが，iOS デバイスに保存されているファイルにアクセスできるようになる．
- iOS 端末がセキュリティコードでロックされている場合，ロックを解除したタイミングでこの警告は表示される．

⑦ 抽出（Extraction）プロセスが終了後，「続行」→「Finish」を選択する．
⑧ 解読（Decode）プロセスが終了後，「ウィザードを閉じる」を選択する．
⑨ 抽出結果ファイルが自動で開くため，抽出・解読結果を XRY 上で確認する．

7.3.2 ジェイルブレイク

ジェイルブレイク（Jailbreak）とは，iOS で動作する Apple 社端末上の制限を除去するプロセスである．通常，Apple 社製端末にインストールできるアプリケーションは，Apple 社が認可した販売窓口である App Store で入手したソフトウェアのみである．ジェイルブレイクツールは非認可のアプリケーションのイ

ンストールを可能にし,またアプリケーションのインストーラーを追加するように端末のOSを書き換える.ジェイルブレイク端末からは,Eメールデータをはじめより多くのデータを収集することができる.ただし,ジェイルブレイクはデータの消去や端末が起動しなくなる可能性があるため,フォレンジックツールを利用する場合(一時的なジェイルブレイクを実行),または安全性を検証により担保されている場合を除き,実際の調査対象物に対しては行うべきではない.

7.3.3 iOS端末におけるアプリのデータ構造

端末購入時にプリインストールされているアプリケーションはprivate/var/mobile/Library配下に格納されている(表7.1参照).また,App Storeからダウンロードしたユーザ固有のアプリケーションはprivate/var/mobile/Applications配下に格納されている.

表7.1 iOS端末における主なプリインストールアプリケーション格納先

アプリケーション	データ格納先
SMS/MMS/iMessage:	/private/var/mobile/Library/SMS
コンタクト	/private/var/mobile/Library/AddressBook
通話履歴	/private/var/mobile/Library/CallHistory
キーボードキャッシュ	/private/var/mobile/Library/Keyboard
Email	/private/var/mobile/Library/Mail
Google Maps	/private/var/mobile/Library/Maps
Safari(ブラウザ)	/private/var/mobile/Library/Safari
メディア	/private/var/mobile/Library/Media

7.3.4 PLIST解析

PLISTとはiOSのプロパティリストを意味し,ファイルの拡張子は.plistである.iOSの一般的な設定のストレージファイルとして使用され,アプリケーションやシステムが動作するために必要な設定およびユーザオペレーションの履歴が記録される.PLISTプロパティリストは,XML形式,バイナリ形式の2つのファイル形式で保存される.フォレンジックツールで解析する場合,バイナリ形式をXML形式に変換して表示することが多いため,保存されている形式を意識することはほとんどない.

7.4 Android 端末におけるフォレンジック

Android（アンドロイド）とは 2007 年 11 月に Google 社が発表したスマートフォンやタブレットなどのモバイル端末を主なターゲットとして開発された OS である．Android は，オープンソース OS の Linux をベースとしたソフトウェア開発・実行環境において，モバイル端末上で動作する OS やミドルウェア，ユーザインターフェースなどのセットを提供する．2016 年現在，スマートフォン用の OS としては世界シェア 1 位である．

7.4.1 Android 端末におけるロジカルデータ収集方法

モバイル端末用フォレンジックツール（XRY）を使用した際のロジカルデータ収集の手順を記載する．

① 解析 PC 内においてモバイル端末用フォレンジックツール（XRY）を起動する．
② 収集対象となる Android 端末を USB ケーブルで解析 PC に接続する．
③ XRY の画面上にて「データ抽出」→「自動認識」→「対象の Android 端末」を選択する．
④ 「デバイスに対するアクション：Logical 抽出」を選択する．
⑤ PC の画面に表示される説明を読み「バックアップ」を選択する (図 7.4 参照)．

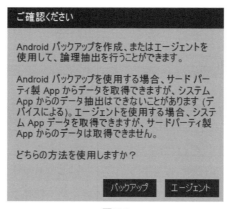

図 7.4

⑥ 抽出（Extraction）プロセスが終了後，「続行」を選択する．
⑦ 再度，「デバイスに対するアクション：Logical 抽出」を選択し，今度は，「エージェント」を選択する（図 7.4 参照）．
⑧ 抽出（Extraction）プロセスが終了後，「続行」を選択する．
⑨ 解読（Decode）プロセスが終了後，「Finish」を選択する．
⑩ 抽出結果ファイルが自動で開くため，抽出と解読結果を確認する．

7.4.2 ルーティング

　Android 端末は，一般的にフォルダへのアクセスが制限されており，これらの制限を取り除く行為がルーティング（Rooting）とよばれる．これは Administrator/Superuser と同じ権限でシステムにログイン可能な状態である．ルーティングは，一時的なものと恒久的なものがある．フォレンジックツールでは，一般的に一時的なルーティングを使用する．iOS におけるジェイルブレイク同様，ルーティングもデータの消去などのリスクがあるため，フォレンジックツールを利用する場合，または安全性を検証により担保されている場合を除き，実際の調査対象物に対しては行うべきではない．

7.4.3　Android 端末における SD カード調査の重要性

　従来の Android 端末は，SD カードにマルチメディアファイル（写真，音楽，動画ファイルなど）を格納してきた．しかし，最近の Android 端末は，アプリケーションデータも SD カードに格納する．アプリケーションによってはメッセージ本文を端末内に保存し，メッセージの添付ファイルのみ SD カードへ格納するものもある（WhatsApp など）．よって，Android 端末の調査においては端末本体の調査と並行して SD カード内の調査も行うことが重要である．

7.4.4　Android 端末におけるアプリのデータ構造

　Android 端末にインストールされているアプリケーションデータは data/data/appname 配下に格納されている（表 7.2 参照）．また，7.5 節で説明する SQLite データベースは data/data/appname/databases 配下に格納されている．たとえば，Android Email の場合，data/data/com.android.email/databases 内に

表 7.2 Android 端末における主なプリインストールアプリケーション格納先

アプリケーション	data/data 配下の appname
Chrome	com.android.chrome
Android Email	com.android.email
Dropbox	com.dropbox.android
Evernote	com.evernote
Facebook	com.facebook.katana
Google Maps	com.google.android.apps.maps
Google+	com.google.android.apps.plus
GMail	com.google.android.gm
Opera Mini	com.opera.mini.android
Line	jp.naver.line.android
Firefox	org.mozilla.firefox

EmailProvider.db，EmailProviderBody.db といった SQLite データベースが格納されている．

7.5 SQLite 解析

SQLite とは，組み込みの SQL データベースエンジンのことであり，コンパクトで多様なプラットフォームに互換性があることが特徴として挙げられる．スマートフォンでは，SMS，発着信履歴，連絡先，カレンダー情報などを格納するために利用されている．SQLite データベースは，.db または .sqlitedb の拡張子をもつものが多い．SQLite database browser ツールを用いることにより，内部情報を閲覧可能である．

ユーザが個々のアイテムを削除した場合，データベース内のコンテナファイルは削除されず，既存ファイルとして残る．よって，データベース内には既存データと削除されたテキスト形式のデータを含む可能性がある．データベース内のアイテムが削除された場合，すぐにデータは消去されず，その情報に紐付くポインタのみが再構成される．ポインタの再構成により，場合によっては，データが上書きされる可能性がある．フォレンジックツールを使用し，SQLite データベースファイルが取得できる場合，データベース内から削除されたデータを復元可能な場合がある．

第8章

ネットワーク・フォレンジック

8.1 ネットワーク・フォレンジックの必要性

　セキュリティシステムの設計や開発の専門家である Marcus J. Ranum は，ネットワーク・フォレンジックとは，「セキュリティ上の攻撃や問題を発生させるインシデントの発生源を発見するために，ネットワーク上のイベントをキャプチャ，記録，分析すること」であると定義している[1]．発生源だけでなく，情報漏洩の有無や漏洩したファイル群の確認にも使うし，イベントを直接キャプチャしなくてもログの形で収集してもよいので，「セキュリティ上の攻撃や問題を発生させるインシデントに関し，その発生源を推定したり，被害の有無を確認したりするために，ネットワーク上の機器からイベントやパケット通信の痕跡を収集，分析すること」と定義した方がより正確かもしれない．

　現在の情報システムの多くは，コンピュータネットワーク（以下単にネットワークとよぶ）に何らかの形で接続されており，サイバー攻撃の多くもネットワークを経由して行われる．インシデントがある情報システムにおいて発生したとき，従来は，直接に被害を受けた個別のコンピュータに対し，デジタル・フォレンジック技術やマルウェア解析技術を適用することにより，実態を解明することが可能であった[2]．

　しかし，最近では，次のような状況が生じてきている．
(1) サイバー攻撃で利用される技術や手法が高度化することにより，インシデントの発生源を明確にしたり，外部ネットワークとのデータのやり取りを把握しようとすると，PC やサーバ単独での分析では不十分で，ネットワーク構成要素間のパケット通信の把握が重要となる．

(2) このような状況を把握するためには，PCやサーバのイベントログだけでなく，PCやサーバならびにネットワーク装置（ルータ，ファイアウォールなど）における通信ログ（パケットログともいう）が必要になってくる．

(3) 従来のデジタル・フォレンジックではPCやサーバのイベントログは利用していたが，PCやサーバならびにネットワーク装置のパケットログは収集したり利用したりしていなかった．

(4) このため，PCやサーバならびにネットワーク装置のパケットログを収集し，分析する機能をもつネットワーク・フォレンジックが重要になってきた．

このようなネットワーク・フォレンジックにおいては，ネットワーク上に分散した情報源から必要なデータを収集し，それらの別個に取得されたデータの間の関連性を分析することにより，インシデントの内容を把握することが求められる．

なお，本章の記述は，インターネットに関する基礎的知識はあるものとして行う．IPアドレスやドメイン名，メールやWeb，DNS（Domain Name System）などの仕組みなどについて詳しくは，文献[3]などを参照してほしい．

8.2 ネットワークログの管理

8.2.1 ネットワークログの収集ポイント

ネットワーク関連のインシデントに対応するためのネットワーク・フォレンジックにおいては，トラフィック情報をリアルタイムで処理し，トラフィック監視（8.3節参照）することでインシデントに対応するだけでなく，事後にログを分析することにより，その発生源を推定したり，被害の有無を確認したりすることが必要になる．

従来より，種々のサーバのイベントログは広くとられてきた．これは，OSやサーバアプリケーションが提供するログであった．また，人間行動のログもとれるようになっていた．たとえば，ICカードによる隔離領域への入退出ログや，サーバへのアクセスログがあった．しかし，通信のやり取りを示すパケットログについては従来あまりとられてこなかった．本来，サーバのイベントログ，人

間行動のログ，通信を把握するためのパケットログは，ネットワーク・フォレンジックにおいて統合的に扱われるべきものである．

ネットワーク・フォレンジックを適切に実施するためには，次のようなログをとっておくことが特に必要となる．

分類1 セキュリティ対策で利用されるネットワーク機器（ファイアウォールなど）のパケットログ

分類2 セキュリティ対策で利用されるサーバ（プロキシーサーバなど）のイベントログとパケットログ

分類3 一般のPCやサーバのパケットログ

ネットワーク中のログ収集ポイントとしては，たとえば次のようなものを挙げることができる（図8.1参照）．

① プロキシ経由のアクセスに関するログ（分類2）
　　不正のWebにアクセスしたかどうかの確認ができる．

② ファイアウォールにおけるパケットの通過・破棄などに関するログ（分類1）
　　情報の流出の有無の確認や，場合によっては情報流失させようとして，い

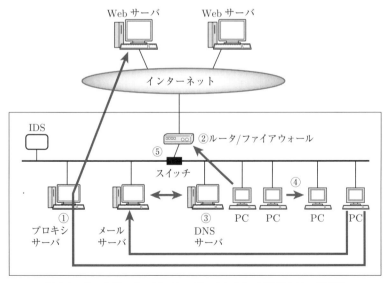

図8.1　ネットワーク・フォレンジックにおいて利用するログの例

ろいろな試みを行っているのがわかり，事前に流出を防止することが可能となる．
③　DNS サーバに対する名前解決履歴（分類 3）
　　外部へのアクセス先の確認に用いることができる．
④　PC から PC やサーバへのパケットログ（分類 3）
　　内部におけるマルウェアの感染の広がりなどの把握が可能となる[†1]．
⑤　スイッチ，ルータにおけるパケットやフレームのダンプ（分類 1）
　　LAN 内部での通信の把握が可能となる．

8.2.2　ログの取得・管理の在り方

パケット系のログを適切に管理するため，内閣官房情報セキュリティセンター（NISC）では，デジタル・フォレンジック研究会と協力して 2012 年に「政府機関における情報システムのログ取得・管理の在り方の検討に係る調査報告書」[5] をまとめている．

ここでは，機器によらない全般的に必要な対策として次の 4 つを挙げている．
①　各ログ取得機器のシステム時刻を，タイムサーバを用いて同期する．
②　ログは 1 年間以上保存する．
③　複数のログ取得機器のログを，ログサーバを用いて一括取得する．
④　攻撃などの事象発生が確認された場合の対処手順を整備する．

これらには，ログの解析を迅速にする（対策 1），攻撃の初期段階からのログ抽出を可能とする（対策 2），攻撃者によるログ改ざんを防止する（対策 3），事象発生時における不用意なログ喪失を防ぐ（対策 4）といった目的がある．

また，機器別の対策としては，ファイアウォールにおいて「外 ⇒ 内で許可した通信」「内 ⇒ 外で許可・不許可両方の通信」のログを取得すべきこと，Web プロキシサーバにおいて接続を要求した端末を識別できるログを取得すべきことなどが指摘されている．

[†1] より正確に把握しようとすると，送受信パケットと PC 内のプロセスの関係を明確にし，これらの関係から感染経路や侵入経路を把握する必要がある．送受信パケットと PC 内のプロセスの関係を明確にするため，Onmitsu というソフトが開発されて，製品にも反映されている [4]．

8.2.3 ネットワークログの分析

収集されたトラフィック情報やログ情報を集約・連携させて分析を行い，適切な対応をするためには，ネットワークのプロトコルや各アプリケーションにおける通信内容，さらに当該システムの設計・運用に関する知識が必要とされる．また，インシデント継続中においては，ネットワークシステムの中ではさまざまな事象が時系列で発生し，それに対して同時並行的に対処することが求められる．

実際のネットワークログの分析作業は，種々の分析ツールを併用しながら，次に示すような手順で行うという（図 8.2 参照）．これは，デジタル・フォレンジック研究会のガイドライン[6]を少し修正したものである．

手順 1 トラフィック監視や，異常が発見されたコンピュータシステムに対するデジタル・フォレンジックにより「キー情報」を探索する．ここで，キー情報とは具体的には，サイバー攻撃を受けた IP アドレスやホスト名（コンピュータ名），外部アクセス先の IP アドレスなどがある．

また，感染したマルウェアの分析結果から得られた「キー情報」に基づく調査を行う．具体的にはマルウェアが使用した IP アドレスおよびポート番号，外部ホストとの通信プロトコルなどがある．

手順 2 「キー情報」をもとにした，ネットワークログの調査から得られる

コンピュータシステムに対するデジタル・フォレンジックにより，「キー情報」（IP アドレス，ホスト名など）を見出す．（手順 1）

「キー情報」をもとに，ネットワークログの調査を行い，不審な挙動を見出す．（手順 2）

「キー情報」をもとに，類似したサイバー攻撃の挙動パターンや既存のマルウェア分析結果から，「参考情報」を収集する．（手順 3）

得ることができた「ネットワークログ」を，「キー情報」および「参考情報」をもとにした相関的な観点で調査する．（手順 4）

図 8.2 ネットワーク・フォレンジックの手順

不審な挙動の検出を行う．具体的には，同じIDで一定回数以上の認証試行の繰り返し，同一IPアドレスから複数IDへの認証試行（データベースサーバの場合），アプリケーションサーバやWebサーバ以外からのDBアクセス，システム運用時間外におけるアクセス，極端に長いセッション時間のアクセス，単位時間あたりのセッションの確立回数とそのデータ量などがある．

手順3　「キー情報」をもとにした，他所で発生している類似したサイバー攻撃または既存のマルウェアの分析結果から得られた「攻撃シーケンス（コンピュータおよびネットワーク上の攻撃の挙動パターン）」からの「参考情報」の収集を行う．この調査を行う者は，最新のサイバー攻撃やマルウェアに関する深い理解が必要である．

手順4　関係する可能性があるすべてのネットワーク機器，オペレーティングシステム，アプリケーションなどのネットワークログを，「キー情報」および「参考情報」をもとに相関的な観点で調査する．

8.3　トラフィック監視

ネットワーク・フォレンジックの1つの特徴は，ネットワーク中の動的なトラフィックも扱うことである．このトラフィック監視に用いられる主な手法は次の3つである．

(1) イベントに基づくアラート監視

　　各種のサーバやネットワーク機器に，特定のイベントについてアラートを送出する設定をあらかじめ行い，送出されるアラートを監視する．

(2) パケットキャプチャ

　　ネットワーク中を実際に流れているパケットやフレームを取得し，ヘッダーやペイロードの内容を分析することで，どのような通信が行われているかを把握する．

(3) トラフィック統計監視

　　ネットワークスイッチやルータの機能を用いて，通信流量などの統計的情報を取得し，通信の状況を把握する．

8.3.1 イベントに基づくアラートの監視

特定のイベントの発生についてアラートを発生するよう，サーバ，ネットワークスイッチ，ファイアウォールなどといった各種の機器に設定を行って監視を行う方式であり，多くの組織で一般的な監視形態である．

コンピュータやネットワークに対する不正行為を検知し，危険度を判定して通知するシステムを IDS（Intrusion Detection System）とよぶ．また，通知のみでなく，通信の遮断などの対応を行うシステムが IPS（Intrusion Prevention System）である．対象ネットワークのトラフィックを監視および分析して，不正な通信を検知するものを NIDS/NIPS（ネットワーク型 IDS/IPS）とよび，無料のものや商用のものなどさまざまな製品が提供されている．オープンソースの製品としては Snort などがよく知られている[8]．ネットワーク型のほか，監視対象となるホスト上にエージェントを常駐させ，ホスト内で収集した情報を分析するホスト型 IDS もある．

NIDS/NIPS 製品は一般には監視対象のデータを収集するセンサ（エージェント），受け取ったデータから攻撃およびその内容を判断するアナライザ，およびアナライザの出力を表示するユーザインターフェースからなる．NIDS/NIPS では，ネットワーク中をどのようなパケットないしトラフィックが流れたときに，どのようなアラートを発生するかというルールを定めたシグネチャを用いて，パターンマッチングによる攻撃検出を行うシグネチャベース，通常のトラフィックパターンから逸脱した通信を発見するアノマリベースなどの検出技法が採用されている．

このうちシグネチャベースの検出では，NIDS/NIPS のベンダーが提供するシグネチャのほか，利用者が独自のシグネチャを記述することができるのが一般的である．特定の IP アドレスおよび TCP ポートにアクセスがあるとアラートを発するなどといった単純なシグネチャのほか，接続状態の監視や通信される文字列の照合，パケットからのストリーム再構築などといった，さまざまなシグネチャを記述するための機能が提供される．

たとえば Snort において，Web サーバに対して "/etc/passwd" という文字列を含む要求があった場合にアラートを発するシグネチャは，次のように書くことができる．

```
Alert tcp $EXTERNAL_NET any -> $HTTP_SERVERS $HTTP_
PORTS (msg: "WEB-MISC /etc/passwd"; flow:to_
server,established; content: "/etc/passwd"; nocase;
classtype:attempted-recon; sid:1122; rev:6;)
```

NIDS/NIPS の運用者は，監視対象となるネットワークシステムの形態や利用内容に応じて，シグネチャを選択または記述する．どのようなイベントを検知すべきかあるいはすべきでないかは，ネットワークシステムによって異なるため，運用に当たっては防御対象に合わせて NIDS/NIPS の設定を行うことが重要である．

8.3.2 パケットキャプチャ

トラフィック中のパケットを取得して，その内容を解析する手法である．

パケットの取得には，対向する装置の間にネットワークタップとよばれる機器を挟むことでネットワーク信号を分岐させる手法や，ネットワークスイッチのミラーリング機能を用いて特定のポートからトラフィックを出力させる手法などがある．

パケットを取得するためのソフトウェアとしては，UNIX 上の libpcap あるいは Windows 上の WinPcap といったライブラリ（いずれも BSD ライセンスのもと配布されるオープンソースソフトウェア）に基づいた製品が広く用いられる．これらには tcpdump，Wireshark などが含まれ，先述の Snort などにおけるパケット取得でも用いられている．libpcap や WinPcap に基づくソフトウェアでは，Berkeley Packet Filter（BPF）言語に基づいたフィルタリングを指定することができる．これにより，パケットの種類や通信に使われるアドレスやポートなどを指定してパケットを選択的に取得することが可能となっている．

たとえば，IP アドレス 192.168.0.1 のホストがポート 138，139，445 を用いて行う通信のみを取得するためには，BPF 言語によって次のような指定を行う．

```
host 192.168.0.1 and (port 138 or port 139 or port 445)
```

キャプチャされたパケットを用いて通信の内容を分析するためには，TCP/IP などの通信プロトコルに関する詳細な知識が必要となる．これを支援するためのソフトウェアも開発されており，キャプチャされたパケットを分析して，それ

ぞれのパケットがどのような通信プロトコルに基づいたものであり，パケットに含まれる値がそれぞれ何を意味するかを自動分析するなどの機能が提供されている．オープンソースソフトウェアとしては Wireshark が広く使われており，また各種の商用製品においても同様のものがある．

8.3.3 トラフィック統計監視

上記の2つの手法が個別の通信を監視するものであるのに対し，トラフィック統計監視では，ネットワークにどんな接続やフローがあるかを統計的に監視する手法である．

多くの場合，統計データは NetFlow センサを用いて生成する．NetFlow は Cisco Systems 社により開発された，ネットワーク上のトラフィックフローを受動的にモニタする機能であり，各社のルータやスイッチで提供されている．NetFlow に対応した装置内には NetFlow エージェントが稼働しており，他装置へ転送または本装置宛てのパケットを運用者が指定した割合でサンプリングしてフローレコードを生成し，結果をコレクタ装置へ送信する．NetFlow と同種の機能としては，IPFIX や sFlow が挙げられる．

フローレコードには，それぞれのフローで用いられた IP アドレス，ポート，プロトコルや通信量および時間などといった情報が含まれている．これらを用いることで，疑わしい IP アドレスとの通信や突発的な通信の増大の検出，攻撃対象となったシステムの特定などといった監視や記録が可能となる．

8.4 標的型攻撃とフォレンジック

8.4.1 標的型攻撃と対策の概要

近年増大し問題となっている標的型攻撃では，機密情報や知的財産などの重要な情報の盗み出しを主な目的として，特定の組織，企業ないし個人を狙った攻撃が行われる．

通常，標的型攻撃は次のような段階により行われる．

① 事前調査

　標的を攻撃するための情報収集を行う．

② 初期潜入

標的型メールなどによりマルウェアを標的のネットワークシステム内のPCへ送り込む．

③ 攻撃基盤構築

侵入したPCと外部の攻撃用サーバ（C&Cサーバ）とで通信を行い，新たなマルウェアを標的のネットワークシステム内にダウンロードする．

④ システム調査

標的のネットワークシステム内のマルウェアが，機密情報などの存在箇所の特定や情報取得を行う．

⑤ 目的遂行

機密情報などを格納したコンピュータを攻撃し，情報を盗み出す．

このような攻撃に対して必要な対策は，次のとおりである[2]．

(1) 攻撃の早期検知

不正メールの添付ファイルを開けてしまった職員からの連絡や，SOC（Security Operation Center）による監視などを通じて不正侵入などの早期発見を図る．

(2) 攻撃活動の極限化措置

攻撃が検知されたなら，対象機器をネットワークから分離するなどの処置を行う．

(3) 攻撃シーケンスの調査

攻撃がどのような経路を通り，どのような挙動を行って，情報の流出などを起こさせたのかを見つけ出す．

(4) 流出した可能性のあるデータの特定

攻撃シーケンスおよびネットワークログから流出したデータ量やファイル群を明確にする．

これらのすべてにわたってネットワーク・フォレンジックは必要となる．

8.4.2 SIEM

標的型攻撃においては，C&Cサーバとの通信やマルウェアのダウンロード，ネットワークシステム内のPCやサーバに対するアクセスが時系列的かつ並行的

に行われる．それらの活動の記録は，攻撃対象となった機器や NIDS をはじめ，ファイアウォールや Web プロキシサーバなどさまざまな機器にまたがって，各種のログとして蓄積されることになる．単体のログを見ただけでは状況が把握できないため，複数のログを突き合わせる作業が必要となるが，それら膨大なログデータの中から標的型攻撃の存在を示す兆候を発見し，発生している事象を再構築することは一般には困難な作業である．

このようにネットワーク機器，サーバ，セキュリティデバイスなどに分散したログや情報を一括集約・蓄積し，集約した情報から正確な脅威分析を目指すセキュリティ製品を SIEM（Security Information & Event Management）とよぶ[9]．SIEM では，ログ，資産の重要度，脆弱性の有無などのさまざまな情報を，正規化やインデックス化を通じて蓄積，管理する．また，資産，人，ネットワーク，攻撃手法などをモデル化し，さまざまな情報に対する相関分析から，脅威の検知を行う．

主な機能としては，リアルタイム監視，ブラックリストマッチング，通常と異なるシステムの振る舞いの検知，利用者の重要情報へのアクセスのモニタリングなどが挙げられ，蓄積された情報の分析の支援や，ログの保存・集計・可視化が行われる．これらを用いることにより，複数の機器にまたがるログ情報から，攻撃対策上重要性の高いイベントを抽出する．

運用にあたっては，監視対象となる情報システムにおける資産に関する情報，ネットワークシステムの構成，情報システムの利用者情報やユースケースなどから，コンテキストのモデル化を行う必要がある．与えられたコンテキストと各種のログなどの相関分析に基づいて，膨大なログデータから分析すべきイベントを抽出する．相関分析では，インジケータの数やイベントの重要度，攻撃の時系列（1 回のみ，短時間，継続など），攻撃対象の重要度や脅威情報とのマッチングから，SIEM としてのアラートが定義される．これによって，効率のよいアラートの生成を実現することができる．

その一方で，SIEM の導入や運用には利用者の高いスキルが求められるという課題がある．イベントの重要度や各種インジケータの相関は SIEM が適用されるシステムによって異なり，また脅威情報を収集して新たな脅威に対して攻撃シナリオの分析と監視ルールの策定が必要とされる．その一方で，標的型攻撃に晒

> **COLUMN**
>
> **インターネットフォレンジック**
>
> ネットワーク・フォレンジックと類似の用語に，インターネットフォレンジック[7]というのがある．インターネットという犯罪現場から隠されている情報を見つけ出す方法であり，インターネット上の電子メールのメッセージやWebサーバへ残された履歴などをうまく使い，犯罪を立証できるようにしようというものである．LAN側ではなくインターネット側の情報の調査に重点を置く点に違いがある．

される組織や企業の数は増加の一途をたどっており，SIEMなどの監視システムの運用スキルをもった高度人材の確保が大きな問題となる．

なお，ネットワーク・フォレンジックについてさらに詳しくは文献[10]などを参照願いたい．

参考文献

[1] Network forensics（Wikipedia）https://en.wikipedia.org/wiki/Network_forensics
[2] 佐々木良一監修『改訂版 デジタル・フォレンジック事典』5.5節「新しいサイバー攻撃とネットワーク・フォレンジック技術」日科技連，2014
[3] 竹下隆史，村山公保，荒井透，苅田幸雄『マスタリングTCP/IP 入門編 第5版』オーム社，2012
[4] 三村聡志，佐々木良一「プロセス情報と関連づけた通信情報保全手法の提案」情報処理学会論文誌，Vol.57, No.9, pp.2099-2109
[5] 内閣官房情報セキュリティセンター「政府機関における情報システムのログ取得・管理の在り方の検討に係る調査報告書」2012, http://www.nisc.go.jp/inquiry/pdf/log_shutoku.pdf
[6] 特定非営利活動法人デジタル・フォレンジック研究会「証拠保全ガイドライン」改訂ワーキンググループ「証拠保全ガイドライン 第5版」2016, https://digitalforensic.jp/wp-content/uploads/2016/07/idf-guideline-5-20160421.pdf
[7] Robert Jones『インターネットフォレンジック ネット犯罪を解決する電子証拠の収集と分析』オライリー・ジャパン，2006
[8] Snort - Network Intrusion Detection & Prevention System, https://www.snort.org/
[9] D. Miller, S. Harris, A. Harper, S. VanDyke & C. Blask. Security Information and Event Management (SIEM) Implementation. McGraw-Hill Education, 2011
[10] S. Davidoff & J. HAM, Network Forensics - Tracking Hackers Through Cyberspace, Prentice Hall, 2012

第9章

フォレンジックの応用

本章では，これまでに説明したデジタル・フォレンジック技術の活用方法について記述する．デジタル・フォレンジックを適用するインシデントの例を紹介し，そのうち一般的な適用事例と報告書の記載方法について述べる．

9.1 デジタル・フォレンジックを適用するインシデント

本書で取り上げているインシデントは，大きく「PCに対する不正」と「PCを利用した不正」に分けられる．いずれの場合も調査にはデジタル・フォレンジックの技術を活用するが，調査の内容は若干違うものになる．それぞれの不正の例は以下のとおりである．

9.1.1 PCなどの情報処理機器に対する不正の例

主には，設定不備を含むシステムの脆弱性を利用した不正行為である．これらに対応するため，バックグラウンドで動作したマルウェアの挙動解析といった，システムの深い部分に対する分析も行う．

- 不正侵入
  インターネットからサーバへの侵入や標的型攻撃による内部PCへの侵入など
- 情報窃取・漏洩改ざん
  Webアプリケーションからの情報窃取やWebサイトの改ざん，内部者や標的型攻撃による情報漏洩　など

- サービス妨害

  インターネットサービスの停止　など

9.1.2　PCなどの情報処理機器を利用した不正の例

　PCなどを道具として利用した不正行為である．PCなどに残された痕跡から，利用者の不正行為の証拠を探し出す調査であり，電子メールなどのコミュニケーションファイルやドキュメントファイルを分析対象とすることが多く，専用のレビューツールを用いて分析を行う．

- 会計系不正

  粉飾決算や横領，贈収賄，マネーロンダリング　など

- 訴訟関連（eディスカバリ）

  カルテル，特許侵害　など

- その他の法令，コンプライアンス違反

  パワハラやセクハラ，盗撮，児童ポルノ所持　など

9.1.3　デバイス別の分析対象ファイル

　フォレンジックの対象となるシステムやファイルは，インシデントの内容により異なるが，おおむね表9.1のようになる．

表9.1　デバイス別の分析対象ファイルの例

分析対象デバイス	分析対象ファイル
PC，サーバ，スマートフォン	システムファイル ユーザファイル（ドキュメントファイル，電子メール，テンポラリファイルなど） プログラムの実行履歴 インターネットへのアクセス履歴 システムログ 削除済ファイル
電子メールサーバ	電子メール（コンテンツ，ヘッダー） アクセスログ
認証サーバ	認証ログ
ファイルサーバ	アクセスログ ユーザファイル（ドキュメントファイルなど）
ネットワーク系サーバ（Proxyサーバ，DHCPサーバ，DNSサーバなど）	ログ
バックアップサーバ	バックアップデータ，ログ
クラウドサーバ	用途に応じて，上記に関連するもの

9.2 民間におけるデジタル・フォレンジック調査事例

9.2.1 PCに対する不正：不正アクセスによる情報漏洩調査事例

本項では，不正アクセスによって情報が漏洩したケースの調査事例を説明する．情報漏洩の原因の大半は不正アクセスによるものであり，被害範囲の特定と応急対応，恒久的な再発防止のために，いつ，どのようなルートで何の情報が漏洩したか調査することが求められる．何から手をつけていくのか考える必要があるが，漏洩の原因によって分析の対象は異なる．主な漏洩原因を次に記載する．

- Webサイトやアプリケーションの脆弱性
- オペレーションミス（誤送信など）
- マルウェアなどの不正プログラム（標的型攻撃など）
- 内部のアクセス権限者による不正
- 内部のシステム管理者による不正
- 内部の非権限者（情報へのアクセス権をもたない内部者）による不正

実際のインシデントでは，これらの漏洩原因が調査の初期段階で判明することはまれであり，いくつもの漏洩原因の仮説を立て検証することから調査を始めることになる．

漏洩した情報の内容やシステム構成，規模などにもよるが，図9.1のようなアプローチで調査を行う．

図9.1 情報漏洩調査の実施フロー

(1) 漏洩情報の分析

判明している漏洩情報がどこのシステムやデータベースに保管されていたのか確認する．また，合わせて漏洩情報の特性の分析や漏洩が発覚した経緯からの分析も行う．

(2) 業務・データフローの分析

情報のライフサイクルや業務フロー，データフローを分析し，情報が生成され

廃棄（消去）されるまで，どのような取り扱いが行われ，誰にアクセス権があったのか確認する．これは委託先なども含めての確認になるが，契約や業務手順書などで明確な場合でも，実態と異なっていることや詳細が省略されていることが多いため，インタビューやシステム調査により実態を確認する必要がある．このときに，フロー上のリスクポイント，つまりデータの持ち出しが可能なポイントを洗い出すのだが，持ち出しができないはずのシステムから持ち出しされているケースも多いため，システム的な制限の有無を含め調査することが重要である．

(3) データの収集と分析

情報を保管しているシステムの特定とリスクポイントの洗い出しができれば，その対象のデータを収集し，詳細分析を行う．ログの分析から始まり，PCなどの操作履歴や漏洩情報の痕跡の調査であり，デジタル・フォレンジック専門家が中心となって行う作業である．分析対象システムが膨大な数になることも多く，優先順位を検討し計画を立て，効率よく分析するための仕組みを考えることが重要である．

(4) 情報漏洩元の特定

漏洩元のPCなどが特定できたとして，漏洩者個人までが特定されるとは限らない．入退室やパスワードの管理がずさんな場合，他人のIDやPCを利用することも可能であり，なりすましの可能性もゼロではない．あらゆる可能性を検討し，どのような反論にも回答ができるよう入念な検討と準備を行った上で特定が完了したといえる．

なお，マルウェア感染がトリガーとなるインシデント調査の場合は，上述した調査アプローチとは違う手順で調査を実施する．アンチウイルスソフトウェアなどによって，マルウェアによる不正侵入事実は判明しているが，情報の漏洩有無が確認できていないため，それを特定することを目的として調査を行う．特定しているマルウェア感染PCを調査し，感染の経緯や感染後にどのような操作が行われたのかを詳細に分析し，情報漏洩や内部での被害拡大の有無を特定する．

最後に，実施事項と結論をまとめた報告書を作成することになるが，9.2.3項

> **COLUMN**
>
> **情報漏洩の発見的コントロール**
>
> 　不正アクセスや情報漏洩による被害を最小化するためには，発生したインシデントをいち早く発見することが重要である．システム的な対策や発見的コントロールが万全であればいうことはないのだが，完璧というのはなかなか難しい．
>
> 　筆者の知る多くの組織で実施している発見的コントロールに，「保有する情報にトラップを仕掛ける」というのがある．データベースなどに顧客ではない情報（たとえば，社長や会社の住所）を紛れ込ませ，郵便や電子メールが送られてきたら，情報漏洩と判断し初動を開始するというものである．少々アナログな対応ではあるが，最後の砦（陥落済みではあるが）としては非常に有効であるため，まだそのような対応を行っていないのであれば，実施の検討を推奨する．

に一般的な報告書の例を記載した．

9.2.2　PCを利用した不正：不正会計調査事例

　次に「PCを利用した不正」の中から，会計系の不正調査事例を紹介する．大規模な粉飾決算などでは，ステークホルダーに事実が公表され社会問題にもなるものがある一方で，財務諸表に影響がない規模の不正であれば，調査や関係者の処分は行うが，その事実については公表しないことが多い．また，これらの事案は訴訟になる可能性が高いため，調査は訴訟を前提とした対応が必要となる（不正アクセスの調査も同様であるが，よりいっそう気をつかう必要がある）．この分野の調査においては，公認会計士協会から「不正調査ガイドライン[1]」が公開されている．このガイドラインにはデジタル・フォレンジックの記載があるだけではなく，調査を行うにあたっての観点や手続きなどについて有益な記載があるため，会計系の不正調査には縁のないという方にも目を通していただくことを推奨する．

　まず，デジタル・フォレンジック専門家の立場だが，弁護士および公認会計士で構成される第三者委員会[2]の補助者という形で調査に参加することになる．会計処理や日常業務のコミュニケーションに情報システムが用いられているた

---

[1]　http://www.hp.jicpa.or.jp/specialized_field/51.html
[2]　第三者委員会が設置されない場合でも公認会計士とチームで調査を行う．

め，それらのデータを適切に収集・分析し，委員会が構築した仮説を検証するためのデータを提供することが主な業務である．一般的な調査アプローチは次のとおりである．

(1) 実施する調査の概要

事案の全体像や調査対象組織のシステム構成を把握する．収集の必要があるデータは何で，どこに保存され，バックアップはどこにあるのか．また，それらのデータに誰にどのような権限が与えられていたのか，システムの業務処理統制の理解も必要となる．

保全するデータは次のものが例として挙げられるが，組織が把握していない，いわゆるシャドウITとよばれるものも増えており，対象の選定には注意が必要である．

- 電子メールデータ
- ファイルサーバデータ
- PCデータ（私物，会社貸与）
- 携帯電話，スマートフォンデータ（私物，会社貸与）
- クラウド保管データ
- 外部記憶媒体
- その他，SNSやチャットなどのコミュニケーションデータ
- 上記のバックアップデータ

(2) データの収集

収集するデータが決まり，システムが特定できれば，どのような手順でデータを収集するのか，綿密な計画を立てデータの収集を実行する．会計系の不正調査では，短期間で結論を出さなければならない場合が多く，調査を効率よく進めるためであるが，調査対象者によるデータの破壊を防ぐためでもある．デジタルデータは毀損しても復元が可能な場合もあるが，隠滅も容易に可能であるということを念頭に置いて作業を行う必要がある．また，組織の上位者やシステム担当者が不正に関係していないと断言できない限り，調査の詳細について必要以上の話をしないというのも重要である．

なお，上記した「収集するデータ」には会計システムに関するデータが含まれ

ていないが，会計システムや会計データの分析は，データ監査とよばれる業務を専門に行っているチームが，デジタル・フォレンジックチームとは別にデータ分析の専門家として調査に加わり実施することが多い．会計データの分析にはまた別の専門スキルが必要であり，分業して実施しているということである．こちらの分野について筆者は専門外であるため，本書では割愛する．会計データから不正を見つけるための分析手法といった書籍も近年増えているため，詳細は他の書籍に任せたい．

(3) データの分析

基本的な作業としては，電子メールや各種ドキュメントデータといったユーザが作成したデータを取り出し，仕分けすることである．このとき，簡易的に復元が可能な削除データは合わせて取り出すことになる．また，分析するデータの種類はあらかじめ取り決めておくが，分析の過程で発見した新しい事実により，調査対象のスコープ変更が望まれる場合は，専門家として委員会へ提言する．取り出したデータは，ドキュメントレビュー用の専用ツールに取り込むことで調査に必要な分析が可能になる．専用ツールは，たとえば誰と誰がメールで頻繁に連絡していたかといったものも簡単に図解する機能が備えられている．

このようなレビューシステムを使用し，ユーザファイルのコンテンツをレビューするのだが，実際のレビューは弁護士やパラリーガル，公認会計士が行い，デジタル・フォレンジック専門家は，そのサポートを行うことになる．調査が進むと，次のようなリクエストが出てくるためデジタル・フォレンジック専門家はそれらの要望に応えていくことになる．

- 特定の人物が送受信した電子メールの抽出
- メールやドキュメントファイルを作成した人物（アカウント）やPC，日時の特定
- 特定の時間帯のPC利用者の行動（操作内容，PCの電源ONの時間など）
- 使用しているSNSアカウント，Webメールなどの特定
- インターネット上に公開されている特定人物の情報収集

OSの詳細なスキルよりも，文字コードやドキュメントファイルやそのメタデータについての知識が求められてくる．

COLUMN

内部不正者の実際

「会社のPCを使って悪い相談なんかしないでしょう？」と思った読者は多いのではないだろうか．実際に調査をしていると，PCのデスクトップ上に不正で得た利益をまとめたExcelファイルが保存されていることは珍しくない．「○○に関するメールを削除してください」という電子メールが見つかることや，調査対象者以外の人の電子メールからBccで送信された関連ドキュメントが見つかることも多い．電子メールのデータから組織内外の共謀者が浮き彫りになるなど，デジタル・フォレンジックによる分析は不可欠である．

(4) 報告

最後に，他の調査と同じく報告書を作成することになる．第三者委員会を設置して調査を実施した場合，その報告書が公開されることは多いが，システム部分の調査結果詳細が公開されるケースはまだ少ない．2011年にオリンパス株式会社が設置した第三者委員会の調査報告書別紙[†3]がそれなりの分量を記載しており，当時デジタル・フォレンジック業界で話題になったのを記憶している．

9.2.3　民間におけるフォレンジック報告書の例

デジタル・フォレンジック調査を実施した場合，その結果をとりまとめて報告書を作成し，依頼主に報告することで調査が完了となる．報告書の記載内容は，調査目的や契約内容により異なる．また，多くの場合で報告対象（依頼主）はシステムの専門家ではないため，実施事項やその結果についてわかりやすく記載する必要がある．調査は時間的制約が厳しい中での作業となるが，報告書には実施した事項とその結果を記載する必要があるため，調査の過程で常にメモをとり整理しながら進めることが重要となる．

報告書に記載する項目の例とその概要を記載する．

(1) 調査概要

① 目的

調査目的や報告書の位置づけを記載する．冒頭に，調査がどのような経緯で行

[†3] 第三者委員会など調査委員会報告（更新日：2012年1月17日）
http://www.olympus.co.jp/jp/info/2011b/if111206corpj.jsp

われることになったのか，調査者はどの立場で調査を行い，誰に対して報告を行うのかといった情報を記載することもある．

② 実施概要

実施した調査の概要を記載する．調査を実施した期間や対象が PC データだけなのか，インタビューや現地調査も実施したのかという具合である．その他，調査者の所属や調査作業場所（とそのセキュリティレベル），調査の制限事項，使用したツールなどについて記載する．

③ 調査対象

調査対象の PC やサーバ，人の情報を記載する．対象が PC の場合は次のような項目について記載する．

- PC の報告書内での略称
- PC の資産管理番号
- PC の貸与者名，所属，役職
- PC の製品名，シリアル番号
- 内蔵する記憶媒体の製品名，シリアル番号，容量
- 内蔵する記憶媒体のデータを保全した日時，ハッシュ値

これらも量が多くなる場合は，詳細部分を巻末に別紙として記載する．

(2) 調査結果

① 調査結果概要

調査結果から目的に合わせて結論を簡潔に記載する．イベントごとに整理して結果を記載する場合や事象のタイムライン（システム内の詳細なタイムラインではなく，誰がいつ何をしたというレベル）を記載し，原因や影響範囲などについて可能性のあるものについて記載する場合もある．また，必要に応じて，報告後に対応が望まれるアクションなどについても記載する．

いわゆるエグゼクティブサマリーとなる部分であるが，調査の規模や複雑さによっては必ずしもエグゼクティブ向けの内容とはならない．エグゼクティブ向けには別途結果要約を作成したりプレゼンテーション形式で書き起こしたりする．

② 調査結果詳細

報告書の中でも重要な部分であり，「①調査結果概要」に記載した結論の根拠

を詳述する部分である．実施したデータ収集の手順から，分析した実施事項とその結果まで，必要なログなどを添付し記載する．収集したデータの真正性が説明できており，収集したデータから各分析結果に再現性があることが重要である．

③ 再発防止への提言

調査の目的にもよるが，システム上の不正や事故の場合，再発防止策として，応急対応と恒久的対応について提言する．

(3) 用語・略語の定義

調査作業自体が高度な専門技術を駆使して行われており，報告書は専門用語や組織などの略称が多くなりがちである．報告書内に記載した用語の認識がずれることがないよう定義を明確にし，専門用語には説明を記載することが望ましい．

(4) 別紙（付録）

調査した対象の CoC やエビデンスシート，全ファイルのメタデータ一覧，ドキュメント，システムのタイムライン，プログラムコードの全文などを記載する．量が膨大な場合は依頼主と協議の上，電子データを成果物とする．また，収集したデータや復元した削除データを付録として納品することもある．

分量によって章を分けるなど工夫し，読みやすく必要な情報を漏れなく記載する必要がある．また，一般に公開されている（不正）調査報告書など（たとえば文献 [1], [2]）も参考になるため，併読を推奨する．

9.3　省庁の犯則事件調査における事例

日々進化発展しているデジタル・フォレンジック技術は，官公庁調査機関においても積極的にその調査に取り入れられており，もはや現場では欠かせない重要技術である．警察（警察庁ならびに県警など），検察庁，金融庁，会計監査院などで盛んに用いられているがここでは，金融庁の事例を紹介する．

著者の一人は任期付職員として約 3 年間，金融庁証券取引等監視委員会事務局特別調査課に所属し，インサイダー取引，虚偽有価証券報告書提出，偽計，風説の流布などにおいて電磁的証拠の押収，証拠保全，データ解析業務に携わった．その頃主流だった保全対象電子機器はちょうど，PC や携帯電話（ガラパゴス携

帯とよばれるもの）から，スマートフォンやタブレットに移行しようとしている頃だった．ハード面・ソフト面ともそれなりのフォレンジックツールは揃っていたものの，完全とはいいがたく，データベースファイル復元の後，フォレンジックツールと並行してテキスト起こしなどの地道な作業も行っていた．

通例，押収された電磁的記憶媒体は証拠保全後，特にPCは速やかに押収元（嫌疑者）へ返却されている．証拠物原本が移動による破損や紛失してしまうことのリスクを回避するためであり，できる限り押収した現場から近い帳場（強制調査の捜査本部が置かれている場所のこと）で原本は一時保管している．しかし，その環境は必ずしも電磁的記憶媒体の保管に適したものではない．このため以前には，紙面押収物と共に数年後返却したPCが，老朽化のため起動しないことによるトラブルもあったという．

その後，金融庁では返却を早めているが，それにより返却からそれほど日数が経っていないPCの再押収に伴うトラブルも，当然のように発生している．

同じ証券取引等監視委員会事務局内でも，課徴金調査と犯則事件調査は対象の法律が異なる性質上，同時の押収および保全を行うことができない前提がある．あるインサイダー取引調査は，先に課徴金調査で非常に決定的ともいえる証拠メールを検出したことが決め手となり，犯則調査に着手した．ところが返却後，犯則調査のために再押収した同じPCから，その証拠ともいえるメールがなくなっていた．フォレンジック調査で未使用領域を含めた詳細な復元を行ったが，そのメールを復元することはできなかった．その事案は，そのメールをどうしても証拠として使用したかったため，課徴金調査部門（取引調査課）が取得した保全コピーが保存されたHDDを，取引調査課を押収元として犯則事案担当部門の特別調査課が押収する手続きを踏み，そのメールを取得することで対応できた．その後もこの証拠の信ぴょう性が論点になったが，レジストリ分析などのデジタル・フォレンジック技術を用いることにより証拠を補強することができた．

原本PC返却からトラブルを招いた別の事例として，次のようなものがある．この事例では，共犯者が嫌疑者のPCに権利者の了承なくリモート接続を行い，相場操縦された取引を盗み見て共犯者自身の取引を行っていたことが，嫌疑者と共犯者双方のPCに対するデジタル・フォレンジックにより判明していた．PC返却時は調査継続から1か月以上経過しており，PCの調査も一通り落ち着いた

と調査官は判断していた．ところが返却時点を境に，共犯者はそのような行為を行っていないと意見を覆した．共犯者のPCを任意で再度証拠保全し分析したところ，リモート接続を行っていたソフトウェアのインストール履歴をレジストリ操作して削除していた．ただし，レジストリ以外の利用痕跡消去（Prefech 削除など）が徹底していなかったことも手伝い，「共犯者が意図的に証拠隠滅を図った可能性が極めて高い」ことを裏付けることとなった．

調査機関の犯則調査におけるデジタル・フォレンジックの位置付けは，通信記録・銀行口座履歴・郵便電気ガス水道などの利用および支払明細など，膨大な照会情報裏付けの意味合いが強い．押収前，すなわちデジタル・フォレンジック実施前には間接証拠による論理的裏付けがほぼ完了しており，強制調査は証言を含めた直接証拠の収集が目的である場合が多い．したがって，この先もし強制調査に入られるようなことに遭遇した場合は，速やかに取り調べや押収に応じることをお勧めしたい．

9.4 訴訟に対応するためのeディスカバリにおける事例 [3], [4]

我が国の主要な企業で米国をはじめとする海外に進出していない企業はほとんどないといっても過言ではない．その結果，進出した国でビジネスを継続していくためには，その国の法令に従っていく必要がある．

我が国の企業が最も関係を深めている国の1つが米国であり，米国に進出している日本企業の現地法人は当然，米国民事訴訟制度に従わなければビジネスは成り立たない．そして，その米国民事訴訟制度には，ディスカバリ（Discovery）とよばれている，日本の司法制度にはない手続きが存在する（図9.2参照）．これは民事訴訟手続きにおいて，原告および被告がお互いに証拠を開示し，事実を発見する手続きである．そこでは真実を明らかにするため，公正な手続きにより発見された事実に基づいて訴訟を進めていくというものであるが，これはCommon Law とよばれる英米式の法制度に由来しているものであり，このような証拠開示制度は，民事訴訟にとどまらず，FTC（連邦取引委員会）やSEC（証券監視委員会），ITC（国際貿易委員会）などが行う企業に対する調査でも同様の開示を求めている．

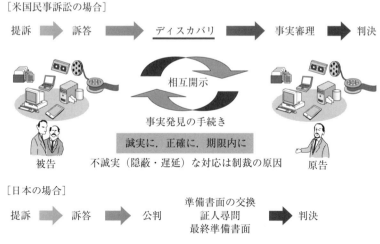

図 9.2　米国民事訴訟におけるディスカバリ制度

　2006 年 12 月に米国の連邦民事訴訟規則が改正され，これまで慣習的に行われてきた電子データに対するディスカバリがルール化されるにいたった．また，電子データがディスカバリの主要な対象になったことからeディスカバリというよばれ方をするようになった．

　ディスカバリには，図 9.3 に示すように「最初の情報開示（Initial Disclosure）」「質問状（Interrogatory）」「文書提出要求（Request for production of documents）」「証言録取（Deposition）」などの段階があるが，そのうち，デジタル・フォレンジック技術を使用して網羅的に情報を調査する主な工程は文書提出要求である．

　文書提出要求時における e ディスカバリの作業工程は，EDRM に準拠した 9 つの工程に分かれている．EDRM とは，The Electronic Discovery Reference Model（電子情報開示参考モデル）の略称である．2005 年に発足した EDRM プロジェクトによって策定されたeディスカバリの標準ワークフローで，現在ではグローバルスタンダードの作業指標として，法律事務所やサービスベンダーなどに採用されている（図 9.4 参照）．

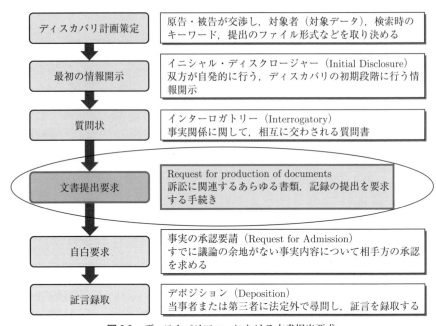

図 9.3 ディスカバリフローにおける文書提出要求

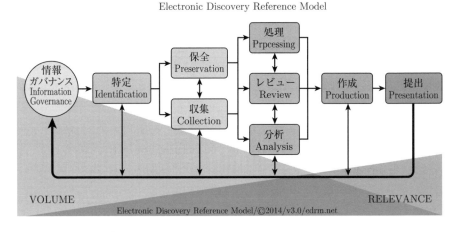

図 9.4 EDRM (The Electronic Discovery Reference Model)[4]

---

[4] http://www.edrm.net/

9.4.1 情報ガバナンス

「情報ガバナンス（Information Governance）」とは，平時における企業内での情報の作成から最終的な処分にいたるまでの情報管理を意味する．ディスカバリに関連するリスクと費用を軽減するために，平時から情報システムを整えておくことである．企業が抱える情報のほとんどが紙ではなく，電子データとなった現代において，ディスカバリとはすなわち「電子データの取り扱い」であり，もはや訴訟対応というよりも「ビッグデータ解析」に近い作業になっている．

そのため，ディスカバリの作業が発生する前に，企業が用いるシステム全体を見なおし，ディスカバリ対応において，その企業のリスクや費用を軽減するために適切に機能することを確認しておくことが，ディスカバリ対応を成功に導くために必須であり，すべてのプロジェクトの出発点であるとされている．

9.4.2 データの特定

ディスカバリの必要性が生じると，まずは関連部署や訴訟の関係者を洗い出し，該当範囲を割り出していく必要がある．該当する部署においても関係者とそうでない者がいるため，それをヒアリングによって正確に把握する．たとえば特許訴訟の場合，開発関係者や特許出願関係者などが対象になるだろう．

同時に，証拠となる書類が保存されている機器や実際のデータを具体的に確認し，対象を確定する作業が不可欠になる．こうした一連の作業を「データの特定（Identification）」とよぶ．ヒアリングは多くの場合，訴訟代理人となる弁護士が行う．直接訴訟にかかわる部署でなくても，データの所有者や保管場所を確認するため，情報システム担当部門へのヒアリングを行うこともある．特に，訴訟に関連する資料を保管・保有している人物のことをカストディアン（Custodian）とよぶ．

データ所有者が確定したら，その業務内容やデータ保管状況などを中心にヒアリングしていく．各カストディアンが使用しているパソコンをはじめ，スマートフォンなどのモバイル端末，USB メモリ，データコピーを行った CD/DVD などの記録メディア，カストディアンがアクセスできる共有ファイルサーバ，E メールサーバなども対象となる．

また，情報システム担当部門に対しては，その会社が用いている IT システム

の種類やドキュメントの保管ルール，セキュリティポリシーなども確認する．そうしたことを踏まえた上で，提出対象となるデータの保管場所を特定していくのである．

一通り現状確認と情報整理が終わったら，それをもとに「スコープオブワーク（Scope of Work，作業範囲）」を決め，データ保全計画を策定していく．

9.4.3　データの保全

データの特定が終わったら，次は「データの保全（Preservation）」に取りかからなければならない．特定のためのヒアリング時には存在していたデータが，不用意に開示前に削除や上書き（改ざん）されてしまうと証拠として用をなさないのはもちろんのこと，「証拠隠滅」とみなされ，高額賠償などの懲罰的な措置がとられる場合がある．

そうしたことを防止するため，企業に訴状が届いた時点，あるいは警告文が届き，訴訟を提起されることが合理的に予見された場合には，企業は「リティゲーションホールド（訴訟ホールド）」を実施する義務を負う．リティゲーションホールドとは自らに有利，不利，中立的かを問わず，保有する文書であって，原告・被告いずれかの当事者の主張に関連すると考えられる文書の削除・変更を防止する処置である．

また，リティゲーションホールドは社内の文書管理規定より優先される必要がある．たとえば3年経過した段階で削除という文書管理規定があったとしても，リティゲーションホールドが実施されていた場合，対象のデータは3年を経過しても削除されないような処置をとる必要がある．

9.4.4　データの収集

実際に情報の開示が必要になった場合，保全されている「データの収集（Collection）」が必要となる．データの収集とは第4章で説明した証拠性を担保した形での「対象データの複製を行う作業」である．

電子データの場合，複製データの完全性を証明するためにはデジタル・フォレンジック技術を用いて「メタデータの維持」を可能とするデータ収集技術が要求される．そのような収集が必要な場合，弁護士から「フォレンジックサウンド

(Forensic Sound) な手法で収集をするように」という指示が出されることが多い．

　データ収集の方法に関して，フォレンジックコピー（イメージファイルコピー）を行い，HDD などの記録領域のすべてを収集する訴訟もあれば，指定のディレクトリのみを収集する訴訟もある．それらの方法は訴訟の内容や弁護士事務所の方針によって決まる．

　また，電子データ以外に保全されている紙の書類についても収集を行う場合がある．紙の書類を収集する場合，対象となる書類のスキャンを行い，TIFF ファイルや PDF ファイルといったファイル形式で画像データ化して収集を行う．その際，バインダーやホッチキスなどで物理的に区切られている書類は個別の書類であると，この後の工程で判別できるようにするための処理を行う必要がある．また，電子化をした後に光学文字認識（OCR）の処理を行うことにより，画像データから文字情報を識別し，この後の工程で行うキーワード検索などの分析も可能にする．

9.4.5　データの処理

　収集したデータは次に「データの処理（Processing）」を行い，対象データの絞り込みを行う準備を進めていく．次にデータの処理で行う主な作業を説明する．

（1）ファイルハッシュ値を用いた既知ファイルの除外

　フォレンジックコピーなどで HDD 全体の収集を行った場合，収集されたファイルの中にはパソコンを稼働させるための OS を構成するプログラムファイルや各種アプリケーションプログラムを構成するファイルも多く含まれている．これらのファイルはソフトウェアベンダーが公開している既知のファイルであるため，開示対象から除外できることが多い．このような既知のファイルを除外する作業を De-NISTing とよぶ．アメリカ国立標準技術研究所（NIST）は，既知のファイルのハッシュ値をデータベースとして公開している．収集したファイルから計算されたハッシュ値と NIST データベース内のハッシュ値とを比較し，同じハッシュ値をもつファイルを開示対象から除外する．

(2) ファイルハッシュ値を用いた重複ファイルの除外

収集したデータの中には内容が完全に同一のファイルが多数存在する．カストディアンのファイルの保管状況により，同じファイルのコピーがパソコンや外付けハードディスク，共有ファイルサーバなどに保存されていることがある．また，Eメールの特性上，同じ内容のメールが同時に複数の受信者へ配信されるため，複数のカストディアンの受信ボックスには同じメールが保存されている．このような同一ファイルは，キーワード検索などを行ってもすべてヒットしてしまい，この後の工程における効果的な対象の絞り込みができないため，1つのファイルのみを対象として残すことが必要とされる．

収集したファイルのハッシュ値を計算することにより同一ファイルを検出し，その中の1ファイルのみ後の分析およびレビュー工程に残す作業をDe-duplicationとよぶ．最終的な提出のタイミングではそのファイルをどのカストディアンが保管していたかという情報も提出する必要があるため，ファイルごとのカストディアン情報はデータベースとして残しておく必要がある．

(3) メールアーカイブファイルおよび圧縮ファイルの展開

収集したファイルにはさまざまなファイル形式の圧縮ファイルが存在する．ZIPやLZHファイルといった圧縮ファイルは，1つのファイルに複数のファイルを内包している可能性があるため，これらを展開（Extraction）して個々のファイルを解析できるようにする必要がある．

同様にOutlookのPSTファイルやLotus NotesのNSFファイルといったEメールのアーカイブファイルに関しても，複数のEメールメッセージが格納されている可能性があるため展開を行う必要がある．また，Eメールに関してはメール本文と添付ファイルを個別のファイルとして分析可能にする必要があるため，これらの展開作業も行う．1つのEメールメッセージから展開されたメール本文と添付ファイルは，それらを1つのグループとして扱うためにEメールファミリーとよばれる．

(4) テキスト情報の抽出と検索用インデックスの作成

システムがファイルの内容を正しく分析可能とするために，ファイルからテキストの情報を抽出する必要がある．テキストはファイルやEメールの本文はも

ちろんのこと，メタデータに記録されているテキストも対象となる．特に日本語のファイルにおいては，さまざまな文字コードで記録されたファイルが存在するが，テキストを抽出した後は，システムによって決まった文字コードに統一することが多い．その後，キーワード検索用のインデックスの作成（Indexing）を行う．

上記（3）および（4）の作業を行う際，日本特有のEメールアプリケーションや日本語の文字コードを正確に処理できるeディスカバリのデータ処理システムを使用することが重要である．日本特有のEメールアプリケーションのデータ構造を認識できず添付ファイルが展開できない，また日本語の文字コードを正確に処理できず文字化けが発生する，というようなことがあるとこの後のデータ分析工程においても正しい分析ができないことになるので注意が必要である．

9.4.6 データの分析

データ処理を行った後，対象データの絞り込みや優先順位付けを行うために「データの分析（Analysis）」を行う．次にデータの分析で行う主な作業を説明する．

（1）日付情報による対象データの絞り込み

訴訟によっては，ファイルごとに記録されている日付情報を用いて開示対象となるデータの絞り込みを行う（例：2005年1月1日～2013年12月31日の期間を対象）．その場合，ファイルに関してはタイムスタンプやアプリケーションのメタデータに記録された日時情報を使用し，Eメールに関しては送受信日時を使用する．

（2）キーワード検索による対象データの絞り込み

キーワード検索は，ほぼすべての訴訟で行う対象データの絞り込みである．最も一般的なキーワード検索の手法は，ブーリアン検索とよばれる「AND/OR」を用いた検索手法である．

「A AND B」：文章中にAとBの両方のキーワードが含まれる．
「A OR B」：文章中にAまたはBのいずれかのキーワードが含まれる．

「(A OR B) AND (C OR D)」：文章中にAまたはBのいずれかのキーワードが含まれ，かつCまたはDのいずれかのキーワードも含まれる．

各キーワード間の近接性を要求されることがあり，これを近傍検索（proximity search）とよぶ．ブーリアン検索の場合，文書中のキーワード間の近接性は問わないため，ページ数の多い文書などにおいて予期せぬ大量の検索ヒットが生じることがある．そのためeディスカバリにおいては近傍検索も併用されることが多い．

「A w/10 B」：AとBというキーワードが10単語以内に含まれる．

「A w/s B」：AとBというキーワードが同一の文書（sentence）に含まれる．

「A w/p B」：AとBというキーワードが同一の文書（paragraph）に含まれる．

ほかにも，複雑な検索条件においては文字列の集合を1つの形式で表現する方法の1つである正規表現（regular expression）を用いた検索式を使用することもある．

9.4.7 データのレビュー

データの処理・分析が終了すれば，実際に弁護士による「データのレビュー（Review）」とよばれる作業に入る．簡単に説明すると，絞り込まれた対象データの目視による選別である．

レビューはディスカバリ工程の中で最も時間と費用のかかる工程であり，「ディスカバリ＝レビュー」と断言する専門家もいるくらいレビューは重要な工程である．これまで詳しく述べてきた工程は，すべてレビューの準備だといっても過言ではない．

(1) タグ付け

レビューを行う弁護士は，目視によって資料に「タグ付け，またはコーディング（Tagging or Coding）」とよばれる分類振り分けを行っていく．訴訟が複雑になればタグ付けも複雑になるが，大別すると次のようなタグ付けが行われる．また，どのようなタグ付けを行っていくかという振り分けのルールをレビュープロトコルとよぶ．

（a）Responsiveタグ：訴訟に関係するかしないかの選別

(b) Issue タグ：訴訟における特定の論点に関係する文書を選別
(c) Privilege タグ：秘匿特権に関係する文書を選別
(d) Technical Issue タグ：技術的な問題により内容確認できない文書を選別
(e) Comment ボックス：フリーコメントの入力

(2) パラリーガルによる1次レビュー

　レビューにかかる費用を圧縮するため，レビューを複数の工程に分けて行うこともある．たとえばデータ量が膨大な場合，最初から主任弁護士クラスをレビューに投じていては高額な弁護士費用が必要となる．そのため，最初はパラリーガル（弁護士の監督下で定型的，あるいは限定的な法律業務を遂行する人）やレビュートレーニングを受けたレビュアーが作業を担当する．
　レビュアーが行うのは，「訴訟に関連する資料かどうか」を判断することを主とした比較的簡単なビュープロトコルで行われ，訴訟に関係のないデータを除外していく．これは「1次レビュー」とよばれ，主任弁護士クラスが行う「2次レビュー」の準備作業となる．

(3) 弁護士による2次レビュー

　2次レビューでは，1次レビューで分類し終わった後のデータを弁護士が確認して，最終的に提出するデータの精査を行う．精査のポイントとしては，提出対象のデータが訴訟と関係しているかどうかはもちろんのこと，秘匿特権の対象となるデータが提出対象に含まれていないことを確認する．

(4) プレディクティブコーディング

　対象となる電子データの容量が膨大となり，より効率的なレビュー技術として「Technology Assisted Review（TAR）」や「Computer Assisted Review（CAR）」の使用が推奨されるようになってきた．簡単に説明すると，人間の代わりに人工知能がファイルの分類サポートを行う技術のことである．
　代表的な技術が「プレディクティブコーディング（Predictive Coding）」である．弁護士がタグ付けした一部のファイルの内容を教師データとして人工知能が学習し，残りの未レビューデータを自動的に分類分けすることができる．その精度はかなり向上しており，人工知能には疲労も集中力喪失もないため，条件に

よっては人がレビューするより正確にレビューが行えるとのデータもある．

9.4.8 提出データの作成

レビューによって提出するデータの特定が終わると，対象となるデータを提出用のフォーマットに変換する作業が行われる．これが「提出データの作成（Production）」とよばれる作業である．提出用のフォーマットは原告・被告の話し合いで事前に決められるが，一般的にはTIFFファイルなどの画像ファイルに統一変換される．同時に，すべてのページに対して訴訟書類番号（Bates Number）を付与し，画像ファイルのフッター部にスタンプを行う．また，これらの画像ファイルと共に，対象となるデータの関連情報を記録したロードファイルを作成する．どのような関連情報を記録するかも原告・被告の話し合いで決められるが，対象データのファイル名，カストディアン名，保存されていたフルパス情報，タイムスタンプなどがロードファイルに記録される．

参考文献

[1] 日本年金機構「日本年金機構における不正アクセスによる情報流出事案について（更新日：2016年11月8日）」http://www.nenkin.go.jp/oshirase/topics/2015/0104.html
[2] 株式会社ベネッセホールディングス「個人情報漏えい事故調査委員会による調査結果のお知らせ（公開日：2014年9月25日）」http://blog.benesse.ne.jp/bh/ja/news/m/2014/09/25/docs/20140925%E3%83%AA%E3%83%AA%E3%83%BC%E3%82%B9.pdf
[3] 守本正宏『日本企業のディスカバリ対策　世界と対等に戦うためのeディスカバリの正しい手順 〜 カルテル・PL訴訟・特許訴訟・米国民事訴訟・国際訴訟 〜』グローバルトライ，2013
[4] 守本正宏『日本企業のディスカバリ対策　実践・コストコントロール編（〜eディスカバリを戦略的に適正化するためのコスト構造の正しい理解〜）』グローバルトライ，2015

第10章

法リテラシーと法廷対応

10.1 法的観点からのデジタル・フォレンジックの重要性

　近時，デジタル・フォレンジックが訴訟に関係して利用されることが多くなっている．デジタル・フォレンジック技術を活用した証拠が提出される訴訟の例としては，談合（独占禁止法），営業秘密の不正な持ち出し（不正競争防止法），個人情報・プライバシーの侵害，掲示板への書き込みによる名誉毀損，インサイダー取引，ネット上に風評が広められた業務妨害，メールによるパワハラ，携帯電話に保存された離婚事由，システム障害，システム開発紛争，取引紛争，租税回避事件，不正会計事件，企業内の内部統制の不備が争われるケース（善管注意義務違反が問われる株主代表訴訟等）など多様である．電子データは，個人の日常生活や企業活動，医療，国・行政庁の事務，さらには国際関係など，今やほぼ人間社会の全般に密接にかかわっている．

　また，IoT，M2M，ビッグデータ，AI化が進展していく中，トラブルが顕在化したケースにおいてはもちろん，顕在化する前のトラブル潜在状態でもデジタル・フォレンジックは威力を発揮する．デジタル・フォレンジックには，今後開発されるであろう各種の先端的なデジタル分野を広範に包摂していくべき基盤技術としての性質がある．

　訴訟になる前段階では，電子データの保全・解析を行うことで，仮にそのインシデントが訴訟に持ち込まれた場合に，裁判所がどのように判断を下すかを，相対的に高い確度で予測するデータとなり，裁判追行に要する無用な労力，ひいては訴訟長期化による過大な負担の軽減，事前回避に役立つ．サイバー攻撃の不適切対応による被害拡大や信用低下の問題，あるいは，内部統制の不備を理由とす

る株主代表訴訟等における賠償額の高額化などが指摘されている現況では,一定のコストを投じてでも,早期段階でデジタル・フォレンジック技術を投入して事実を調査し,証拠保全とフィードバックを通して組織の自浄能力を確保することが迫られる.組織は,場合によって,不祥事に対する対処能力と再発防止策をできるだけ速やかに対外的に示しておくことは,紛争解決や信頼回復に要する全体コストでみると経済的であり,かつ,信用低下や紛争長期化による波及的なマイナスに対する抑制にもなる.

トラブルのない,いわゆる「平時」においても,ログ収集等は,万一紛争が発生した場合の迅速対応の保険的な役割を果たす点で一定の機能を有する.

このようにデジタル・フォレンジックは裁判の有力な証拠を得る手段になると同時に,訴訟回避や訴訟追行の合理化の手段として脚光を浴び,成長が期待される分野である.今後の技術の進化は,より多方面で電子データの保全と解析の必要を切実なものとし,デジタル・フォレンジックの紛争処理に占める重要性は一層大きくなると予想される(デジタル・フォレンジックの有用性等については第1章をも参照).

10.2 裁判のメカニズム

日本には数多くの法律が存在するが,裁判という視点でこれらの法律をみると,横串で通せるシンプルな思考パターンがある.それは,三段論法である.

三段論法とは,大前提(法則)と小前提(個別の事実)から結論を導き出す推論の方法である.裁判では,大前提である法(法律の条文,判例)に,小前提(各事件の個別事実)を適用して,結論を導き出す.裁判は,結論(具体的には「判決の主文」)を得ることで社会に起きた紛争を解決するシステムであるが,そのプロセスでは,結論を目指して,一方当事者は,証拠提出(証明活動)によって大前提に小前提をあてはめようとし,他方では,その相手方当事者が,大前提に小前提をあてはめさせまいとし,互いが対立して活動し合う場となる.

10.2.1 結論(判決の主文)

裁判攻防の最終目標となる結論は,判決の主文である.民事訴訟では,大別す

ると，原告（訴えを裁判所に申し立てた側の当事者）が勝訴する場合と，原告が敗訴する場合がある．裏をかえすと，被告（原告に訴えられた相手方当事者）が勝訴する場合と，被告が敗訴する場合がある．

原告勝訴（被告敗訴）のときの判決の主文は，たとえば，

「被告は，原告に対し，金5億円及びこれに対する平成29年4月1日から支払済みまで年6分の割合による金員を支払え．」

「被告は，原告に対し，別紙発信者情報目録記載の各日時頃において，各IPアドレスを使用してインターネットに接続していた者の氏名及び住所を開示せよ．」

「被告は，別紙ドメイン名目録記載のドメインの登録を抹消せよ．」

「被告が，原告による本件各製品の生産，譲渡，貸渡し，輸入又はその譲渡若しくは貸渡しの申し出（譲渡もしくは貸渡しのための展示を含む．）につき，特許第○○号の特許権侵害に基づく原告に対する損害賠償請求権を有しないことを確認する．」

などのような内容になる．

他方，原告敗訴（被告勝訴）のときの判決の主文は，

「原告の請求をいずれも棄却する．」

「本件訴えを却下する．」

などである．

実際の判決では，全部勝訴と全部敗訴の中間のどこかを主文で命じられることもある（一部認容判決）．たとえば，原告が被告に100を求めたのに対し，裁判所は100のうち60の請求を認め，残40の請求を棄却する，といった主文である．

10.2.2　権利・義務の発生

裁判における三段論法の大前提となるのは，法律の条文，または過去の判例が示すルールである．訴訟では，大前提のことを「法律要件」という．

裁判における小前提は，紛争となった個々の事実である．法律要件に該当するこれら小前提となる事実のことを，訴訟では「要件事実」（または「主要事実」「直接事実」）などという．要件事実は，法律用語でわかりにくいことから，本章では，その意味に近い「エレメント」と表現することにする．

証拠によって証明された小前提が，大前提である法律要件（法律の条文または判例のルール）にあてはまれば，その効果（結論）として権利・義務が生じる（権利・義務を消滅させるなどの効果をもつエレメントもある．10.5.1 項 (1) の消滅時効など）．

「被告は，原告に対し，金5億円を支払え．」と命じる判決の主文は，原告の権利の面からいうと，裁判所が，原告に，被告の財産に対する強制執行によって被告から5億円の支払いを強制的に受けられる権利を認めたことを意味する．被告の義務の面からいいかえると，裁判所は被告に，5億円を原告に支払うべき義務を課し，被告が義務を果たさないときには被告の財産は強制的に取りあげられることを意味する．

原告の請求を棄却する判決主文は，小前提となるエレメントについて，原告自身の証明が不十分であったり，被告からの反証がうまくいき，原告の事実証明を不成功にした場合などに言い渡される（シンプルに請求原因（原告が判決で勝訴するために，最低限証明に成功しなければならないエレメント）のレベルのみで考えた場合の議論．実際には，その次レベルの抗弁などの審理もあり，詳細は10.5節）．

原告が主張する事実の証明がすべて成功しても，権利・義務が発生しない場合がある．これは，事実の証明以前の問題として，当事者が立証命題として定立した事実主張に不備があることに由来する．こうした欠陥のある主張を「主張自体失当」といい，主張準備の段階で裁判例の分析が不十分であった場合などにまれに起こる．

10.2.3 主文の強制的な実現

判決が確定したときは，同じ紛争を同じ当事者間では蒸し返すことができなくなる．判決の「確定」は，裁判所が言い渡した判決に対して，敗訴した当事者が期限内に適式に不服申立（上訴）をしなかった場合などに生じる．詳細は，10.2.4 項 (4) を参照．

被告に原告への金銭の支払いを命じる主文の判決が確定すると，被告がその金額を任意に原告に支払わない場合，原告は，国家権力によって強制的に主文の内容を実現することができる（強制執行）．第一審（通常は地方裁判所）から支

払いを命じる判決が言い渡された後，敗訴被告が第二審に上訴（控訴）したために，判決がまだ確定していない状態にあっても，第一審言い渡しの判決の主文に，仮執行宣言（10.4.4 項 (2) 参照）が付いているときは，第一審勝訴の原告は，被告の財産に対して強制執行ができる．

強制執行の対象としては，敗訴被告が取引先に対して有している売掛金・貸付金・請負報酬，製品等の引渡請求権，所有不動産や株式等有価証券，被告がテナントであれば契約時にオーナーに差し入れた敷金・保証金，被告が銀行に預けている預貯金，個人であれば会社から受け取る役員報酬・給与などがある．勝訴した原告は，これらの財産を裁判所に差し押えてもらい，これらの財産から回収する．不動産・自動車などの場合は，裁判所に競売や入札にかけてもらって現金化し，判決の主文で命じた金額を満たすまで，原告はそこから回収する．1度の強制執行で全額回収できないときは，原告は，10年の時効（民法174条の2第1項），新民法169条1項が成立するまでは，被告の財産を見つけ次第，全額を回収するまで何度でも執行できる．

原告の営業を被告が妨害するのを差し止める主文では，差し止めを強制的に実現する手段として間接強制がある（民事執行法172条）．

被告が，原告のWebサイトとそっくりのWebサイトを開設して原告の営業を妨害しているケースで，裁判所が被告のWebサイトの閉鎖を命じる判決を言い渡した場合は，この判決を無視して妨害を続けると，間接強制により，被告は強制金（たとえば，1日あたり20万円ずつ）を払わされる．そのため，判決が命じたとおりにしないと，強制金が日々積み上がってしまうため，被告は早くWebサイトを閉鎖しなければならなくなる．間接強制は，強制金の支払いを被告は強いられるという心理的圧力が主文実現のコアをなしている．間接強制の強制金も，上述した差押えなどの方法によって被告の財産から回収できる．

また，原告が被告に代わって，第三者に主文内容を実現させ，これに要した費用を，被告の財産を差し押さえて換価し，回収するという代替執行もある（民事執行法171条，民法414条2項3項．新民法414条1項）．代替執行は，被告に，原告の著作権や商標権などを侵害する製品の廃棄を命じる判決を執行する場合などにしばしば用いられる．原告の名誉・信用が毀損されたり，著作権が侵害された場合に，判決主文で，被告に謝罪広告を命じることがある．謝罪広告は，勝訴

原告が，新聞・雑誌・テレビなどのメディアや Web サイト上に掲載されるようアレンジし，それに要した費用を，被告の財産から強制執行して実現する．

10.2.4　裁判を審理する 3 つのステージ

訴訟は，3 つのステージ（審級）で争うことができ，主として民事訴訟を次にみてみる．

(1) 第一審への訴えの提起

原告が最初に民事訴訟を訴える裁判所（第一審）は，地方裁判所である．ただし，原告が被告に支払いを求める金額が 140 万円以下のときは，第一審は簡易裁判所である（裁判所法 33 条 1 項 1 号．刑事訴訟では，罰金以下の刑の罪などの場合，簡易裁判所が第一審となる．同 2 号）．

(2) 第二審への控訴

第一審で敗訴した当事者側は，第二審に不服申立をすることができる．この不服申立を控訴という．民事訴訟では，第一審が地方裁判所の場合の第二審は高等裁判所であり，第一審が簡易裁判所の場合の第二審は地方裁判所である（裁判所法 24 条 3 号．第一審が簡易裁判所の刑事訴訟では，高等裁判所が第二審である．同 16 条 1 号）．

(3) 第三審への上告

その後，第二審が言い渡した判決で敗訴した側の当事者は，第三審に不服申立をすることができる．この場合，民事訴訟の不服申立には，上告（と上告受理申立）がある．

第二審が高等裁判所の場合，第三審は最高裁判所であり，第二審が地方裁判所の場合，第三審は高等裁判所である．

最高裁判所に上告できるのは，高等裁判所の判決に憲法解釈の誤りがあるなどの場合に限られている．また，最高裁判所への上告受理申立は，高等裁判所が判例に反する判断をした事件その他法令解釈の重要な事項を含む場合に限られる．

最高裁判所に対しては，第二審の判決で認定された「事実」の誤りを理由とする不服申立は許されず，実質審理に入るためのハードルが極めて高い．そのた

め，最高裁判所へ不服申立（上告・上告受理申立）をした事件の圧倒的多くは，実質的な判断が示されない，いわゆる門前払い（上告棄却決定・上告不受理決定）で終わる．

(4) 不服申立期間と判決の確定

　第一審の判決を不服とする控訴も，第二審の判決を不服とする上告・上告受理申立も，いずれの場合も，言い渡された判決が敗訴当事者に送達されてから，不服申立の手続をとらないまま2週間が経過した場合，判決は確定し，判決に対する不服申立ができなくなる．

　最高裁判所は最終審なので，最高裁判所が下した判断は，原則として直ちに確定する．第三審である高等裁判所が下した判断も同じである．

　直ちに確定しない例外としては，最高裁判所が，第二審の判断に判決に影響を及ぼす明らかな法令違反があるとして，判決を下級審に差し戻した場合である．差し戻された場合は，最高裁判所が審理のし直しを命じた争点について，下級審でさらに審理されることになる．

　判決が確定すると，第二審の審理終結以降に発生した新たな事由を主張するものでない限り，その後，同じ当事者間では，同じ請求について裁判所に判断を求めたり，争うことができないのが原則である．

10.3　ケース・スタディ―営業秘密の不正取得（情報漏洩）を例に

　これからは，営業秘密がライバル社に持ち出された，次の民事訴訟のケースを考えてみる．

　Xコープは通信端末のメーカーである．Xコープの従業員Aは，Xコープを退社して，Xコープのライバル社であるYウィジッツに転職した．

　AがXコープをやめる1か月前，上司Bの指示で，Bの執務室内に物をとりに入ったが，その際，勝手にBのデスクの引き出しをあけて手帳をとり出し，手帳に書かれていたパスワードを盗み見た．そのパスワードは，Xコープが研究開発中で非公開の，高速データ送信時のパケット消失を低エネルギー・低コストで低減させる制御部の製造工程「βベータ」を，社内システム内に保存している

ファイルのパスワードであった．

　AがXコープをやめ，Yウィジッツに転職して半年たった頃，Yウィジッツから，「βベータ」を使わなければできないはずのクオリティの高い通信性能をもった新製品「スマートZ」が売り出され，Yウィジッツはこれを爆発的に売り上げた．Xコープは，Aが転職する直前，Bのパスワードを使って「βベータ」にアクセスし，データを持ち出してYウィジッツに渡したことを疑った．

　Xコープは，デジタル・フォレンジック専門家の協力を得て調査したところ，Bが出勤していない休日に記録された「βベータ」のファイルへのアクセスログがあった．その同じ日に，当時Aに割りあてられた，会社への入館カードの使用記録が残っていた．

　そこで，Xコープは，Yウィジッツの「スマートZ」の売上は，Aが不正に持ち出した「βベータ」が寄与したものだと判断し，Yウィジッツに対し，不正競争防止法違反を理由に，10億円の損害賠償を求める訴えを提起した．

10.4　請求原因

10.4.1　大前提（法律要件）

　10.3節のケースで，Xコープが，判決で，Yウィジッツから損害賠償の支払いを受ける権利が認められるために，Xコープが大前提として掲げなければならないのは，不正競争防止法の条文である．この場合の大前提の立て方にはいくとおりかあるが，ここでは，Xコープ側の証明責任が比較的軽くなる法律要件として，次の要素の組合せを考えてみる．

(1) 営業秘密

　営業秘密であること（不正競争防止法2条6項）．営業秘密は，秘密管理性，有用性，非公知性の3要素からなる．被告による営業秘密の使用事実を原告が裁判所に推定させようという場合，被告が使用した原告の営業秘密は，特に，生産方法等の技術上の秘密であったことを原告は証明する必要がある（後記(3)参照）．

(2) 不正取得行為介在に対する悪意または重過失

　次に，被告が不正に取得した営業秘密を使用したことが要件であるが，10.3節

のケースでは，不正取得行為の介在を知って（または，重大な過失により知らないで）被告が取得した営業秘密の使用が，被告による違法取得・使用の内容になる（不正競争防止法2条1項5号）．不正取得行為は，条文では窃取，詐欺，強迫が例示されているが，これらに限られず，「その他の不正の手段」でもよい（同項4号）．

(3) 営業秘密の技術（生産方法等）と関連する事業を被告が実施

損害賠償を請求するには，原告の営業秘密を被告が使用している事実を原告が証明しなければならないのが原則である．しかし，被告の支配領域内にある事実を，その領域の外にいる原告が証明するには通常困難がある．そこで，不正競争防止法5条の2は，原告の技術上の秘密を使用して生じる物を被告が生産しているときは，被告が原告の営業秘密を使って生産等をしたものと推定して，被告に証明責任を転換している．この要件については，「被侵害者（原告）の営業秘密に属する技術を用いて製造される製品の機能，品質，コスト等，競合他社との差別化要因となり得る点において共通する物を侵害者（被告）が生産していることを意味する」とされている（文献[1]150頁）．

(4) 故意または過失による原告の営業上の利益の侵害（不正競争防止法4条）

前記 (2)(3) の証明により，同時に，この (4) の証明になることが多い．

(5) 損害額

法律上の損害は，「原状（侵害行為がなかったならば惹起しなかったであろう状態）−現状（侵害行為によって惹起されているところの現実の状態）＝損害」で説明される（差額説．最判昭和39年1月28日民集18巻1号136頁参照）．しかし，「原状」，その中でもとりわけ，侵害がなければ被害者が得られていたはずの逸失利益の額の証明は困難を伴う．不正競争防止法は，こうした過酷な証明負担を軽減するため，損害額の推定規定（不正競争防止法5条）を設けている．

被告の不正利用により原告が被った損害額の推定方法としては，
① 譲渡数量×単位数量あたりの利益の額（ただし，原告の販売能力に応じた額の限度内）
② 被告が受けた利益額

③ 使用許諾料（ライセンス料）相当額

などがある．原告はこのいずれかにあてはめて事実証明を行い，自身が被った損害額を裁判所に推定させる．

①，②の「利益」の内容については，限界利益と理解する見解が有力である．限界利益とは，売上から変動費（原材料費・仕入原価等）を控除した額である．限界利益説の根拠は，侵害者は，侵害前から（あるいは侵害と関係せず）販売管理費等を投じているのが普通であり，これら固定費まで控除するのは侵害者を優遇し過ぎるからということにある．実際の裁判では，変動費・固定費の会計学的な二分論だけでは決めずに，ケースごとに事業や費用項目の実質が検討され，侵害行為によって新たに生じる変動費か，加害者が侵害品を販売したのと同数を被害者が追加販売するとした場合に必要となる費用か，などの諸観点から判断されている．

10.4.2　小前提（エレメント）

次に，10.4.1項の大前提にあてはめるべき小前提を考えてみる．原告が判決で勝訴するために，最低限証明に成功しなければならない小前提のエレメント（要件事実）のことを「請求原因」という．

(1) 原告の営業秘密

営業秘密を構成する秘密管理性，有用性，非公知性の3つの要素について，10.3節のケースからピックアップしてみる．

① 秘密管理性

Xコープが「βベータ」を保存しているファイルには，パスワードがかけられていて，Xコープ内で，「βベータ」は秘密として管理されていたことから，営業秘密の1要素である秘密管理性の要素は満たされている．

パスワードだけでなく，たとえば，データやファイルに「秘密」「機密」「マル秘」などの表示の有無も秘密管理性に影響する．これらは，「βベータ」が秘密として扱われていることを認識させる表示であることから，秘密管理性が肯定されることが多い．

裁判例の中には，「マル秘」の表示がなく，また，パソコン上にパスワードを

書いた付せんを貼っている者がいたケースで，秘密管理性を肯定したものがある（名古屋地判平成 20 年 3 月 13 日裁判所 Web サイト）．ID とパスワードが共有され，これを書いた紙をパソコンに貼っていて，入力担当者が退職した後も，ID とパスワードが変更されていなかったことなどが被告に指摘されていながらも，裁判所が秘密管理性を肯定したケースもある（大阪地判平成 20 年 6 月 12 日裁判所 Web サイト）．ただ，どの程度厳格に管理していれば秘密管理性が肯定されるかについては，学説の対立があり（主観説 v. 客観説），裁判官によっても事案ごとに比重をおくポイントに違いが出る（裁判例の主観説と客観説の詳細については，田村善之「営業秘密の秘密管理性要件に関する裁判例の変遷とその当否（その 1）－主観的認識 vs.『客観的』管理－」知財管理 64 巻 5 号 621 頁・同（その 2・完）知財管理 64 巻 6 号 787 頁（2014 年）参照）．そのため，パスワードや「マル秘」表示だけで判断するのではなく，就業規則，秘密管理規程，社内周知，入所・配属時の誓約書や，社内プラクティス（印刷した場合の処理，使用記録の管理，管理権限等），アクセスできる者の範囲など，各ケースの個別の事情をふまえた総合的な証明を心がける．

② 有用性

有用性は，商業的価値が認められる情報を広く含む概念である．「β ベータ」は，パケット消失を低減する制御部の製造工程であるから，有用性は認められる．有用性が否定される例としては，脱税や有害物質の流出など，公序良俗に反する情報がある．

「β ベータ」が，低減実験に失敗したデータであったとしても有用性はある．その理由は，実験失敗の情報も，「β ベータ」が使われる分野での事業を目指す企業にとっては，それを知ることで，無駄な実験を回避して開発費を抑えることができ，商業的価値があるからである．これを「ネガティブ・インフォメーション」という．

③ 非公知性

非公知性とは，営業秘密が一般的に知られた状態になっていないか，または，容易に知ることができない状態にあることである．「β ベータ」の情報が，海外の文献中に過去に記載されていたとしても，日本国内でまだ知られておらず，その情報を取得するのに時間と相当のコストがかかるような場合は，やはり非公知

である．

　以上から，「βベータ」には，秘密管理性，有用性，非公知性の3要素があるので，営業秘密の要件を満たしている．

　なお，従業員が元勤務先と同種の事業を営むにあたり，用いたものが営業秘密に該当しない場合に不法行為責任が争われた最高裁判例がある．元勤務先には退職後の競業避止義務に関する特約の定めがなく，元勤務先の信用をおとしめるなどの不当な方法での営業活動も行っておらず，元勤務先の取引先との取引を退職後5か月経って始めた状況では，社会通念上自由競争の範囲を逸脱しておらず，不法行為にあたらないとされた（最判平成22年3月25日民集64巻2号562頁．詳細は，小林宏司『最高裁判所判例解説民事篇平成22年度（上）』法曹会（2014）224頁参照）．

(2) 不正取得行為介在に対する悪意または重過失

　被告が，不正取得行為の介在を知って（または，知らないことに重過失があり）営業秘密を取得（あるいは，営業秘密を使用か開示）したことである（不正競争防止法2条1項5号）．

① 不正取得行為の介在

　問題のケースでは，Aは上司Bのデスクの引き出しを勝手にあけて，手帳にあったパスワードを盗み見ており，BがAに与えた，執務内入室の同意の範囲を明らかに逸脱している．Aがこのパスワードを使ってファイルをコピーし，「βベータ」を無断で持ち出す行為は，窃盗に準じた公序良俗に反する「その他の不正の手段」であるから，不正取得行為（不正競争防止法2条1項4号）となり，Yウィジッツとの間の「不正取得行為の介在」（同項5号）にもなる．

② 被告の悪意または重大な過失

　Yウィジッツが「βベータ」を転得した際，「βベータ」がXコープから無断で持ち出されたことについてYウィジッツが悪意の場合（または，善意であっても重過失がある場合），②の要件を満たす．

　ここにいう「悪意」「善意」はもっぱら法律固有の用語であり，知っていることを「悪意」，知らないことを「善意」という．法律用語の「悪意」「善意」には，一般にいわれる道徳的な意味はない．

重過失とは，簡単な注意を払ってさえいれば，結果を予見でき，あるいは結果を回避できた場合の不注意のことをいう．結果の重大さを基準にした用語ではない．

AがYウィジッツに転職して「スマートZ」の開発に関与し始めた直後，突然，パケット消失率を効率的に低下させる機能の生産技術を発案し，Aが開発チームのメンバーに送信した関連ファイルのメタデータ表示で，作成者がA以外のXコープの従業員名であったり，会社名が「Xコープ」，あるいはファイルプロパティ上の作成日時がAがXコープを退社する前のものだったとする．これを受信したメンバーは，そのファイルがXコープからの持ち出されたものであることがわかり（または容易に推測され），Yウィジッツは，悪意か，あるいは善意だとしても，簡単な注意さえ払えばXコープからの持ち出しファイルとわかり重過失があると認定される可能性が出てくる．

(3) 営業秘密の技術と関連する事業を被告が実施

流用の疑いのある営業秘密である「βベータ」は，通信クオリティの向上に関連する技術であり，通信関連の製品（またはシステム）の競争優位に向けられている．Yウィジッツは，通信分野におけるXコープのライバル社であり，上述の通信性能をもつ「スマートZ」のYウィジッツによる製造・販売は，この (3) の要件を満たしている．

(4) 被告が故意または過失により，原告の営業上の利益を侵害

Yウィジッツが，「βベータ」を使用して「スマートZ」を売り出して利益を得る結果，Xコープが本来得ていたはずの利益や顧客がYウィジッツに流れたり，Yウィジッツによる先行の市場投入によってXコープの営業上の利益が侵害される．(2) ②のような事情がある場合，同時に，Yウィジッツには，Xコープの利益を害する故意がある，あるいは，少なくとも注意すればそれを知り得たはずで過失がある，と相対的に判断されやすくなる．

(5) Xコープの推定損害額

10.4.1 項 (5) の①にあてはめて，Xコープが損害額推定の立証を試みる場合，Yウィジッツが販売した「スマートZ」の数量（譲渡数量）に，Xコープが販売

できたであろう単位数量あたりの利益の額を乗じて割り出すことになるが，この場合，Xコープの販売能力を超えない限度というキャップがかかる．「Xコープの販売能力を超えている」とするYウィジッツ側の主張は，超えていない範囲の賠償額は認容されることから，後述の一部抗弁（10.5.1項（4））と位置付けることもできる．

10.4.1項（5）の②にあてはめる場合は，Yウィジッツが「βベータ」の不正利用により利益を受けているときのその利益の額をXコープの損害額と推定させる．

10.4.1項（5）の③にあてはめる場合は，「βベータ」の使用に対し受けるべき額（使用許諾料相当額）を，損害額にできる．従前は，被害原告が第三者に設定している使用料率，業界相場，旧国有特許方式などを参考として，売上高に使用料率が乗じられていたが，平成15年の法改正により，各ケースごとの個別事情が勘案されるようになり，使用料相当額による損害額推定をする場合でも，改正以前と比べ，高額認定の余地が拡大した．

損害は，侵害行為と相当因果関係のある範囲でのみ認められることから，①～③のいずれにも侵害行為の寄与率が乗じられるが，この寄与率も，一部抗弁（10.5.1項（4））と位置付けられる．

10.4.3　請求原因の証明による効果

原告が10.4.2項（1）～（5）のエレメントを証明すれば，Xコープは，Yウィジッツに対して損害賠償請求権（権利）を取得する．

ただ，YウィジッツがXコープに対して支払うべき賠償金は，10.4.2項（5）で，Xに生じた損害額が証明され，裁判所が賠償を命じた金額の限度においてである．

これに対し，原告が請求原因となるエレメントのうち，たとえば，(1)の営業秘密や，(2)の不正取得行為の証明に成功しなかった場合などには，全部の請求を棄却する主文の判決をうけ，敗訴（被告の勝訴）となる．

10.4.4　判決の主文に示される付随事項

(1) 遅延損害金

原告は，通常，賠償金の元金だけでなく，遅延損害金の支払いもあわせて求め

る．契約関係が規制しない不法行為の場合，遅延損害金（利息）は年5％であり（民法404条．新民法404条では年3％），被告は不法行為の日から直ちに遅滞におちいり，賠償金全額の支払いをし終えるまでの損害金元金に対する遅延損害金を支払わなければならない．10.4.2項の損害賠償請求のエレメントが証明できれば，原告は，何の証明をしなくても，年5％（新民法では3％）の遅延損害金を請求できる権利を取得する．

もし年5％（新民法では3％）を超える利率を当事者間の合意で決めていれば，上限を定める法律等に反しない限り，遅延損害金のレートはその約定利率となるが，原告はその合意を証明する必要がある．

遅延損害金の起算点は上述のとおり不法行為の日であるが，実務上は，簡便にするため，原告提出の訴状（副本）が被告に送達された日（の翌日）以降の遅延損害金を求めることも多い．

Xコープが求めた10億円のうち5億円の支払いを命じる判決の主文の例をあげると，以下のようになる．

「1　被告は，原告に対し，金5億円及びこれに対する平成29年4月1日から支払済みまで年5分の割合による金員を支払え．
2　原告のその余の請求を棄却する．
3　訴訟費用は，被告の負担とする．
4　この判決は，第1項に限り，仮に執行することができる．」

(2) 仮執行宣言

(1)4の「この判決は…仮に執行することができる．」の文言は，「仮執行宣言」である．

この判決への控訴がなされて判決が未確定であっても，主文に仮執行宣言が付いているので，原告は，5億円と遅延損害金の回収のために，被告の財産の強制執行ができる．

(3) 訴訟費用

(1) 3は，「訴訟費用」をYウィジッツに負担させる主文になっている．

この「訴訟費用」とは，当事者が雇った弁護士に支払う報酬のことではなく，原告が訴え提起から判決言い渡しまでの間に，裁判所サイドに生じた費用のこと

である．原告が提訴時に裁判所に納付した訴え提起手数料，裁判所からの連絡用の郵券，鑑定を実施した場合の鑑定費用，証人を裁判所に呼び出して尋問した場合に出頭証人に支払った旅費・日当，裁判所書記官が訴訟記録を整理した場合の書記料などである．

10.5 抗弁・再抗弁・再々抗弁

10.5.1 抗弁

次に，原告が請求原因となるエレメントの証明にすべて成功したとしても，被告は抗弁となるエレメントを証明することによって，請求原因レベルでいったん発生したはずの権利・義務を消滅・阻止できる．

(1) 消滅時効の抗弁

抗弁として，たとえば消滅時効がある．10.3 節のケースで，XコープとYウィジッツとの間に「βベータ」の使用を規律する契約がないとすると，不法行為（民法 709 条，不正競争防止法 4 条）の適用が争点となる．不法行為の消滅時効（民法 724 条前段，新民法 724 条一号．なお，Xコープが差止めの訴えを提起した場合の消滅時効には，不正競争防止法 15 条が適用される．）の期間は 3 年であり，その法律要件（大前提）は，

① 被害者が損害と加害者を知ったこと
② ①から 3 年経過したこと
③ 加害者が時効を援用したこと（民法 145 条）

である．

10.3 節のXコープとYウィジッツの訴訟のエレメント（小前提）をこれにあてはめると，たとえば，

① Xコープは，自社システム内から持ち出された「βベータ」がYウィジッツに勝手に使用されて自身（Xコープ）に損害が生じたこと，Yウィジッツがその加害者であることを，2014 年 4 月に知った．
② Xコープが損害とYウィジッツの加害を知ってから 3 年が経過した．
③ Yウィジッツが「消滅時効を援用する．」と裁判で主張（援用）．

これら①〜③のうち，①の事実については，Yウィジッツは証明が必要である．これに対し，②は，2014年4月から3年以上経過したかどうかは自明のことであるから，Yウィジッツは証明不要である．③も，Yウィジッツが裁判で「自分は消滅時効を主張する．」と表明すればそれで足りるから，特に証明すべきことではない．

結局，Yウィジッツが時効の抗弁で証明しなければならないのは，3年以上前にXコープはすでに損害発生とYウィジッツが加害者であることを知っていたという①の事実だけである．

(2) 固有の開発技術の抗弁

生産の推定（10.4.1項 (3)，10.4.2項 (3)）に対する抗弁として，固有の開発技術の抗弁がある．

「スマートZ」がもつパケット消失率の効率的な低減機能は，「βベータ」とは違うYウィジッツが自社開発した（または，YウィジッツがXコープ以外の第三者から入手した）技術を使用して達成できたことを証明することによって，「βベータ」使用による生産推定（不正競争防止法5条の2）を覆滅することができる．

(3) ライセンス（実施許諾）の抗弁

ライセンス（実施許諾）契約の抗弁もある．

たとえば，取引関係者間で，特許や（特許等で公開を欲しない場合の）ノウハウの侵害の有無が将来争いになる場合に備え，紛争解決の労力やコストを抑えるため，特定の知的財産権等以外は，不戦協定的な意味で，包括的な無償のライセンス（実施許諾）契約を締結しておくことがある．互いにライセンスを与え合う契約は，クロス・ライセンスという．XコープとYウィジッツとの間で，包括クロス・ライセンスが合意されていて，「βベータ」がこのライセンスの範囲内であれば，YウィジッツはXコープに何ら対価を支払わずに「βベータ」の使用が可能になるので，こうしたライセンス契約締結の事実は，Xコープの請求原因（不正競争防止法の「不正」取得と「損害」）に対する抗弁になり得る．より厳密にいうと，抗弁になるのは，包括クロス・ライセンスの中に含まれる要素のうち，「技術使用に対する同意」（同意があれば「不正」ではなくなる．）と「無

償の合意」（損害への補填を不要とする.）である．これに対し，Xコープは，Yウィジッツとの間で合意した無償実施の許諾は，不正取得行為が介在して「βベータ」が使用されるような事態までも無償で許諾する趣旨は含んでいない，としてライセンスの射程範囲を限定して抗弁を否認し（10.11.1項），さらには後述の錯誤無効の再抗弁（10.5.2項(2)）を主張して反論することが考えられる．10.3節のケースで，ライセンスの合意趣旨が「βベータ」の使用を同意し，無償とするものかは，一次的には契約の文言で決まり，副次的には合意の目的・経緯などをふまえた合理的な解釈によって判断される．

　なお，「取引によって取得した権原の範囲内」の使用（不正競争防止法19条1項6号）の主張をすることの当否については，このケースでYウィジッツが対価を支払って「βベータ」を取得したといえるか，同条項号の趣旨である取引の安全が要請される場面か，などの検討が適当な場合がある．

(4) 一部抗弁の例

　有償のライセンス契約を抗弁とする場合は，Yウィジッツによる「βベータ」使用を適法にはするものの，YウィジッツがXコープに支払うべき金額を，ロイヤリティ（ライセンス料）の限度に減額させる効果があるにとどまり（10.4.2項(5)③の思考操作に近い.），原告の請求の全部は棄却できない．

　また，Xコープが，損害額推定のために，譲渡数量×単位数量あたりの利益額を証明してきた場合には（10.4.2項(5)①），Yウィジッツは，「譲渡数量の全部または一部に相当する数量を販売することができないとする事情」の抗弁を証明して対抗する（不正競争防止法5条1項ただし書き）．具体的には，

　① 「スマートZ」の売上増加にはYウィジッツの特別な宣伝広告が影響している，

　② 「スマートZ」はXコープの製品と地域的に競合していない，

　③ 第三者競合品が存在した，

などの事実が抗弁となる．ただ，これらの事実も原告の損害の全部までは否定できないため，通常は一部抗弁にとどまる．

10.5.2 再抗弁

　原告が請求原因（エレメント）の証明に成功し，次に，被告が抗弁（エレメント）の証明に成功した後でも，原告は，さらに再抗弁（エレメント）を証明することで，抗弁によって消滅等させられた権利・義務の発生を復活させることができる．

(1) 時効中断の再抗弁

　消滅時効の抗弁に対する再抗弁としては，時効中断がある．

　消滅時効制度の根拠は，「権利の上に眠れる者は法の保護に値しない．」という法格言によって説明される．権利をもつ者は権利を維持・実現するために努力することが必要であり，権利を長期間放置しているような者のために国家権力は助力しない，という思想である．権利の行使がなされない状態が長く続くと，社会は権利がないことを前提として事実を集積させていくため，継続した状態を尊重すべき要請も強くなる．そこで，不法行為の場合，上述のとおり3年の経過で時効が完成する．そのほかにも，商取引では5年（商法522条．ただし，新民法では同法166条に統一），一般の契約では10年（民法167条1項．新民法166条1項1号は5年．同2号は10年），権利者が権利を行使できるのに行使しないままでいると権利は消滅する．

　10.3節のケースでは，10.5.1項(1)①のとおり，被害者であるXコープが，自社に何らかの損害が生じたことと，Yウィジッツが加害者であることを知ったときが起算点となる．起算点（たとえば2014年4月1日）から3年（2017年4月1日）が経過する前に，XコープがYウィジッツに損害賠償などの請求をしないと，Xコープの権利は消滅する．権利行使といえる典型は，訴えの提起である（民法147条1号，149条，新民法147条1項1号）．提訴すれば，「権利の上に眠れる者」ではなくなり，また，継続してきた社会的な状態も覆るので，時効期間が経過する前の提訴である限り，それまで進行していた時効のカウントは中断する．中断とは，それまで進行してきた期間がゼロにリセットされる（振り出しに戻る）ことである（民法157条，新民法147条2項で更新）．

　Xコープが時効完成後の2017年4月2日以降，Yウィジッツを訴えても時効は中断しないが，3年が経過する前の，たとえば，2017年3月15日に，XコープがYウィジッツに対して，不正競争防止法違反を指摘して賠償金の支払いを求

めるレターを送りつけておけば，暫定的に時効進行が止まる．これは，裁判外の催促に6か月間だけ時効完成を遅らせる効果があるからである（民法153条．新民法150条1項）．訴訟外で催促しておけば，4月2日以降であっても，暫定延長期限である2017年9月15日以前に提訴すれば時効は完成しない．しかし，翌10月の提訴は，時効が完成した後の提訴であるから，再抗弁は失敗し，その結果，Yウィジッツによる消滅時効の抗弁が効果を生じ，Xコープの請求は棄却される．

　時効完成前に，Yウィジッツが不正競争防止法違反による損害賠償義務を負うことをXコープに認めた場合も，時効の中断が生じる．これは，債務の「承認」の再抗弁といわれる（民法147条3号，156条．新民法152条で更新）．

(2) 錯誤無効（取消）の再抗弁

　契約などを締結する際に，その重要な要素に勘違いがあった場合，契約は無効となる（民法95条）．売買で，代金を「3 000万円」と契約書に書くべきところを，意図せず誤って，「3 000円」と書いて契約してしまった場合，契約の重要な要素に勘違いがあることから，この売買契約は無効となる（新民法95条1項では取消が必要）．

　Yウィジッツが上述のライセンス（実施許諾）契約の抗弁を主張してきて，その証明に成功した場合でも，この抗弁に対し，Xコープは，「βベータ」が不正持ち出しされて使用されるような事態まで，無償の実施許諾の対象にするつもりはなかったとして，錯誤無効（取消）の再抗弁により，ライセンス（実施許諾）契約の抗弁を潰す．ただ，実際の裁判では，10.5.1項(3)のライセンス（実施許諾）の合意範囲の判断で決着するのが通常であり，錯誤無効の主張が認められることは多くはない．特に，ビジネスのプロである企業同士で，契約交渉途中で条項のドラフト修正を何度かやり取りした末に最終合意したような場合には，錯誤無効の主張が認められる可能性が一層小さくなる．

10.5.3　再々抗弁

　錯誤（取消）の主張が認められても，表意者（契約を締結した当事者など）に重大な過失があった場合，錯誤の主張は阻止され，ライセンス契約は無効にならない（民法95条ただし書き．新民法95条3項）．

そこで，Yウィジッツは，錯誤はXコープの重大な過失によること（重過失の再々抗弁）を証明することで，錯誤の再抗弁で権利・義務が発生したものを，再度，ライセンスの抗弁を復活させ，権利・義務を消滅させる．実際の裁判では，再々抗弁の審理にまで及ぶことは珍しく，多くの場合，それ以前の段階で勝敗が決まる．

10.6　証明責任の分配の整理

原告と被告は，それぞれ自分が証明責任を負っているエレメントを証明する必要がある．これまでみたところを整理すると次のようになる．
(1) 請求原因（原告が証明責任を負う）
　　不正競争防止法が定める損害賠償請求の要件．
(2) 抗弁（被告が証明責任を負う）
　　消滅時効，固有開発技術，ライセンス契約　など．
(3) 再抗弁（原告が証明責任を負う）
　　消滅時効の抗弁に対し提訴や債務承認による中断，ライセンス契約の抗弁に対し錯誤　など．
(4) 再々抗弁（被告が証明責任を負う）
　　錯誤の再抗弁に対し重過失　など．

Xコープが，(1) 請求原因の段階で，Aによる不正持ち出しの事実や，「βベータ」が秘密として管理されていたという事実を証明できなかった場合，(2) の抗弁やそれ以降（(3) の再抗弁，(4) の再々抗弁）の審理に入るまでもなく，Xコープの敗訴（請求棄却）が決まる．

Xコープが(1) の請求原因のすべてのエレメントの証明に成功した場合，そのままではYウィジッツが敗訴するので，次に，証明責任はYウィジッツに移る．Yウィジッツは，いずれかの抗弁の証明に成功しないと，Xコープに対する損害賠償義務が認められてしまう．

Yウィジッツの他の抗弁の証明が失敗したが，たとえば消滅時効の抗弁の証明には成功した場合，そのままではXコープの損害賠償請求権は消滅し，Xコープの請求が棄却されるので，今度はXコープに証明責任が戻り，Xコープは，消滅時効の抗弁を潰す再抗弁（時効中断）の証明を迫られる．この再抗弁の証明

に成功しないと，再々抗弁の審理に入るまでもなく，Xコープの敗訴が決まる．
　　請求原因　　（法律要件 → 個々の事実の証明 → 結論）
　⇒ 抗弁　　　（法律要件 → 個々の事実の証明 → 結論）
　⇒ 再抗弁　　（法律要件 → 個々の事実の証明 → 結論）
　⇒ 再々抗弁　（法律要件 → 個々の事実の証明 → 結論）
　　…

と，以上のような論理的順序で審理がなされ，最後に判決の主文にいたる．このように，裁判では，請求原因，抗弁，再抗弁など，各レベルのエレメントにおいて，それぞれ三段論法の判断がなされる．

1個のエレメントからなるシンプルな請求原因の場合は，1つの三段論法の検討のみで主文が導かれるが，通常の訴訟では，三段論法のあてはめ処理がいくつもの局面で行われる．

証明責任の分配については，実際には，エレメントごとに，かならずしも明確には確立していないところがあり，例外処理も多いが，判断パターンの基本は以上のとおりである．

10.7　直接事実・間接事実・補助事実

裁判の当事者が証明する対象となる事実には，直接事実（エレメント），間接事実（直接事実を推認させる事実），補助事実（証拠の信用性を左右する事実）がある．

10.7.1　直接事実（エレメント）

直接事実（エレメント）とは，その証明に成功すると，法律要件への該当が肯定される事実であり，その効果として，権利・義務を発生させたり，権利・義務を消滅・阻止等させる．

エレメントについて証明責任を負う側の当事者は，裁判官が確信をいだく「証明」のレベルにまで高度な証拠を提出しなければ，法律要件（大前提）へのあてはめは認められない．それに対し，証明責任を負わない側の当事者は，相手方が証明責任を負うエレメントの不存在を証明しなくとも，裁判官の心証を，エレ

メントがあったかどうか「わからない」という状態（真偽不明の状態.「ノンリケット」という.）にもちこみさえすれば，大前提への小前提のあてはめがなされないので，反証は成功する．

たとえばライセンス（実施許諾）の抗弁でみると，X コープと Y ウィジッツとの間の，「βベータ」の使用を無償で認めるライセンス契約を締結した事実は，直接事実となる．被告がこの事実の証明に成功すれば，他の事実を証明するまでもなく，抗弁（エレメント）が認められる．その結果，このままではXコープは敗訴するため，X コープは再抗弁のエレメントの証明を迫られる．

エレメント（直接事実）を直接証明する証拠のことを「直接証拠」という．ライセンスの抗弁の例では，契約書や実施許諾書などが直接証拠となる．時効中断の効果を生じさせる債務の承認では，Y ウィジッツ（の役員）が X コープに送信した，X の損失に対する補填責任を認めるメールなどが直接証拠となる．

電子メールが取締役の善管注意義務違反認定の直接証拠となった裁判例（株主代表訴訟）としては，大阪高判平成 27 年 10 月 29 日判時 2285 号 117 頁がある．この裁判では，会社の買収者側である取締役らが公開買付（第一段階）とスクイーズ・アウト（第二段階）の手法による MBO（マネジメント・バイアウト）を試みた際の取締役らの公開買付価格への不当介入による義務違反・情報開示義務違反が争われている．

不正競争防止法 2 条 1 項 4 号の原稿の不正取得が争われた知財高判平成 27 年 12 月 24 日裁判所 Web サイトでは，被告が具体的な執筆・出版を原稿取得前から計画して個人的な利益を図ろうとしていたか，が争われたが，証拠提出された電子メールの文面の内容や，海外で実施された包括的なパソコン内の情報の捜索押収手続によっても関係者のパソコンから原稿が発見されなかったこと，などから，個人的な利益を図る目的を有していたことが否定されている．

10.7.2 間接事実
(1) 証明責任を負う側の当事者

単純なケースでは直接証拠が存在することもあるが，多少複雑なケースになると直接証拠を見つけて裁判所に提出するのは簡単ではない．そこで，いくつもの間接証拠を提出して間接事実の証明を積み重ねていき，それらを総合して，裁判

所にエレメントを「推認」させる証明活動を行うことになる．ただ，これら各間接事実（$a_1 \sim a_n$，$b_1 \sim b_m$）の中でも質的な差や重要度に差がある．裁判では，その中のごく少数の間接事実が決め手となって勝敗を分けることも少なくない．

　10.3節のケースでも，Aが「βベータ」を持ち出した事実を直接証明できる証拠をXコープが入手するのが容易ではない場合，Xコープは，Aが「βベータ」を自社から持ち出したこと（エレメント）を裁判官に「推認」してもらうため，間接事実の証明を積み重ねていく．

　たとえば，「βベータ」を保存したファイルへのアクセスログ（a_1），私物USBの接続ログ（a_2），A使用の社内パソコン内のデータの重要部分が消去された状態にあること（a_3），各証跡が時間的に近接していること（a_4），休日にAがXコープのビルに入館した記録（a_5），Aのネットの閲覧履歴（a_6），あるいはAは元々はYウィジッツから中途採用されるだけの条件を満たしていなかったこと（それにもかかわらずAはなぜかYウィジッツに中途採用されたこと）（a_7），営業秘密を持ち出す動機（a_8），持ち出しを示唆する言動（a_9），…（a_n）などの間接事実 $a_1 \sim a_n$ を証明する．こうしてXコープは，1つ1つの間接事実を証明し，$a_1 \sim a_n$ を総合して，裁判官にAが「βベータ」を持ち出したエレメントの心証をいだかせる努力をする．

　間接事実を証明する証拠を「間接証拠」といい，刑事裁判における「情況証拠」に相当する．

(2) 証明責任を負わない側の当事者

　Xコープが，間接事実 $a_1 \sim a_n$ の証明をして「βベータ」持ち出しのエレメントを裁判官に推認させようとするのに対し，Yウィジッツは，エレメントへの推認を阻止するための間接事実を立証する．その例としては，「βベータ」を保存したファイルへの不審なアクセスログが記録された同じ日に，A以外の社員もXコープに出社していたこと，A使用の社内パソコン内のデータ消去はAの作為によるものとは特定できないこと，XコープがYウィジッツの中途採用条件とした情報はネットで拾われたものであって，実際のYウィジッツの採用条件と異なること，等々が，反証の（b_1），（b_2），（b_3），…（b_m）の間接事実である．

　これらの中の，たとえば，問題の休日にAだけでなく他の社員も出社してい

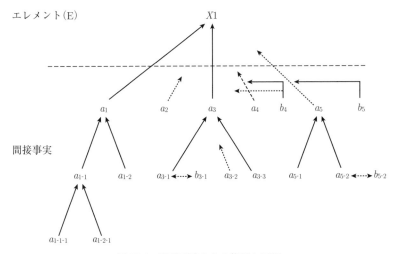

図 10.1 間接事実からの推認と反証

たという (b_5) は，A の休日出社，その日の「β ベータ」へのアクセスログ，A のパソコン内のデータ消去の痕跡，A の不自然な Y ウィジッツでの採用等々の，X コープが証明する $a_1 \sim a_n$ の間接事実群と両立する間接事実である．そのため，そのままでは A による「『β ベータ』持ち出し」のエレメントが推認されてしまうことから，Y ウィジッツは，エレメント（直接事実）の証明責任を負わないはずの当事者（証明責任を負うのは X コープ）でありながら，間接事実 b_1 を裁判官が確信する「証明」レベルまで立証する必要が出てくる（b_5 の事実は，心証をノンリケットに持ち込むだけでは不十分）．エレメントの証明責任を負わない側の当事者が，エレメントが推認されることを阻止するために，自らに有利な間接事実の証明を迫られる反証活動のことを「間接反証」という．間接反証は，訴訟では頻繁に実践されている．

　裁判所は，判決文に，証明責任を意識した認定の表現振りをするのが通常であるが，実際には，争点の判断にとって重要ではない間接事実は，相当薄い証拠でも証明が成功したものとして扱われている．逆に，裁判の決着を決める重要な事実については，どちらの当事者に証明責任があるか，では判断せず，事実が存在するかしないのか，いずれかの心証をしっかりとって決着させることがある．

　これに関連し，事実がないこと・不存在の証明は，世上「悪魔の証明」といわ

れることがあるが，ないこと・不存在の証明は，裁判実務では日常的に行われている．本来あるべきところになければ，ないことの証明が成功する．預金通帳に，一定の金額が毎月定期的に入金されていたのが，ある時期から入金の記録がなければ，特段のことがなければ，支払いをしていないことの証明になるのがその例である．

Nucor Corp. v. Bell and SeverCorr, D.S.C.Jan. 11, 2008 は，元従業員が営業秘密を転職先に持ち出したことを理由に製造差止め等の仮処分が申し立てられたケースであるが，このケースでは，元従業員使用のパソコンの HDD 内のデータに，数 GB の 0 列の広範囲のブロックがあったことから，ダウンロードされた消込みソフトと上記ブロックとの関係が問題となり，過失または故意に証拠が破壊されたのではないかが争点となっている．

(3) 各レベルにおける間接事実からの推認

間接事実から直接事実（エレメント）への推認は，請求原因についてだけではなく，各レベル（抗弁，再抗弁，再々抗弁…）で生じる．

(4)「加害者を知った」を推認させる間接事実・ライセンス締結プロセス

間接事実を消滅時効の抗弁について考えてみる．消滅時効の抗弁の証明責任は Y ウィジッツにあるが，X コープの提訴時が 2017 年 5 月と仮定し，その 3 年以上前の 2014 年 4 月に，Y ウィジッツが加害者であることを X コープが知っていたことを証明する場合，その直接証拠がないとすると，時効の「加害者を知った」事実を推認させるために，Y ウィジッツは，間接事実を証明することになる．たとえば，

① Y ウィジッツに転職した A が，2014 年 4 月開催の X コープ OB を招待したパーティに参加したこと，

② そのパーティにおいて，A は X コープの担当役員 D に，「スマート Z」のパケット消失改善機能について話したこと，

③ A が話した内容は「β ベータ」の技術と即断できるものであって，D との会話で，A は，X コープ在籍時に得た知識が Y ウィジッツで役立ったと発言していたこと，

④ A は，パーティ後，会話できたことへの御礼のメールを D に送信してい

たこと，
などの間接事実を，Yウィジッツは証明する．これに対する反証として，Xコープは，
① パーティは大盛況で，DがAと会話できた時間はわずかであったこと，
② Dはパーティでホスト役のため，同時に複数の来客対応をしなければならなかったこと，
③ 会場内では人気音楽が常時大音量で流れ，人の話をはっきり聞きとりにくい状況だったこと，
④ DがAから受信した御礼メールには，「βベータ」を「スマートZ」に使ったことを示す文言はなかったこと，
などの間接事実を立証する．こうして，Xコープは，パーティでYウィジッツによる加害をXコープが知ったという事実の推認を阻止して，2014年4月のパーティでの会話が時効の起算点にならないようにし，3年の時効カウントが進んでいない状態にする．

XコープとYウィジッツとの間のライセンスについては，10.3節のような情報持ち出しのケースでも「技術使用に対する同意」に含む趣旨・目的だったかは，ライセンスの合意に至るプロセスでやりとりされたメール，折衝の場でのディスカッションを記録した議事録データ，最終合意以前の段階での，ライセンス文言・条項の追加・削除・変更等を示したドラフト（とその変遷プロセス）のファイルなどが間接証拠になる．

10.7.3 補助事実

補助事実とは間接事実の一種であるが，証拠の信用性に影響を与える事実であり，補助事実を証明する証拠を補助証拠という．

「『βベータ』のデータがAの私物USBにコピーされていた」というデータ解析担当のWの証言は，Aによる持ち出しのエレメントを推認させる重要な間接証拠である．これに対し，
① 証人Wは過去に事実に反する供述をした
② 証人Wが所属する調査会社がXコープとの間で調査・報告・証言に対する報酬・費用等の取り決めをしているのとは別に，W個人が調査会社に秘

して，証言が上手くいったら法外な成功報酬をXコープから得る約束をしていた（y_1）

などの事実は，Wの上述の証言を額面どおりに信用してよいか疑いを生じさせる事実であり，補助事実となる．証人Wにy_1のようなバイアスがあるとしても，証人Wが証言したすべての事実が信用できないということは通常なく，利害の絡んだ一部について，不利な面を伏せ（または小さく），有利な面を大きく表現して事実を歪めるのがバイアス証言の典型である．

証人VがYウィジッツに有利な証言をしたが，

③ Yウィジッツに有利な証言をしないと取引が打ち切られ，Vが経営する会社が倒産の危機に瀕する状態にあった

という事実も，同様に補助事実である．これらの場合，証言には強いバイアスが疑われ，「『βベータ』のデータがAの私物USBにコピーされていたように見えた」とするWの証言や，Yウィジッツに有利なVの証言も，そのままの内容で判決の認定に使ってよいか躊躇される．

Xコープから「βベータ」が持ち出された痕跡の保全・解析を記載したデジタル・フォレンジック調査報告書に対しては，たとえば，

① 使用ツールの操作・解析評価（x_4），担当者の習熟（x_5），使用ツールの信頼性（x_6）
② 保管連鎖の不連結（y_2）
③ ハッシュ値（x_2）・メールヘッダー情報（x_3）の一致，ファイル名の拡張子の一致・相違や存在・削除
④ コピー先記憶メディアの無データ状態の確保，コンタミ排除の不十分処理（y_3）

など，現場における保全手法の適切性や法廷顕出までの手続適正といったChain of Custodyに関連する事実は，伝統的には，「βベータ」持ち出しの推認の可否に影響する可能性がある．

ハッシュ値不一致という信頼性を低下させる補助事実に対するリカバリーのための証明としては，Near Duplication, Fuzzy Hash, Entropyなどによる高類似率の証明（6.3.3項）や，近時注目されているTAR（Technology Assisted Review）やPredictive Codingなど（6.3.4項），また，③のファイル名の拡張子

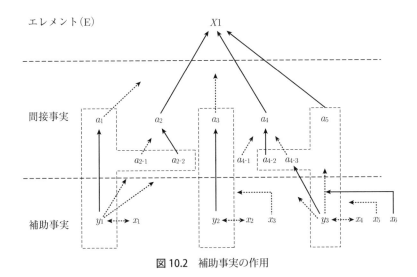

図 10.2　補助事実の作用

の相違・削除に対するリカバリーとしては，ファイルシグネチャ（ファイルヘッダー）のデータ識別機能によるファイル形式の特定などがある（6.3.5 項）．

　物理コピーは削除データの復元に威力を発揮してきたが，ハイブリッド型メディアの出現によりデータ復元が困難なものが現れている．また，SSD に対するデータ保全でコピー先メディアを SSD とした場合に，通電等による保全実施後のデータ消失の可能性も指摘されている．

　コピー先記憶メディアの無データ状態の確保に関しては，これまで DoD や NIST の従来型上書き方式・回数が中心だったが，メディアの多様化と技術動向による完全消去の困難化に伴い，処理方式やメディアの特性・PDCA サイクル関連・コピー先メディア信頼性保証などの補助事実の比重が今後高まってくる．コピー先メディアの事前完全消去の証明ができない（コンタミ残置の可能性がある）場合でも，そのことが直ちに証拠の信用性を否定したり肯定する補助事実になるか，はケース・バイ・ケースである．

　ただ，いずれにしても，人証や（紙の）書証は，プリミティブであっても，間接事実・補助事実を問わず，依然として証拠の基本であり，重要である．また，訴訟では，未削除データを中心に審理が進められるので，まずは生きているデータをそのままの状態で保全することを優先することが多い．

ハッシュ値が不一致の保全データでも信用性はあると認められた裁判例として大分地判平成 27 年 2 月 23 日裁判所 Web サイトがある．このケースでは，解析のための使用が予定されていない保存用予備ハードディスク（物理コピー）へのアクセスの形跡があり，ファイルの最終アクセス日時の変動もあった．しかし，裁判所は，

① パソコンの電源を入れたりハードディスクへの通電によって，意図せず，自動更新される可能性があるから，被告によるデータ改変の事実は推認できない，

② 同一名称のファイルでありながらハッシュ値が異なっても，鑑定では問題のファイル内容との一致が認められる，

③ ファイルのハッシュ値は 1 ビットの変動でも異なってくるから，ハッシュ値の違いのみから，解析結果の信用性を判断するのは相当ではない，

と判示している．

ハッシュ値に依存しないライブ・フォレンジックは古典的な手法でありながら，データ保全では，今後も証拠保全の方法として重要である．原本同一性を証明する際ハッシュ値を用いない場合，立証命題（反証命題）としての補助事実をどう定立するかも工夫を要する．

東京地判平成 28 年 4 月 27 日裁判所 Web サイトのケースでは，被告が，USB メモリ等で営業秘密のデータを持ち出したのなら，デジタル・フォレンジック調査で持ち出しの形跡の証拠が得られたはずなのに原告がその証拠を出してこない，としてデータ持ち出しの事実を被告は争ったが，裁判所は，他の送信メールの添付データの内容がデジタル・フォレンジックによっても復元できなかったことに触れて，デジタル・フォレンジック調査による証拠が裁判に提出されていないとしても，そのことによって営業秘密を持ち去っていないとはいえない，と判示している．

東京地判平成 28 年 3 月 23 日 LEX/DB25542551 は，労働組合（被告）に雇用されていた従業員（原告）が，限られた数名しか閲覧できないフォルダのデータ全部を私物の USB メモリにコピーし，また，原告に貸与されたパソコンのマイドキュメントに保存されたデータを私物の USB メモリに移動（コピーと削除）したとして雇止めされたケースである．原告は，パソコンを原告以外の者が操作

して私物 USB メモリにコピーされた，コピーのログは改ざんによって作出された，と争った．この訴訟の進行協議期日において，被告は，原告への貸与パソコンを提供して，中からハードディスクを取り出して厳封し，2 週間後，原告被告双方立ち会いの下でコピーを当事者と裁判所用に 3 部作成したが，それらはハッシュ値が同一で，コピー元の完全なコピーであると認定された．

そのうえで裁判所は，原告が貸与を受け使用していたパソコンによる原告の社員番号・ログオンユーザー名をユーザーとする問題の日時の操作ログと，上記ハードディスクのファイルアクセス履歴とが，電源を入れてから切るまでの間完全に一致していると認定した．さらに，原告以外の者がコピーした場合はたちまち原告に発覚してしまう状況にあったこと，もし他人がコピーをしたとすれば，原告がパソコンから離れている日のうちにマイドキュメントにコピー対象のファイルをいったん保存する操作をする必要があるが，操作ログにはその操作が存在しないこと，などを理由に，他人がコピーを行ったことを否定した．

このケースでは，操作ログの作出の可能性（被告提供パソコンの時計を私物 USB メモリへのコピー操作の時刻と合わせてコピー操作を行い，記録されたログのファイルのタイムスタンプがソフトで変更された可能性）も検討されたが，裁判所は，原告を雇止めするため，わざわざログを人為的に作出しながら 2 年間そのまま放置して雇止めすることは不自然であること，原告の定年前日からその後 2 年半の間電源オフのままであった被告提供パソコンを使用してログを作出することは不可能であること，本訴訟に先立って労働審判に証拠提出された 80 頁以上の操作ログの記録があり，この内容に合わせて本件操作ログを作出することは考えにくいこと，などを理由に，コピーを行ったのは原告本人であると認定した．

これらの裁判例からわかるのは，事実の判断では，いくつかの「動かし難い事実」が，まずはコーナーストーンとしてそれぞれ置かれる．次に，データの信用性は，そのデータの，同一パソコン内に格納された他のデータ（例，問題のデータだけが異質）やネットワークの経路での痕跡との整合性などから争われる．データの信用性はデータ同士だけで判断するのではなく，データ以外の事実からも支持され整合しているかをチェックすることが大切である．パソコン内データとの整合性はあっても，パソコンの外部の証拠と矛盾しないか（当該パソコン

のみが人為的に操作されている可能性），問題のデータの前後の文脈，動機・経緯，結果・事後事情，間接的な影響，周辺事象など，データに残らない事実をも総合し，「四囲の事情」からみて自然で納得のいくものかが吟味される．

10.8　証拠調べ方法

　請求原因，抗弁，再抗弁，再々抗弁などは，いずれも当事者の主張（言い分）であり，裁判所にそれらの主張を認めてもらうには，主張（言い分）の裏付けが必要となる．この裏付けを裁判所に示す活動が証明である．証明とは，事実について裁判官に確信を得させるための当事者の証拠提出活動であり，直接事実（エレメント），間接事実，補助事実のいずれの立証においても証明は必要である．

　裁判上，証明が不要な事実もある．2014年4月から3年が経過したという事実，日本の首都が東京であること，20XX年に世界的な経済不況があったこと，などは，公知の事実であるから，証明は不要である．

　民事訴訟法は，証明方法として，（ほかにもあるが）主として次のものを定めている．

10.8.1　人証（証人・当事者）

　証人尋問とは，当事者（原告・被告）以外の者が過去に認識した事実を裁判所で供述し，その供述を証拠とする方法である．デジタル・フォレンジックの技術者が，自分が担当したパソコンやシステムなどのデータの保全・解析について法廷で証言する場合は，証人尋問の例である．同じくフォレンジック技術者でも，この技術者が証拠保管に不備があってクライアント（原告）から提訴を受けて，法廷で供述する場合は，証人ではなく，次にいう被告本人尋問になる．

　当事者尋問とは，当事者（原告・被告）が裁判所で供述し，その供述を証拠とする方法である．会社の代表者が法廷で供述する場合，証人か当事者かは，原則としてどちらで裁判所に申請するかによる．

10.8.2　書証

　書証とは，文書に記載された思想・認識を裁判所が事実認定に使う方法であ

る．データの保全・解析を実施したデジタル・フォレンジック技術者が作成したデジタル・フォレンジック調査報告書が書証の例である．ただ，調査報告書の中には，記載された思想・認識ではなく，次の「検証」によって心証を得させる部分も通常含まれているため，厳密にいうと，ほとんどの調査報告書の性質は，書証と検証の両方を兼ね備えている．

10.8.3 検証

裁判官が五官の作用を使って事実の認定資料とする方法である．五官の中でも裁判で多いのは，視覚である．プログラムで発生したエラーやログオンの失敗は，作成者が表明した思想・認識とは異質であり，10.8.2項の書証の概念にあてはまらず，その性質は検証となる．種類，日付，時刻，ソース，分類等をイベント・ビューアで表示したディスプレイの写真なども，調査報告書に綴じられていても，本来の性質は検証である．ただ，検証として扱うと，裁判所は調書（口頭弁論調書）に検証の結果を記載しなければならず（民事訴訟規則67条1項5号），この作成作業の負担を避ける意味もあり，実務では書証に準じた扱いをしている．

10.8.4 鑑定

特別の学識経験をもつ第三者に専門知識に基づく事実判断を裁判所に報告させる方法である．当事者や第三者が裁判所に提出したパソコンに対し，裁判所に指名されたデジタル・フォレンジックの技術者がその専門知識を使って判断した内容を裁判所に報告すれば「鑑定」である．民事訴訟法の「鑑定」は，あくまで裁判所が指名した専門家による専門判断のことである．同じ専門家でも，当事者が雇う専門家は，特別な専門知識をもつ者であっても，法律上は鑑定人ではない．

10.8.5 クラウド業者からの民事訴訟法上の証拠収集

現場に臨むリモート・ストレージへの証拠保全の困難が指摘されることがある．これに対し，現場に臨まないタイプのクラウド・フォレンジックとしては，文書提出命令（同法223条）や検証物提示命令（同法232条）がある．ただ，多くのケースではクラウド業者が第三者の立場にあり，正当な理由のない拒絶に対

する過料制裁の規定もあるため（10.11.13項），文書提出命令・検証物提示命令の発令には一般に謙抑的であり，制裁規定のない調査嘱託（同法 186 条）や送付嘱託（同法 226 条）の方がより実際的であり，裁判所の採用は，上記各命令と比べると相対的に容易である．裁判所が嘱託を採用するかどうかの判断は，ケースそれぞれの個別事情や採否の必要性（同法 181 条 1 項）のほか，約款・準拠法・管轄などによる．クラウドのユーザーが自身の所有するパソコンから証拠取得ができないなどの事情から，送付嘱託や調査嘱託を申し立てて，クラウド業者にデータの提供を求める場合，ユーザーは，非開示とされるべき自らのプライバシー等の利益を放棄していると解されるが，それでもなおクラウド業者には提供を拒むべき，保護に値する独自の利益があるかが問われる（金融機関に対する文書提出命令のケースで，最決平成 20 年 11 月 25 日民集 62 巻 10 号 2507 頁参照）．送付嘱託を受けた嘱託先や調査嘱託を受けた内国の団体には，正当な理由がない限り嘱託に応じるべき義務がある．ただし，正当な理由なく嘱託に応じない場合であっても，民事訴訟法上の制裁はない．

10.8.6 犯罪被害者保護法による刑事公判記録の閲覧謄写

犯罪被害者等の権利利益の保護を図るための刑事手続に付随する措置に関する法律（犯罪被害者保護法）は，刑事訴訟連動型の民事訴訟において，近時しばしば活用されている．従前，刑事公判記録からの民事訴訟への証拠利用は極めて限定されていたが，犯罪被害者保護法 3 条により，被害者は，一定の要件を満たせば，使用目的が制限されるものの，刑事公判記録を謄写して，その証拠を民事訴訟に提出することが可能となっている．会計粉飾の上場詐欺事件等の刑事訴訟に関連して，被害株主らが上場に関与した関係企業等を民事訴訟で訴えるときなどに活用されている（東京地判平成 28 年 12 月 20 日・平成 22 年（ワ）第 36767 号損害賠償請求事件など）．この場合，刑事公判に提出されたデジタル・フォレンジックによる証拠が，犯罪被害者保護法によって民事訴訟にも提出される可能性があり，提出時には次に述べる訴訟記録の閲覧謄写複製制限との併用が一般的である．

10.8.7 プライバシーや営業秘密に対する民事訴訟法の配慮

証拠顕出によるプライバシーや営業秘密の問題への手当てとしては，訴訟記録の閲覧謄写複製制限（同法92条．10.11.9項参照）やマスキング処理などがある．本人が特にこうした制限措置を積極的に望まない場合もあり，事実上利益放棄として無条件開示のまま追行されている民事訴訟もある．

命令を受けた者以外の者への営業秘密の不開示を命じる「秘密保持命令」の制度もあるが（不正競争防止法10条，特許法105条の4，著作権法114条の6，その他），命令の違反者には懲役・罰金の制裁がある．その影響から，秘密保持命令によって，代理人とクライアントとの間のコミュニケーションに重大な支障を来たし，自由であるべき訴訟活動に強い萎縮をもたらすリスクがあるため，発令は慎重であるべきである．

10.9　民事訴訟法の証拠保全

10.9.1　民事訴訟法の証拠保全の手続趣旨

デジタル・フォレンジック実務で通常いわれている「証拠保全」と，民事訴訟法が定める「証拠保全」（同法234条）とは，手続が異なるので，どちらの意味で使われているのかを確かめる必要がある（デジタル・フォレンジックの実務で通常いわれている「証拠保全」は，第1章などで述べられているとおりである）．

正式な裁判手続を「本案」といい，公開法廷を使用して行われる．法廷内の配置は，傍聴席からみて正面のひな壇に裁判官が法服を着て座り，通常，ひな壇の手前・下の左側に原告席，右側に被告席が設けられている．原告本人は原告席に，被告本人は被告席にそれぞれ着席することも許されるが，地裁以上の裁判では，代理人である弁護士のみがこれらの席に着くことが多い．

本案は，原告が訴えを提起してから1か月余りの期間をおいて第1回の口頭弁論を開く．口頭弁論とは，公開法廷に，裁判官，原告（代理人），被告（代理人）が立ち会って，法的な主張をしたり，証拠を提出する手続のことである．口頭弁論（または弁論準備）は，その後，第2回，第3回，第4回，…と開かれて審理が続いていく．口頭弁論が開かれる各回の間隔は，通常，1か月から2か月くらいある．証人尋問や当事者尋問は，訴えを提起してから数か月後，複雑な事

件になると2年以上経ってから実施されることもあり，本案の進行には時間がかかる．そのため，本案の進行中，証拠の所持者に証拠の提出を求めたり，証拠の取り調べをしていたのでは，インシデント発生当時の状況から証拠の状態が変化し，証拠が散逸し，意図的な証拠の改ざん・隠匿・廃棄，さらには事後的な証拠のねつ造などのおそれが出てくる．

そこで，本案での取り調べを待っていたのでは，時間が経つうちに証拠の変更・消去・改ざん等のおそれがあることを疎明して，本案を裁判所に提起する前の証拠の保全を認める証拠保全を民事訴訟法は定めている．「疎明」とは，裁判官に確信をいだかせる「証明」のレベルよりも低く，一応確からしいという心証のレベルであると講学上解説されている．しかし，安易に，疎明は証明が軽減されたものであると考えると，裁判所を説得することにしばしば行き詰まる．むしろ，疎明とは，「その種の事実であれば，当然あるはずの証拠を提出すること」が期待される立証活動ととらえるのがより実務的である．たとえばXに不履行があったことについて，単に陳述書の中に作文しただけでは，疎明は不成功と判断する裁判官は多く，客観的な証拠によって陳述書で述べられた不履行の事実がサポートされていることが望まれる．相手方からの主張が通常予想される抗弁（売買に基づく物の引き渡し請求に対し，代金が支払われるまで引き渡さない，として履行を拒む同時履行の抗弁など）の立証が成功しないであろう，との一応の心証を抱かせることも疎明には求められる．

契約をメールで申し込んだ事実を疎明する場合は，疎明であっても，端的に，契約を申し込んだメール（あるいは申し込みメールを受け付けた確認メール）自体を証拠として提出すべきである．申し込みのメール（確認メール）を提出できず，陳述書の提出だけで申し込みの疎明をしようという場合は，むしろ，契約の申し込みはしなかったのではないか，と疑わせる．そのため，何らかの事情でメールを証拠提出できないのならその合理的な説明や，業務プロセスで送受信したその他のメールなどによる補強が重要になる．

疎明の場合は，本案の正式な手続を踏まず，即時に取り調べが可能な証拠によって立証が行われ（民事訴訟法188条），証拠保全に限らず，裁判上の各種の決定手続に求められている．本案の判決の主文は，最終的には被告の財産への強制執行によって実現されるが（10.2.3項），上述のとおり，その審理には長い時

間を要することから，原告が勝訴判決を得るころには，被告の財産が隠されたり移転されていて，将来の執行が困難になることがある．この場合，本案の判決前に財産をフリーズして金銭債権を保全しておくために，仮差押えという手続がある（民事保全法 20 条 1 項）．また，金銭債権保全の仮差押え以外にも仮処分という手続があり（民事保全法 23 条），たとえば，ネットに名誉を毀損する匿名の書き込みがなされた場合に，書き込み者を特定して損害賠償の本案を提起する前提として，掲示板管理者に発信者情報の開示を求める仮処分を申し立て，IP アドレスとタイムスタンプの開示を受けて経由プロバイダを割り出すことも行われている（特定電気通信役務提供者の損害賠償責任の制限及び発信者情報の開示に関する法律（いわゆるプロバイダ責任制限法）4 条，民事保全法 23 条 2 項）．これら本案提起前の仮差押えや仮処分の立証の程度も疎明である（民事保全法の実務全般については，菅野博之・田代雅彦『民事保全の実務』裁判実務シリーズ 3・商事法務（2012）参照）．

　民事訴訟法の証拠保全が，訴訟法によらない任意の証拠保全と異なるポイントは，裁判所への証拠保全の申立てが必要であり，疎明に成功すれば裁判所が決定を下し，裁判官が実際に現場に赴いて保全を行うことである．

10.9.2　証拠保全を使った人証（証人・当事者）・書証・検証・鑑定

　民事訴訟法の証拠保全は，筒のようなものとイメージすることができる．証拠保全で実際に行う証拠調べ方法は，人証（証人・当事者）・書証・検証・鑑定・送付嘱託などであり，これらのコンテンツが証拠保全の筒に入れられる．

　たとえば，ある企業内にインシデントの証跡が残っているパソコン数台がある場合に，それらのパソコンを本案の証拠調べが始まるまでの長い間，電源を切って未使用のままにしておけずに，民事訴訟法の証拠保全を行う場合を想定してみる．

　社内にパソコンが置かれている状況，パソコン内の各種ログ，フォルダ・ファイルの配置などを証拠保全する場合，物の形状や状態を証拠にすることから，証拠保全の筒に入れるのは「検証」である．

　パソコン内の電子メールやファイルに記録された作成者（送信者等）の意思表示（例，取引のオファー）や認識（例，システムの設計ミスを認めて，対応を

相談する送信メール）を証拠にする場合は，証拠保全の筒に「書証」を入れる．伝統的な書証は，文章などが書かれた紙であり，この紙を「文書」というが，紙ではないが文書に準じる証拠を民事訴訟法は「準文書」とよんでいる（同法231条）．メールやファイル等を証拠保全する場合は，送信日時やメールの前後関係，フォルダの配置，プロパティ情報などの保全も同時に行うことから，証拠保全は，書証ではなく，検証で申し立てられることも多い．病院のカルテに対する証拠保全では，患者を診断した際の医師の認識や説明，患者の反応などがカルテに記載されており，「書証」の側面があるが，一方で，カルテの外観や状態を保全する面も強く，検査データやCT画像等が保全対象となるので，証拠保全は「検証」によるのが大勢である．

　社内でパソコンを実際に使っていた社員やフォレンジック技術者の証言を必要とする場合に，その社員や技術者が長期の海外赴任を命じられたり，あるいは重い病気になると，本案で証人尋問を行う時期まで待ったのでは証言を得られないおそれが出てくる．この場合は，社員または技術者に対する証人尋問を証拠保全によって行う．病気や高齢で入院中の場合，その者の体調に配慮し，入院している病院に裁判官と書記官が赴いて，状況によっては医師を立ち会わせて証言録をとって証拠保全する．

　鑑定については，証拠保全で行うことは多くない．その理由は，書証や検証で証拠を保全しておけば，これら保全した書証や検証をベースに，本案の証拠調べに入ってから鑑定を行えば足りるからである．また，検証の証拠保全の際，しばしばコピー業者やカメラマンを立ち会わせるが，これと同様に，証拠保全の申立人が，自分で雇ったフォレンジックの技術者に検証の補助者として現場に立ち会ってもらえば事実上鑑定に等しい結果が得られることも，書証や検証ほどには，証拠保全で鑑定が行われない理由である．デジタル・フォレンジックの技術者が，自分がもっている専門知識と技能を用いて電子データの保全や解析を行っても，裁判所から指名されていなければ，鑑定といわないのは10.8.4項のとおりである．

　なお，証拠保全によって送付嘱託（民事訴訟法226条）を行い，本案提起前に当局から関係書類を取り寄せることもある．

10.9.3 人工知能

　AI技術は，我が国が国際競争力を確保するための国家戦略として，インフラ・運輸・物流，医療・介護，エネルギー，情報通信，製造業・サービス，食品・医薬品，教育，農林漁業，建設土木，金融，レジャーなど，ほぼあらゆる産業においてその開発と実用化が推進されている．

　AIの浸透により，必然的に，AIに関連する社会生活上のまたは企業活動を巡る紛争が，契約法や不法行為法などの問題となって裁判に持ち込まれることになる．司法サイドが，AI紛争の適切迅速な解決を可能とするだけの相応の体制を整えなければならないケースも現われてくるが，この場合，裁判所任せにはせず，知見やリソースをもつ当事者による裁判所への協力が不可欠となる．また，当事者が将来AIを活用した立証活動を行うことは十分予想されるが，「ストーリー」の提示が中心とされてきたこれまでの立証スタイルになんらかの変化が生じる可能性がある．

　別の観点からは，裁判の傾向分析を科学的に試みるテクノロジーの登場がありえる．これまで弁護士の経験や直感に頼っていた戦術を避けて，アメリカでのシャドー・トライアルや陪審コンサルティングでときに用いられる，個別事件に即した，客観的なデータ収集・統計解析と，細かいフィードバックによる予測精度を，コンピュータを使ってさらに高めるというものである．日本でも裁判例のデータベース化はすでに行われているが，判決・決定，発表論文，講演・発言録にくわえて，進行中の裁判で行われる訴訟指揮など，より詳細な情報を集積して相関関係のある事象・変数からの予測が考えられる．

　デジタルは，「紙」換算でいうとスカイツリーの高さにもおよぶ，かつて非現実的であった情報量を今や日常的なものにしたが，この現象は訴訟手続にも影響を与えている．訴訟における情報の洪水に対する効率化の観点から注目されるのは，人工知能を使ったeディスカバリに関するアメリカの判例である．

　裁判所が人工知能TAR（Technology Assisted Review）の使用を最初に承認したのは，2012年のニューヨーク南部地区連邦地裁の決定である（Da Silva Moore v. Publicis Groupe & MSL Group., S.D.N.Y. 2012）．その後，文書提出者側のTARの使用を承認する決定が相次ぎ，人が行うレビューやキーワード検索よりもTARははるかに正確である，と認める裁判官も現れている（Progressive

Casualty Insurance Company v. Delaney, D. Nev. May 20, 2014）．税務訴訟において，IRS（アメリカ合衆国内国歳入庁）は，TAR は未だ精度が証明されていない技術である，と主張したが，裁判所は，TAR の使用は当事者の判断に任せるもので，使用を当事者に指示はしない，と述べると同時に，テクノロジー産業では，不当な負担なく e ディスカバリを関連文書の絞り込みと，効果的なに ESI（電子形式の保存情報）のディスカバリを目的として今や広く受け入れられている，との判断を示している（Dynamo Holdings Limited Partnership v. Commissioner of Internal Revenue, T.C. Sept. 17, 2014）．ニューヨーク南部地区連邦地裁は，上記の Da Silva Moore において，関連する ESI のレビューと提出のためにキーワード検索等を用いる場合と同じく，弁護士は，TAR の活用には適切なクオリティ・コントロールのテストを実践しなければならない，と判断したが，同地裁は，2015 年の Rio Tinto のケースでも，当事者間の手続的な透明性と協力関係の上での TAR の活用を改めて推奨している（Rio Tinto PLC v. Vale S.A., S.D.N.Y. Mar. 3, 2015）．

　日本の訴訟は「紙」中心の審理を行っており，デジタルデータを書証（プリントアウト）にして裁判所に証拠提出している．紙を使用するため，大規模訴訟では，訴訟記録が数十冊，さらには 100 冊を超えることもあり，法廷内では，記録の山から関連書類を取り出してページをめくって該当箇所を探し，証人尋問などに用いている．弁論や尋問前の準備は弁護士にとって大事な仕事であるが，「紙」複製の容易化による記録量の増加は審理のスピードに影響し，また，ワンチャンスを逃せない議論の際，証拠や主張の重要な記述を見過ごすリスクを相対的に高める．これに対し，審理を電子データとの併用に（または切り替え）すれば，「検索」によって瞬時にピンポイントできる．

　また，複雑な大規模訴訟では，従来細かく手控えをとって整理してきたところを，AI により，それらをさらに主張と証拠に連動性をもたせたり，エレメントを頂点としてツリー状に間接事実・補助事実と各証拠との関係を整理して，視覚化・立体化・映像化することで，審理進行の経過と管理を訴訟関係者にわかりやすいものにする活用法がある．

　裁判所が主宰する場合，「人工知能」を前面に押し出すとドラスティック感があるため，抵抗が比較的少ない，「検索」の法廷での活用から始めるのがまずは

望ましい．AI特有の用語に違和感があるとすれば，裁判所でよく使う言葉に近づけた呼び名にするのもよい．証拠検索システム，主張検索システム，主張整理システム，争点＝証拠関係図，書証目録分冊綴り機，編綴第四分類，さらにはブロック・ダイヤグラマー，手控えマスター，陪席秘書…など．

　これらの訴訟手続におけるAIの活用は，訴訟の効率化，平易化の方策として，有効な機械的作業の例であり，AIには，訴訟関係者の補助としての役割が期待される．

　他方，こうした訴訟手続における補助的活用ではなく，裁判の結論判断そのものをAIが担うとなると，問題は別の次元になる．

　憲法は，裁判を受ける権利を定めている（憲法32条）．この権利は，当該事件に対して法律上正当な管轄権を保つ裁判所で，当該事件を処理する権限のある裁判官の裁判を受ける権利であり（芦部信喜・高橋和之補訂『憲法第6版』岩波書店（2015）257頁），憲法が保障する基本的人権の1つである．現行憲法の制定過程では，AIによる裁判はもちろん想定されていない．10.2.3項で述べたとおり，裁判は，権利と義務を左右し，国家権力によって，国民から強制的に財産を剥奪したり自由を制限できる統治システムであり，裁判の結果がもたらす当事者の生活への影響は計りしれないほど大きいことが少なくない．そのため，AIによる，「権限のある裁判官」の判断代替，または判断の代替可能範囲の問題には，技術・能力の面だけではない議論が求められる．社会的必要性や国民的受容・支持が存在することのほか，（判断者側の視点よりも）なにより，裁判によって最も影響を被る者の立場が最重視されることが必要である．

10.10　証人尋問の実際

　Aが「βベータ」をXコープから持ち出した事実の立証のため，Xコープがデジタル・フォレンジックの技術者を証人申請し，法廷で尋問を行う例をみてみる．以下は，裁判官が入廷する冒頭の口頭弁論からである（【　】の各番号は，10.11節の解説のそれぞれの見出し番号10.11.xのxに対応する）．

　　　　（開廷）
　裁判長：　　　開廷します．原告，被告双方から準備書面が提出されていま

　　　　　　　す。まず，原告から，第11準備書面【1】，陳述されますか。
原告代理人：　はい，陳述します【2】。
裁判長：　　被告からは第9準備書面が出されていますが，陳述されますか。
被告代理人：　陳述します。
裁判長：　　原告から，甲第30号証【3】でデジタル・フォレンジック調査報告書が出ています。写しで提出ですか，原本として提出されますか【4】。
原告代理人：　原本で提出します。
裁判長：　　では，原本を拝見します。
　　　　　　　（裁判長と両陪席が甲第30号証の原本を確認し，その後，被告代理人が原本を確認する。）
裁判長：　　（被告代理人に向かって）成立は，よろしいですね【5】。
被告代理人：　はい。
裁判長：　　（原告代理人に向かって）証人は在廷していますか。
原告代理人：　はい，おります。
裁判長：　　証人は前に出てください。
　　　　　　　（原告代理人の隣に着席していた証人は，立ち上がり，裁判長正面の証言台のところまで移動する。）
裁判長：　　お名前をいってください【6】。
証人：　　　OYです。
裁判長：　　職業は。
証人：　　　N監査法人の従業員です。
裁判長：　　住所，生年月日は出廷者カードに書いたとおりですね。
証人：　　　そうです。
裁判長：　　では，これから，宣誓をしていただきます。宣誓をしたうえで嘘を述べると偽証罪の制裁があります【7】。
　　　　　　　（傍聴者を含め，法廷内にいる全員が起立する。）
証人：　　　宣誓。良心に従って真実を述べ，何事も隠さず，偽りを述べないことを誓います。

裁判長：	着席ください．まず原告代理人から，それが終わったら次に被告代理人が質問します．1つ1つの質問にはっきりとお答えください．（原告代理人に向かって）主尋問の予定は45分ですね．
原告代理人：	はい．
裁判長：	（被告代理人に向かって）反対尋問も同程度とうかがっていますが【8】．
被告代理人：	はい，前回お伝えしたとおりです．
原告代理人：	先ほどの甲30号証は，閲覧制限を申し立てましたので，尋問の際はご配慮をお願いします【9】．
裁判長：	原告はもっと早く出されるべきです．（被告代理人に向かって）申立書の副本は届いていますか．
被告代理人：	はい，ファックスで．ただ，必要な尋問はさせていただきたいと思います．
裁判長：	個別に判断します．では，原告代理人，始めてください．
原告代理人：	証人の現在の職業は．
証人：	Nのリスク・コンサルティング部で，デジタル・フォレンジック担当官をしています．
原告代理人：	その前はどのような仕事をしていましたか．
証人：	IT企業で3年働きましたが，フォレンジックの体系的な知識を修得したいと考えて，大学院でサイバーセキュリティのコースを履修しました．
原告代理人：	Nでのデジタル・フォレンジックのご経験は，何年ですか．
証人：	今年で7年目です【10】．
原告代理人：	（原告代理人が，証人に甲第30号証を示す．）これはどういう書面ですか．
裁判長：	甲30号証，示されますか【11】．
原告代理人：	はい．（証人に向かって）これは．
証人：	Aが，この訴訟の原告，Xコープ在職中に使っていた端末に，フォレンジックの証拠保全をかけたときの報告書です．

原告代理人： 甲30号証の表紙に監査法人の名前がありますが，証人はこの作成に関与しましたか．
証人： はい．
原告代理人： どう関与しましたか．
証人： 現場での証拠保全，その後ラボで解析し，最後に報告書をまとめました．
原告代理人： 甲30号証に証拠保全の経過が書かれていますが，証拠保全はいつ行いましたか．
証人： Xコープがこの裁判を提起する，たしか1か月くらい前だったと思います．
原告代理人： 報告書3頁に，日時が書かれていますが．
証人： （原告代理人から甲第30号証の3頁を示される．）この日です．
原告代理人： この裁判では，元従業員のAが，Xコープから，「βベータ」を持ち出したことが争われています．Aが「βベータ」を持ち出したことをうかがわせる情報はAの端末から出てきましたか．
証人： はい．
原告代理人： 具体的に何でしょうか．
証人： ログを調べたら，USBの接続ログと，パスワードが設定されている「βベータ」のフォルダにアクセスしたログがありました．
原告代理人： 報告書のどこですか．
証人： （甲第30号証の頁をめくりながら指をさす．）ここです．
原告代理人： 25頁のsetupapi.dev.logのところでしょうか．
証人： いえ．その下のUSB analysis，Device class IDの次のSerial Numberで，どこの，何のUSBか，このように特定されています．
原告代理人： 接続はいつか，わかりますか．
証人： タイムスタンプがあります．Last Written Date/Timeの列，Aが退職する10日前の，01-20 14：11です．

原告代理人： 少し戻りますが，保全のとき，パソコンの電源はどうしましたか．
証人： オフのままです．
裁判長： 電源オフで，保全できるのですか．
証人： はい．オフでしないと書き換わります．ライブでする状況ではありません．
原告代理人： USB に「βベータ」がコピーされた形跡はありましたか．
証人： それは確認できていません．
原告代理人： その USB メモリは，A が個人で所有する USB ですか．
証人： わかりませんが，シリアルナンバーは先ほどあったと思います．
原告代理人： A が「βベータ」を会社に無断で持ち出した形跡はありましたか．
証人： 直接にはありません．
原告代理人： 間接的には何かあったのでしょうか．
証人： インターネットの閲覧履歴の復元を見たら，A が情報漏洩のニュースを頻繁に閲覧した形跡がありました．
原告代理人： 復元はどうやってしましたか．
証人： ディレクトリ・ブラウザ，フィルタ設定で，アイテムの中の該当項目にチェックを入れて行っています．
原告代理人： 使用ツールは何ですか．
証人： Nitro-SS です．
原告代理人： 頻繁に閲覧，と証言されたのは，甲 30 号証のどこでしょうか．（甲第 30 号証を再度証人に示す．）
証人： たとえば，ここのタイムラインです．
原告代理人： 79 頁から 81 頁のハイライトのところ．
証人： はい．Nitro で自動生成したもののコピーですが，これだけではわからないので，うしろに Web サイトのコピーを付けています．

原告代理人：	82頁以下でしょうか．
証人：	（うなずく．）
原告代理人：	AがYウィジッツに情報を提供した形跡はありましたか．
証人：	直接にはありません．
原告代理人：	間接的には．
証人：	Cのノートパソコンに，去年の暮れからやめるまでの間，メールのやりとりが何度かありました．
原告代理人：	Cとは誰ですか．
証人：	Yウィジッツの方と聞いています．
原告代理人：	Cのノートパソコンは，いつご覧になりましたか．
証人：	Yウィジッツで証拠保全を行ったときです．
原告代理人：	メールの中に，「βベータ」に関するやりとりはあったのですか．
証人：	見つかっていません．
原告代理人：	サムネイル画像は調べましたか．
証人：	確認できていません．
原告代理人：	AとCは，どのようなやりとりをしていたのですか．
被告代理人：	異議があります．証人は直接見聞きしていないのに，証言を引き出そうとしています【12】．
裁判長：	尋問を続けてください．
原告代理人：	やりとりは，どのようなものでしたか．
証人：	Aは，転職の相談めいたものをもちかけていました．
原告代理人：	Cからどんな反応でしたか．
証人：	Cは，Aの採用に乗り気ではなかったと記憶しています．
原告代理人：	AはどうメールでC伝えていましたか．
証人：	Cに食事の御礼を述べていました．
原告代理人：	メールは，どうやってC，Aを特定できたのですか．
証人：	途中でストップされたので，ヘッダーは確認できていませんが，内容からです．
原告代理人：	Cが，Aの採用に消極的だったのに，同じ月の月末には，A

	はXコープを退職して，YウィジッツにAを採用されているのですが，証人は，なぜ採用に消極的だったYウィジッツがAを採用したと思いますか．
被告代理人：	異議があります．証人はパソコンのフォレンジックをしただけなのに，証言できる範囲を明らかに超えています．
原告代理人：	尋問事項に関連しています．超えているかどうか，証人に聞いてみないとわからないでしょう．
裁判長：	質問を変えてください．
原告代理人：	甲30は，Aの端末に対する証拠保全の内容に間違いない，といえますか．
証人：	はい，いえます．
原告代理人：	理由を説明してください．
証人：	まず，Aの端末のディスクのハッシュ値と，現場で作ったイメージのハッシュ値が一致しています．
原告代理人：	イメージだと，ディスクのハッシュ値が変わってしまうのではないですか．
証人：	イメージコピーでも，ディスクのハッシュ値は同じです．それから．
原告代理人：	ほかにもありますか．
証人：	データ保全の状況を，写真撮影しています．
原告代理人：	写真はどこにありますか．
証人：	報告書に付けました．
原告代理人：	（甲第30号証末尾添付の数枚の写真を示し）これらのことですか．
証人：	はい，そうです．
原告代理人：	Yウィジッツでの証拠保全は，いつ行いましたか．
証人：	1回目の証拠保全から，だいたい2週間後です．
原告代理人：	2回目の証拠保全で，証人，あるいはN監査法人は，調査報告書を作成しましたか．
証人：	いいえ，作っていません．

原告代理人：	なぜ作成しなかったのですか．
証人：	弁護士から，作成は不要といわれたからです．
原告代理人：	私ですね．
証人：	はい．
原告代理人：	2回目の証拠保全では，証人は何を保全しましたか．
証人：	Yウィジッツ本社内で，Cが使用していたノートパソコンです．
原告代理人：	ハードディスクですか．
証人：	いいえ，SSDです．
原告代理人：	Yウィジッツは，証拠保全を許したのですか．
証人：	その日，たぶん，最初は認めたのだと思います．
原告代理人：	なぜ最初は認めた，と思うのですか．
証人：	裁判所からコピーを指示されたからです．
原告代理人：	証人は，指示された後，どうしましたか．
証人：	クローンを作ろうとしましたが，うまくいかなかったので，BIOSから入ってコピーをとることにしました．
原告代理人：	では，原本と同じハッシュ値がとれましたね．
証人：	いいえ，とれませんでした．
原告代理人：	なぜですか．
証人：	Yウィジッツの顧問弁護士が，作業をやめるよう伝えたからです．
原告代理人：	あなたにですか．
証人：	いいえ，裁判官にです．
原告代理人：	どのように裁判官に伝えたのですか．
証人：	わかりませんが，裁判官がそういってました．
原告代理人：	それで，フォレンジックの作業はやめたのですか．
証人：	私はやめました【13】．
原告代理人：	1回目にした，Aのパソコンのデータのコピー先ハードディスクは，前処理をどうしましたか．
証人：	DoDで1回上書きし，処理後，サンプルエリアをベリファイしたものを使っています．

原告代理人：　私からは終わります．
裁判長：　　　では，反対尋問始めてください．
被告代理人：　（以下，略）

10.11　証人尋問の解説

10.10 節に注記した【1】～【13】について説明する．

10.11.1　準備書面

準備書面とは，原告と被告の双方が裁判所と相手方に出し合う書面であり，
① エレメント（請求原因，抗弁，再抗弁，再々抗弁）や，これらの間接事実，補助事実を中心とする自己の言い分（主張）
② 各事実ごとの証拠の記載
③ 相手方が準備書面でする主張に対する反論

などを内容とする書面である．
③の相手方が主張する事実に対する「陳述」の仕方には，

　　認める（自白），否認する，知らない（不知），沈黙（無視）

の4通りある．相手方主張のエレメントを認める（自白）場合，証明は不要となり，その事実が証拠と矛盾し真実に反していても，裁判所は自白に拘束され，判決では自白のとおり事実を認定しなければならない．相手方主張のエレメントに対して何も反論しない場合も自白したとみなされ（擬制自白），証明不要となる．

否認する，または，知らない（不知）と陳述されたエレメントは，証拠によって証明されなければならず，証明不成功の場合，そのエレメントの証明責任を負う側の当事者が不利益を被る．請求原因の証明不成功のとき，ほとんどの場合，原告の不利益となり，また，請求原因の証明が成功し（または自白が成立し）て，抗弁が証明されない場合は，被告が不利益を被る．

10.11.2　準備書面の「陳述」

当事者が準備書面を裁判所（と相手方）に提出・送付しただけでは，その準備書面は裁判の資料にならない．口頭弁論などの手続で，当事者が陳述してはじめ

て，準備書面は裁判の資料になる．社会的に注目を集めている事件などの弁論では，準備書面を提出した側の代理人が，法廷内で傍聴している人たちのために，裁判所の許可を得て，主張内容のサマリーを口頭でプレゼンをすることがある．ただ，多くの口頭弁論では，「口頭弁論」という呼称でありながら，準備書面の説明となるプレゼンはせずに，代理人が「陳述します.」と，一言発言するだけで終わっている．

10.11.3　書証（甲号証・乙号証）

原告が提出する書証は甲号証，被告が提出する書証を乙号証といい，提出する当事者が書証に順番に番号を付けて，裁判所と相手方に提出する．

被告がさらに別にいて，もう一人（一社）の被告と異なる訴訟活動をする場合は，乙号証と区別するため，丙号証とする．被告が多数いる場合には，乙1の第60号証，乙2の第8号証，乙3の第41号証，などと表示して区別する．

10.11.4　原本提出の原則

当事者が裁判所に文書を証拠（書証）で提出する場合，原本を裁判所に示さなければならないのが原則である（民事訴訟規則143条1項）．

ただ，契約書などの原本は，そのまま裁判記録に綴じられてしまうと，本来の用途に使えなくなって不都合が生じるため，実際に裁判記録に綴じられるのは，当事者が裁判所に提出したコピーである．裁判官はこのコピーを参照して判決文をドラフトする．相手方に反論の機会を与えるため，同じコピーを相手方にも送付する．

文書のコピーを提出した当事者は，裁判所で開かれる口頭弁論に，コピー元となった原本を持参し，その原本を裁判官と相手方代理人にチェックさせる．裁判所と相手方代理人による原本チェックが終わると，原本は，書証を提出した当事者に戻される．民事訴訟規則143条1項は，文書の提出は原本で行うことを定めるが，原本を裁判所に提出したままにするのは例外であり，ほとんどの場合，原本をごく短時間「提示」するだけで済む．

これに対し，裁判の証拠用として作成された報告書などの場合，原本をそのまま裁判所の裁判記録に綴じられても不都合がないので，コピーではなく，原本自

体を裁判所に提出して訴訟記録に綴じてもらうことがある．

　書証を提出する当事者が口頭弁論に原本を持参できず，裁判所も相手方も原本チェックができない場合，文書を「写し」として提出する．写しの提出でも相手方が異議を述べなければ写しが証拠になる．他方，相手方が写しとしての提出に異議を述べたときは，原本提示のないコピーを裁判資料にできるか，には議論がある．電子データを証拠として提出する場合の諸問題については，文献[1]154頁以下参照．

10.11.5　文書成立の真正

　文書が書証として裁判資料になるためには，文書成立の真正が証明されなければならない（民事訴訟法228条1項）．ただし，10.10節のやりとりのように，文書成立に相手方から異議がないときは，成立真正の証明は不要である．

10.11.6　人定質問

　出頭した証人・当事者は，法廷に備えられた「出廷カード」の所定欄に，氏名，年齢（生年月日），住所を記入して，開廷（裁判官が法廷内に入ってきて手続が始まること）前に，法廷にいる書記官（または廷吏）にこのカードを手渡しておく．開廷して法廷内に入ってきた裁判官は，その日尋問予定の証人が，法廷にいる面前の人と同一人物かどうかを出廷カードの記載と照合しながら確認する．

10.11.7　宣誓

　証人には宣誓義務がある．裁判所が指名した鑑定人や法廷通訳（証人・当事者が日本語を話せない場合に就く）も宣誓しなければならない．宣誓した証人が，自己の記憶に反して虚偽の証言をした場合，刑法の偽証罪（刑法169条）の制裁がある．

　これに対し，原告本人や被告本人を尋問する場合は，宣誓させるかどうかは裁判所の裁量による．裁判所が原告や被告を宣誓させた場合でも，宣誓をした原告や被告には偽証罪の適用はない．虚偽の供述をしても，制裁は10万円以下の過料のみである．

10.11.8 尋問の順序

(1) 主尋問・反対尋問・再主尋問

　尋問の申出をした当事者がする尋問を主尋問という．証人Ｆの尋問をＹウィジッツが申し出た場合，Ｙウィジッツが先にＦの尋問を行うが，これが主尋問である．主尋問の後，証人Ｆの尋問を申し出ていない方の当事者（Ｘコープ）が行う尋問を反対尋問という．

　証人尋問に先立ち，その証人の尋問を申し出た側の当事者は，その証人が主尋問でどのような証言をするのかをあらかじめ書面でまとめたものを提出する．この書面のことを「陳述書」といい，その作成者は，証人自身である．デジタル・フォレンジック調査報告書が書証として提出されている場合であっても，証言では，調査報告書の記載を補足したり，調査報告書と別の観点から事実を示せるので，陳述書には独自の証拠価値をもたせることができる．

　陳述書で詳細に事実関係を開示している場合は，主尋問の時間を短縮したり，極端な場合は主尋問を省略して，反対尋問から始めることもある．

　反対尋問では，

① 主尋問で出てきたこと
② ①に関連する事項
③ 証言の信用性に関する事項

のみを尋問できる．

　反対尋問が終わった後，尋問を申し出た側は，再主尋問を行うことがある．再主尋問ができるのは，

① 反対尋問に顕れた事項
② それに関連する事項

に限られる．

(2) 介入尋問・補充尋問

　裁判官は，原告または被告からの尋問の途中，いつでも介入して証人に尋問できる（介入尋問）．原告と被告の尋問がすべて終わった後，最後に裁判官がその場で続けて証人に尋問できる（補充尋問）．

10.11.9　訴訟記録の閲覧謄写複製制限（民事訴訟法92条）

裁判所の訴訟記録の中に，
① 原告または被告のプライバシーが記載されていて，第三者が目にするとプライバシーが害されるリスクがある場合
② 営業秘密が記載されている場合

には，当事者は，第三者がその部分を見たり，コピーすることの禁止を求めて裁判所に申立てができる．デジタル・フォレンジックによって保全したデータを裁判所に提出する場合，この手続はしばしば利用される．閲覧等禁止の申立ては，証拠を提出した当事者だけでなく，その相手方もできる．この手続は第三者に見せないための手続であるから，裁判の相手方が見ることは許される．もちろん裁判所は閲覧等制限文書を見ることができる．

10.10節の尋問では，Xコープ側が，甲第30号証のデジタル・フォレンジック調査報告書の裁判所への提出が遅かったため，裁判所が閲覧等制限の決定を下せないままの状態で尋問に入っているが，もし証人尋問前に裁判所が制限決定済みであれば，公開法廷での尋問で秘密管理性が失われないように，制限部分をa，b，c，…，あるいは，ア，イ，ウ，…など，匿名表現にして尋問させるなどの工夫がなされる．

10.11.10　証人尋問冒頭の質問事項

冒頭の質問の後，デジタル・フォレンジックの本題の詳細な尋問に入るが，本題に入る前の尋問冒頭で，証人の職業や経歴を質問する目的は，この証人にフォレンジックを担当できるだけのバックグラウンドが備わっていることを明らかにすることにある．ほかにも，証人が法廷で証言するのに普通は慣れていないため，緊張から，いきなり複雑な尋問に入って証人が混乱しないように，証言の出だしをスムーズにする配慮から，経歴など，証人が話しやすい内容を最初に喋らせる目的もある．

10.11.11　書類に基づく陳述の制限

証人は，書類を見て証言することで，自分が体験していない虚偽の供述をしやすくなる．また，自分が書いた書面を見る場合であっても，あらかじめ準備した

ストーリーに証人が固執してしまう弊害もある．こうした誘導尋問（10.11.12 項(2)）と同じリスクがあることから，書類に基づいて証言をするには，裁判官の許可が必要である（民事訴訟法 203 条）．

デジタル・フォレンジック技術者が，提訴前に syslog 受信サーバを保全し，ログビューアでデータを見たという場合に，その後訴訟になって，法廷で，何も見ずに記憶だけで，当時見た，ある特定日時のメッセージ・テキストを正確に答えるよう求める尋問は，この技術者に不可能な証言を強いるに等しい．そこで，数値記号，複雑・多量の情報，時間経過のため記憶保持が難しい事項などについては，裁判所は，通常，書類等に基づく証言を許可している．裁判官の許可を得ずに，書類等に基づいて証言する場合も，相手方から異議が出なければ，書類を見ての証言は許される．

証言だけでは裁判官が心証をとりにくいところを，尋問の際，書類・写真・図面・模型・装置等を使うと，証言による描写がより正確で，具体的にできることがある．この場合も，裁判官の許可を得て証人に写真等を示して証言させることができる（民事訴訟規則 116 条）．尋問の途中，法廷で証人に図面や写真等に直接書き込ませて，書き込んだ図面等を，裁判所が裁判記録（証人調書）に添付することもある．証言の際，パワーポイントを法廷内で投影して尋問に使うときは，印刷して，書証としても，あわせて提出させることが多い．

10.11.12 尋問に対する異議

次のような尋問をすることは，原則として許されない．

(1) 証人を侮辱し，または困惑させる質問

証人の人格を汚すような尋問は許されない．ただ，反対尋問では，証人が証言した内容や，証人が陳述書で述べたことに矛盾があることを法廷で暴くために，質問は追及的なものとなりがちであり，その結果，証人は困惑におちいることが珍しくない．正当な反対尋問が引き起こす困惑は，通常許される．

(2) 誘導尋問

質問者が望んだ内容の証言を証人にさせるため，質問の中ですでに答えを暗示している場合がある．このような尋問を誘導尋問という．

たとえば，Xコープの代理人が，同社の従業員である証人Hに対し，「Aは，Xコープを退職する1週間前の1月20日の午後，ほかにだれもいない会社の会議室から秘書室に電話して，『社長Vの指示で』と嘘をついて，管理権限者Vからパスワードを聞き出したことを知っているか．」と質問した場合，質問の中にすでに答えが暗示されているために，証人Hは，「はい，Aは，嘘をついて，管理権限者Vからパスワードを聞き出しました．」と簡単に証言できる．あるいは，「はい，そのとおりです．」と証言するだけでも済む．
　誘導にならないようにするには，尋問者は証人Hに対し，
　「あなたは，平成25年3月20日の午後，Aを見ましたか．」
　「Aはそのときどこにいましたか．」
　「Aはそこで何をしていましたか．」
　「その後，どうなりましたか．」
などと，答えを暗示せずに1つずつ質問して，Hの口から，
　「Aは，そのとき，会議室のところにいました．」
　「Aは，会議室内の入り口近くに一人でいて，すぐ左にある卓上電話を使って電話をしているのを見ました．」
　「その後，秘書室の人が，『Vのパスワードを社長の指示でAに教えた』と言っていました．」
などと答えさせる．このように，証人Hが，一問一答方式で具体的に証言した方が，自身の記憶に基づいて自発的に証言しているとの印象が出て，裁判所も確信が得やすい．
　誘導尋問には例外がある．原告と被告の間に争いのない事実や，明白な事実であれば，誘導しても弊害はなく，むしろ誘導した方が尋問が効率的となり時間短縮ができるため，許される．尋問者に対して敵対的なタイプの証人の場合も，誘導に乗らず，反発傾向があるので，誘導尋問が通常もつ弊害が少なく，許されやすい．

(3) すでにした質問と重複する質問，争点に関係のない質問

　重複質問や争点に関係のない質問は，尋問の効率化・時間の合理的使用に反することから制限される．ただ，重要な争点に関して，証言の正確性に合理的な疑

問がある場合には，同趣旨の質問であっても，様々な角度から確かめることが必要となる．

(4) 意見の陳述を求める質問，証人が直接経験しなかった事実についての陳述を求める質問

　証人尋問は，証人が直接体験した事実を尋ねるものであるから，証人に意見や直接体験しない事実の証言（伝聞）を求める質問は制限される．ただし，直接体験した事実をベースにしながら，合理的な意見や非体験事実を述べさせることは実務では珍しくない．たとえば，デジタル・フォレンジック調査を行った技術者が，問題となるファイルを作成している状況を実際には目撃していないとしても，ファイルが格納された状態や，ファイルの記載内容を他の情報と総合判断するなど，合理的な根拠をもって，パソコンの所有者がそのファイルを作成したであろうとの推論を証言することは，民事訴訟規則115条2項ただし書きの「正当な理由」がある場合として許されることがある．

　もっとも，証言を，裁判に顕れた全証拠をふまえ，客観証拠との整合性，自然さ，具体性，経験則や類似裁判例にみられる事実認定規準などの諸観点からチェックすることは，意見陳述・非体験陳述にかぎらず，証明活動全体において常に必要である．

10.11.13　証拠保全の強制力

　民事訴訟法の証拠保全には強制力がないため，証拠保全の相手方が任意に協力して対象物を提供してくれない場合，証拠保全による証拠調べ（主に，検証または書証）は行うことができない．

　ただ，証拠保全決定中の検証（または書証）に，検証物提示命令（または文書提出命令）が追加されているときは，相手方が正当な理由なく，提示（または提出）を拒むと，後の本案で，相手方に不利益な事実が裁判上推定されることがある（民事訴訟法224条，232条．なお，不正競争防止法7条）．

　このように民事訴訟法の証拠保全には直接的な強制力はないため，提示・提出を求める方の当事者は，本案に入って不利益な事実が推定される可能性があることを背景に，提示（または提出）を命じられた相手方に協力を促すことになる．

　証拠保全による検証物提示命令（または文書提出命令）の相手方が，本案の被

告ではない第三者の場合は,その第三者が正当な理由なく提示(または提出)を拒むと,20万円以下の過料を民事訴訟法は定めている(同法225条1項,232条2項).もっとも,この過料の執行が実施された実例は現在のところ見当たらない.

参考文献

[1] 経済産業省知的財産政策室編「逐条解説不正競争防止法」商事法務,2016
[2] デジタル・フォレンジック研究会「データ消去」分科会「証拠保全先媒体のデータ抹消に関する報告書」および伊藤修司・沼田理・下垣内太・瀧澤和子・宇野幸治・土井洋・山口大輔の各報告書,2016
[3] 櫻庭信之「電子証拠の民事証拠保全と証明活動」(町村泰貴・白井幸夫『電子証拠の理論と実務』所収)民事法研究会,2016
[4] 森冨義明・東海林保『新版 証拠保全の実務』金融財政事情研究会(2015)
[5] 経済産業省独立行政法人情報処理推進機構(佐々木良一ほか)「サイバーセキュリティ経営ガイドライン」

第11章

デジタル・フォレンジックの歴史と今後の展開

11.1 デジタル・フォレンジックの簡単な歴史

　日本において，デジタル・フォレンジック関連の最初の大きな動きは，1996年に電磁的記録解析が警察庁情報管理課の管掌になったことではないだろうか．これは，1995年3月に地下鉄サリン事件を起こしたオウム真理教信者に対する捜査において，押収したパソコンやフロッピーディスクに対し電磁的記録の解析が行われたが，重要なファイルに暗号がかかっており，解析に苦労したことへの対応であるといわれている[1]．

　その後は，インターネットの普及によりプロバイダーのサーバ内のIDやパスワードが書き換えられたり，科学技術庁のWebの書き換え事件が起ったりして，デジタル・フォレンジックが必要な事案は増加していった．

　そのため，2000年には警察庁情報通信局に技術対策課が誕生し，2003年にはデジタル・フォレンジック製品を扱う会社が日本でも設立された．また，2004年にはNPO法人デジタル・フォレンジック研究会が発足し，同年第1回デジタル・フォレンジック・コミュニティが実施された．その後，2010年ごろからの標的型攻撃の増加に伴いネットワーク・フォレンジックを含むデジタル・フォレンジックの重要性が高まり，デジタル・フォレンジックという言葉を，セキュリティに興味をもつ一般の情報処理技術者が使う時代になっていった．

　さらに，2009年からは裁判員制度が始まったことで，法律や技術の専門家でない裁判員に対しても，提出された「証拠」が的確かつ適正な手法により得られたものであることをわかりやすく説明することが求められるようになり，デジタル・フォレンジックにかかわる技術者のニーズは増大していった[2]．具体的な

事件では，2012年から始まる遠隔操作ウイルス事件へのデジタル・フォレンジック技術の適用が有名である．2014年3月13日に開かれた第3回公判では，検察側の証人として警察庁の技官が証人台に立ち，被告の元勤務先のパソコンに遠隔操作ウイルスの断片が見つかったことを解説した上で，被告以外の人間がこれをここに残すことは「非常に困難」との意見を開陳している[3]．このように，裁判においてデジタル・フォレンジックで得られた証拠を用いることは一般的になってきている．

海外に目を向けてみると，1984年には米国FBIにComputer Analysis and Response Teamが発足し，1985年にはイギリスMetropolitan PoliceにComputer Crime Departmentが設置されている．1998年になると，デジタル・フォレンジックの関心の高まりにより，SWGDE（Scientific Working Group on Digital Evidence）が法執行機関や大学関係者，企業などが協力する形で発足している．また，2001年にはDFRWS（Digital Forensics Research Workshop）が発足し，技術交流が広く行われるようになっていった．2004年にはIFIP（情報処理国際連合）のTC11内にDigital Forensicsのワーキンググループが発足してIFIP International Conference on Digital Forensicsという国際会議が実施されるようになっていき，その後，多くの国際会議が実施されるようになっていった．

具体的なデジタル・フォレンジックの適用としては，1986年のMarkus Hess事件が最初であるといわれている．彼は米軍のコンピュータなどに侵入し，ハッキングにより多くの情報を盗んでおり，逮捕のために初めてデジタル・フォレンジック技術が使われたという．その後，多くの事件でデジタル・フォレンジックが使われてきた．特に2001年のエンロン事件は有名であり，不正会計の証拠を確保するため大量のデータを解析するためデジタル・フォレンジック技術が使われた[1]．

11.2 今後の動向の概要

デジタル・フォレンジックは今後ますます重要性を増すと考えられており，特に，次のような技術が重要になっていくと考えられる．

(1) 今後PCの不揮発性記憶媒体として普及すると予想されるSSD（Solid State Drive）のためのデジタル・フォレンジック
(2) 揮発性メモリ上のデータの証拠性を確保するためのメモリ・フォレンジックやライブ・フォレンジック
(3) ますます高度化・悪質化していくサイバー攻撃に対応していくためのネットワーク・フォレンジック
(4) スマートフォンなどの新しい電子機器や，クラウドコンピューティングなどのITの新しい利用形態に対応したフォレンジック技術
(5) フォレンジックへの人工知能（AI）の利用など

本章ではこのうち，(1) と (5) について説明を追加する．

11.3　PCの記憶媒体としてのSSDの普及とフォレンジック [4]

　今後，PCの不揮発性記憶媒体としてハードディスクに代わってSolid State Drive（以下，SSDとする）が使われるようになると予想される．SSDはハードディスクに比べ読み出しや書き込みが早いという長所がある．なお，SSDでは書き込み／読み出しを「ページ」とよばれる単位で行い，消去は複数のページをまとめた「ブロック」という単位で行う．1ブロックは512KBである．

　一方，SSDにはデータの直接的な書き換えができないという問題がある．このような問題を解決するために，次に示すような処理を行う（図11.1 参照）．
① あらかじめ消去済みのブロックを用意する．
② 必要な項目を消去済みのブロックにコピーし，その後新しいデータを消去済みのブロックに書き込む．
③ 使用中ブロックとコピーしたブロックを丸ごと入れ替える．
④ 使用済みになったコピー元のブロックを消去し，次の書き込みに備える．

しかし，空きブロックがないと次のような手順が必要になる．
① 書き換えたいデータを含むブロック全体を，すべてバッファとよばれるデータを一時的に蓄えておく領域に読み出す．
② コピーした空きブロックに新しいデータを保存し，もともと存在したブロックのデータをすべて消去する．

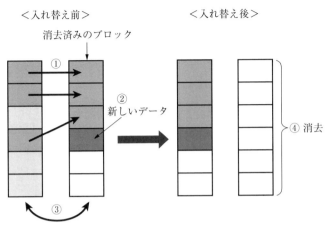

図 11.1 SSD における書き換え処理

③　バッファの内容をブロック全体に書き戻す．

　この方法は通称ブロックコピーとよばれ，ブロック全体の読み出し・消去・書き込み作業が必要となり，バッファも用意しなければならないため，非常に長い時間を要する．

　図 11.1 の方式をとれるようにするため，2.2 節でも記述したように Windows では Windows 7 以降 Trim 命令が用意されている．Trim 命令を用いるとあらかじめ消去してもよいセクタを SSD に告知し，SSD はこれに基づいてブロックを消去して空きブロックを作る．このようにして Trim 命令が有効な環境下では，ファイルを削除するとその分空きブロックが発生し，書き換えに伴う速度低下を回避することができる．

　Trim 命令がないハードディスクでは，すでに述べたように OS がファイルを消去してもデータ実体は残るので直後であればデータを復元でき，デジタル・フォレンジックを用いて証拠の確保が可能であった．しかし Trim 命令を有効にした SSD の場合，OS が消去命令を出したデータは二度と復元することはできない．

　PC 廃棄時の事前処理の観点から考えると，Trim 機能を用いている場合は，単純消去だけしていれば，直後に破棄しても復元が不可能であり，上書き消去などの破棄のための特別な作業が必要ないことがわかる．

しかし，OSが消去命令を出したデータは二度と復元することはできないというのは，デジタル・フォレンジックを実施する上では重大な問題である．したがって，Trim機能が有効になっている場合には，定期的なバックアップが重要になる．

バックアップには，USBメモリやクラウドを用いてファイルを保存するといった方法があるが，保存先に十分な容量が必要であり，データ容量が多いと時間がかかるという欠点がある．そのため，高速かつデータ容量を抑えてファイルの複製を行うことができるボリュームシャドウコピー（以後，シャドウコピー）の利用が注目されている．社員の不正を監視する場合や，社員が不正を行っていないことを検証したい場合には，シャドウコピー領域を社員が証拠隠滅のため消す可能性があるので，シャドウ領域のデータを消すことが業務契約違反になるような社員との契約が必要になる．また，身代金要求型マルウェアであるランサムウェアがシャドウコピー領域を消去しないような対策も，デジタル・フォレンジック上必要になっていくと考えられる．

11.4　eディスカバリやネットワーク・フォレンジックにおけるAIの利用

最近，人工知能（Artificial Intelligence：AI）機能の重要性が再認識されるようになってきている．AI機能付きのマルウェアが出現するのは時間の問題だろう．このような状況の中では，セキュリティを守る側も積極的にAIを利用することが必要になっていくと考えられる．

AIの研究分野はいろいろな分類方法があるが，人工知能学会では図11.2に示すように分類している[5]．

この分類法によると，AIの研究分野には基礎的なものと応用的なものがあり，基礎的な研究分野として主に次のようなものがあるとしている．

推論：いろいろなルールを統合して矛盾のない答えを導き出すための手法．最も基本になるのはアリストテレスの三段論法．

知識表現：知識を，コンピュータの中で的確に内容を表し，効率よく蓄積する方法についての研究（オントロジー，知識獲得と知識システム構築方法論，セマンティックWeb，ナレッジマネジメント）．

11.4 eディスカバリやネットワーク・フォレンジックにおけるAIの利用 | 267

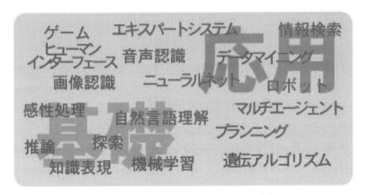

図 11.2 人工知能（AI）研究の分野[†1]

機械学習：観測センサやその他の手段で収集されたデータの中から，一貫性のある規則を見つけ出そうとする研究．数学の統計の分野と強い関連がある（サポートベクターマシーンなど）．

遺伝アルゴリズム：2つの親の特徴が子に混ざり合って遺伝する原理を利用した，問題解決の手法．

また，応用的な主な研究分野として次のようなものがあるという[5]．

データマイニング：データベース技術と機械学習が結び付いた技術で，大量の整理されていないデータから役に立つと思われる情報を見つけ出す手法．

ニューラルネット：生物の神経をもとにした手法．機械学習の有力な手法として発展し，AIの各分野で活用されている．

マルチエージェント：簡単な問題を解決できるエージェントがたくさん集まって，複雑な問題を解決しようとするもの．自然界の生物の集団や，金融市場でのディーラーの振る舞いを調べたりするのに利用．

エキスパートシステム：専門家の知見をルールとして蓄積し，推論の手法を用いて問題を解決するシステム．

デジタル・フォレンジックの関連領域で次のような形でAIが使われていたり，今後使われるようになっていくと考えられる．

① eディスカバリにおける裁判に必要な資料の自動選択

[†1] http://www.ai-gakkai.or.jp/whatsai/AIresearch.html

② サイバーインテリジェンスへの応用
③ ネットワーク・フォレンジック対策のインテリジェント化など
次にそれぞれについて説明する．

11.4.1　eディスカバリにおけるAIの利用 [6]

　デジタル・フォレンジックに関連し，AIを導入することですでに大幅なコスト削減，作業の精度向上を実現している分野がある．国際訴訟支援における証拠開示（Discovery）への対応である．すでに述べたように，Discoveryとはアメリカ連邦民事訴訟規則で規定された手続きの1つで，裁判の審理が始まる前に被告，原告の双方が訴訟に関する証拠を提出し合い，論点の整理を行うというものである．近年は対象となる資料が電子化されていることから電子証拠開示（eディスカバリ）ともいわれる．アメリカ独自の手続きではあるが，グローバルでビジネスを行う企業にとって，米国での訴訟リスクは無視することができない．

　eディスカバリの中心的な作業として，弁護士を中心に行う証拠の選定がある．ローカルのPCやサーバに蓄積された電子メールや各種ビジネス文書といった大量の非構造化データから，裁判に関連するデータを閲覧（Review）によって選定する必要がある．この作業は弁護士が行ってきたため，数十億円の金がかかることが少なくなかったといわれている．

　このReview過程を，AIの一分野である機械学習を用いることにより，費用と時間を短縮しようというものである．この過程で用いられる機械学習は教師あり学習に分類されるものであり，米国ではPredictive Codingとよばれることが多い．このReview過程は次の3つのステップで実施される．
① 調査：弁護士などの専門家がサンプルを仕分けする教師データの作成段階
② 学習：人工知能が教師データから専門家の判断基準を学ぶ入力段階
③ スコア付け：学んだ判断軸に則り，人工知能が未知のデータに対してスコア付けを行う出力段階

　このような機能をもつ機械学習用ツールを開発したUBICの適用実験によると，AIを用いることにより1時間あたりの処理ドキュメント数が3倍に，十万ドキュメントあたりの費用が5分の1になったという．

11.4.2　サイバーインテリジェンスへのAIの応用

　最近いろいろな局面においてIntelligence（インテリジェンス）という言葉が注目を浴びており，異なった意味で使われている．国家間の情報収集のためのインテリジェンスは，「政策決定者が，国家の安全保障に関する政策決定するために提供される情報収集・分析活動」[7]をいう．ここには，スパイ活動による情報入手を行うヒューマンインテリジェンス（Human Intelligence）や，通信などの傍受に基づく諜報活動であるシギント（Signals Intelligence：SIGINT）がある．

　通信の手段が発達してきて，インターネットなどのサイバー空間のシステムを利用して情報を得ようというのが，シギントの発展形であるサイバーインテリジェンスであり，本項で対象とする1つ目のインテリジェンスである．警察庁によれば，サイバーインテリジェンスとは「情報通信技術を用いた諜報活動であり，機密情報が窃取されれば，我が国の治安，外交，安全保障，社会経済活動等に重大な影響が生じるおそれがある」としている[8]．インターネットを流れる情報やサーバの中身を監視したり，標的型攻撃のようにインターネットを構成するサーバやPCに侵入して情報を取り出すということも行われている．

　サイバーインテリジェンスなどの目的のためのサイバー攻撃から自国の安全を確保するためには，適切なセキュリティ対策を行うことが大切になる．このためには，攻撃側の出方を適切に把握するための手段が必要になる．これがセキュリティインテリジェンスであり，本項で扱う2つ目のインテリジェンスである．セキュリティインテリジェンスは，「セキュリティ対策に必要な高度な情報やそれを得るための行動」と考えるとよいだろう．情報のもととなるデータとしては，イベントログやセキュリティログに加えネットワークトラフィックなどがあり，広い意味でのフォレンジックの対象である．このようなログを解析するためのツールもいろいろ存在している．今後は，国際政治や社会状況をデータとして組み込みつつ，セキュリティインテリジェンスを行うことが必要になる．

　このセキュリティインテリジェンスを行うために，機械学習やデータマイニングなどの技術が使われ始めている．これが本項で扱うもう1つのインテリジェンス，アーティフィシャルインテリジェンスAIである．すでに，AI機能をもつセキュリティインテリジェンス製品も出てきており，今後3つのインテリジェン

スがお互いに影響を与えながら発展していく中で，より高度な機能をもつ AI 製品が誕生すると予想される．

11.4.3 ネットワーク・フォレンジック対策のインテリジェント化

標的型メール攻撃問題などにおいて，インシデント発生時にネットワークログなどのデータを適切に利用し，AI を用いて自動的な応急対応を可能とすると共に，運用者が適切な対策をとれるようにするためのシステムの開発を進めている．このシステムは LIFT（Live and Intelligent Network Forensic Technologies）とよばれるもので，エキスパートシステムやベイジアンネット，マルチエージェントを中心とする AI 技術を用いている．今後，適用の増大が予想される分野である．この詳細については文献[9]などを参照願いたい．

11.5 おわりに

デジタル・フォレンジックは 15 年前には想像もつかないほど，セキュリティを確保するために重要な技術になってきた．今後もデジタル・フォレンジックは重要性を増していくと考えられる．そして本章で述べたように，種々の技術が進展していくだろう．

このように，今後も変化し続けるデジタル・フォレンジックであるが，ベースとなる技術は本書で学べば確保できると考えている．本書の読者が，基礎をしっかり学び，将来，新しい動向にも対応できることを期待している．

11.6 さらに知りたい人のために

デジタル・フォレンジックに関する国際標準として次のようなものがある．
(1) ISO/IEC27037「デジタル証拠の特定，収集，取得及び保全に関する指針（Guidelines for identification, colection, acquisition and preservation ofdigitale vidence）」
(2) ISO/IEC27041「調査手法の適合性及び妥当性を保証するためのガイダンス（Guidance on assuring suitability and adequacy of incident investigation

methods)」

(3) ISO/IEC27042「デジタル証拠の解析及び解釈に関するガイドライン (Guidelines for the analysis and interpretation of digital evidence)」

(4) ISO/IEC27043「インシデント調査の原則及びプロセス (Incident investigation Principles and Processes)」

(5) ISO/IEC27051「電磁情報開示」(Electronic discovery)」

日本におけるデジタル・フォレンジックに関するガイドラインとして，デジタル・フォレンジック研究会が作成している「証拠性保全ガイドライン　第5版」[10]がある．

参考文献

[1] 佐々木良一監修『改訂版　デジタル・フォレンジック事典』日科技連出版，2014
[2] 羽室英太郎，国浦淳編著『デジタル・フォレンジック概論』東京法令出版，2015
[3] パソコン遠隔操作事件 Wikipedia, https://ja.wikipedia.org/wiki/%E3%83%91%E3%82%BD%E3%82%B3%E3%83%B3%E9%81%A0%E9%9A%94%E6%93%8D%E4%BD%9C%E4%BA%8B%E4%BB%B6（2016.10.12 確認）
[4] 山前碧，小林裕太，上原哲太郎，佐々木良一「SSD 上の消去ファイルの復元可能性の実験と評価」情報処理学会研究会報告，Vol.CSEC-68，No.39，pp.1-7
[5] 人工知能学会「人工知能研究」http://www.ai-gakkai.or.jp/whatsai/AIresearch.html（2016.10.12 確認）
[6] 武田秀樹「人工知能による専門家の判断サポート―現状における人工知能のビジネス応用の実際―」情報処理，Vol.56，No.11，Nov.2015，pp.1088-1094
[7] 伊東寛『サイバー・インテリジェンス』祥伝社新書，2015
[8] 警察庁：https://www.npa.go.jp/keibi/biki3/230804shiryou.pdf
[9] 佐々木良一，八槇博史「標的型攻撃に対する知的ネットワーク・フォレンジックシステム LIFT の開発（その3）―今後の研究構想―」情報処理学会 DICOMO2015
[10] デジタル・フォレンジック研究会「証拠保全ガイドライン　第6版」2017.5.9 https://digitalforensic.jp/wp-content/uploads/2017/05/idf-guideline-6-20170509.pdf（2017.11.23 確認）

ミニテスト

第 1 章

下記の問に○×で答えなさい.

問 1.1 デジタル・フォレンジックは警察などの法執行機関だけのものである.（　）
問 1.2 個人所有物であっても不正行為との関連性が疑われるものであれば，強制的に押収／回収しても構わない.（　）
問 1.3 証拠保全（データコピー）に際しては，論理コピーを用いるのが一般的である.（　）
問 1.4 調査／解析時においては，複製データ（HDD）の接続時には書き込み防止を施し，原本性，証拠性を維持しなければならない.（　）

第 4 章

下記の問に○×で答えなさい.

問 4.1 データ転送速度が速いことが，ハードウェアによる収集のメリットの 1 つである.（　）
問 4.2 ファイルデータのみの収集を行う場合，可能な限り複製元データのタイムスタンプを維持するコピー方法を選択する必要がある.（　）
問 4.3 BIOS パスワードが設定されている PC の場合，パスワードを取得せずにハードディスクのデータ収集はできない.（　）
問 4.4 ハードディスクパスワードが設定されている PC の場合，パスワードを取得せずにハードディスクのデータ収集はできない.（　）
問 4.5 ファイルやフォルダレベルの暗号化はデータ収集前に復号しても問題はない.（　）
問 4.6 外部記録媒体のデータ収集時においては書き込み防止デバイスを介してデータ収集を行う必要がある.（　）

第5章

下記の問に答えなさい．

問 5.1 復元したいデータは，ローカルの記憶媒体以外の場所（クラウドやサーバなど）にも保存されている可能性があるため，俯瞰的にシステム環境を把握し理解することが重要である．これは正しいか．（　）

問 5.2 NTFSでは，すべてのファイルはMFTに格納されているため，データ保全とはMFTの保全と同意である．これは正しいか．（　）

問 5.3 次の空欄に当てはまる用語は何か．
① データの復元には，（　　　）を分析する方法と（　　　）という方法がある．前者は高速に行えるが，後者は長時間かかる場合がある．
② NTFSには（　　　）とよばれる，ユーザからデータを見えなくすることができる機能が備えられている．

第6章

下記の問に答えなさい．

問 6.1 次の空欄に当てはまる用語は何か．
① NTFSのファイルのタイムスタンプは（　　　）で記録されているため，調査対象のコンピュータのタイムゾーンを確認する必要がある．
② 分析対象ファイルから既知のファイルを除外する際に用いられる分析手法は（　　　）分析とよばれている．
③ タイムライン分析はデジタル・フォレンジック調査でよく用いられる手法であるが，タイムスタンプやログの日時は（　　　）の可能性があるため，注意する必要がある．

問 6.2 次の問に○×で答えなさい．
① キーワード検索手法の1つである近傍検索は，文書内単語がスペースで区切られていない日本語文書では使用できない．（　）
② 新たな調査手法であるプレディクティブコーディングは，一定のサンプルデータをもとに独自アルゴリズムを用いて，自動的にファイルの重み付け（スコア付与）する機能のことである．（　）
③ データの類似性を解析することも，フォレンジック調査では重要である．（　）
④ ファイルシグネチャは，すべてのデジタルデータに必ず記録されている．（　）
⑤ ファイルのハッシュセットを用いることにより，見つけたいアラートファイルをすぐに見つけることができ，また既知のファイルを識別し，調査対象から除外することもできる．（　）

ミニテスト

第 7 章

下記の問に答えなさい.

問 7.1 スマートフォンの特徴を 2 つ挙げよ.
問 7.2 モバイル端末に関連するデータ格納場所を 4 つ挙げよ.
問 7.3 モバイル端末におけるロジカルデータ収集とは何か.
問 7.4 モバイル端末における物理データ収集とは何か.

第 8 章

下記の空欄に当てはまる用語を答えなさい.

問 8.1 ログは,サーバの(　　)や(　　)のログ,ネットワークログに大別される.
問 8.2 ネットワークログは,(　　)ログと呼ばれることもある.
問 8.3 各ログ取得機器のシステム時刻を(　　)を用いて同期しておくことは,ネットワーク・フォレンジックを実施する上で非常に大切である.

第 9 章

下記の問に答えなさい.

問 9.1 報告書をまとめる上で重要なことを 150 字以内で説明せよ.
問 9.2 公的機関でデジタル・フォレンジックを使うと考えられるケースをリストアップせよ.
問 9.3 e ディスカバリとは何か 200 字以内で説明せよ.

第 10 章

下記の問に答えなさい.

問 10.1 図は法廷内の配置であるが,次の者が着席する位置(○で番号表示)は,それぞれどの番号の席か示しなさい.
(1) 裁判長
(2) 左陪席裁判官
(3) 原告代理人
(4) 被告代理人
(5) 書記官

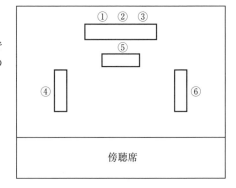

問 10.2 不正競争防止法が定める「営業秘密」を構成する要素を3つ挙げなさい．

問 10.3 原告会社は，デジタル・フォレンジック技術者（Z）にデータの保全・解析を依頼して，その結果を調査報告書として受領した．原告会社がこの調査報告書を民事訴訟で提出した場合の証拠の取調べ方法を何というか．漢字2文字で答えなさい．

問 10.4 原告会社は，問 10.3 の技術者（Z）に法廷で供述してもらおうと思っている．原告会社が技術者（Z）を裁判所に申請して法廷で供述してもらう場合，Zには専門知識があるから，鑑定人である．正しいか，間違いか．

問 10.5 エレメント（直接事実）や間接事実の信用性に影響を与える事実を補助事実という．正しいか，間違いか．

第11章

下記の問に答えなさい．

問 11.1 SSD とハードディスクをデジタル・フォレンジックの観点から比較した場合の違いを100字以内で述べなさい．

問 11.2 デジタル・フォレンジックに関連して AI を適用していく分野としてどのようなものが考えられるか，本書で扱っていないものも含め記述しなさい．

ミニテスト解答

第1章
問 1.1 ×　　**問 1.2** ×　　**問 1.3** ×　　**問 1.4** ○

第4章
問 4.1 ○　　**問 4.2** ○　　**問 4.3** ×
問 4.4 ○　　**問 4.5** ×　　**問 4.6** ○

第5章
問 5.1 ○　　**問 5.2** ×
問 5.3 ① MFT　カービング　② 代替データストリーム（ADS）

第6章
問 6.1 ① UTC　② ハッシュ　③ 改ざん
問 6.2 ① ×　② ○　③ ○　④ ×　⑤ ○

第7章
問 7.1 ① ユーザが購入後にアプリケーションをダウンロードすることで，機能を拡張できる．
② SIM カードなしでも Wi-Fi でインターネットに接続し，オペレーションが可能である．
問 7.2 ① SIM カード　② メモリカード　③ 端末に接続した PC
④ クラウド
問 7.3 データ収集ソフトウェアがモバイル端末の OS を利用し，OS からコマンドを実行することにより，既存データを抽出する手法．
問 7.4 端末の OS を利用せずに，端末内のフラッシュメモリから直接バイナリデータを抽出する手法．

第 8 章

問 8.1 イベントログ　人間行動
問 8.2 パケット
問 8.3 タイムサーバ

第 9 章

問 9.1 （省略）
問 9.2 （省略）
問 9.3 ディスカバリとは，米国民事訴訟手続きにおいて，原告および被告がお互いに証拠を開示し，事実を発見する手続きである．2006年12月に米国の連邦民事訴訟規則が改正され，これまで慣習的に行われてきた電子データに対するディスカバリがルール化されるに至った．電子データがディスカバリの主要な対象になったことから，eディスカバリというよばれ方をするようになった．

第 10 章

問 10.1　(1) ②
　　　　　(2) ③（傍聴席からは右だが，裁判長を中心に考え，裁判長から左）
　　　　　(3) ④　　(4) ⑥　　(5) ⑤
問 10.2 秘密管理性，有用性，非公知性．10.4.1 項（1）参照．
問 10.3 書証．ただし，検証の性質の部分もある．10.8.2 項参照．
問 10.4 間違い．技術者（Z）は証人．10.8.1 項，10.8.4 項参照．
問 10.5 正しい．10.7.3 項参照．

第 11 章

問 11.1 SSD では，Trim を有効にしているとハードディスクの場合と異なり，いったん消去するとデータ復元ツールを用いた復元ができず，デジタル・フォレンジックが非常に困難となる．
問 11.2 e ディスカバリにおける AI の利用，サイバーインテリジェンスへの AI の利用，ネットワーク・フォレンジックへの AI の利用などが本書では挙げられている．これ以外に，AI の一分野である機械学習を用いることにより，ブラックリストには載っていないが，危険な C&C サーバの発見などが可能になると考えられる．

索引

【記号】
$BITMAP ... 56
$DATA ... 55
$FILE_NAME ... 55
$INDEX_ALLOCATION ... 56
$INDEX_ROOT ... 56
$MFT ... 114
$STANDARD_INFORMATION ... 55
¥Windows¥Prefetch ... 74

【A】
AAC ... 82
ADS ... 54, 121
AI ... 266, 269
Android ... 67, 168
Android端末におけるフォレンジック ... 168
ASCII ... 77, 139
ATA ... 37
Autopsy ... 10, 18, 152

【B】
BD ... 42
BD-R ... 42
BD-RE ... 42
BD-ROM ... 42
BIOS ... 31, 68
BIOSパスワード ... 96
bit ... 75
Bitlocker To Go暗号化 ... 97
Bitlocker暗号化 ... 97
BPF ... 178
Byte ... 75

【C】
C ... 67
C# ... 67
C++ ... 67
Carving ... 64
CD ... 34, 42
CD-R ... 42
CD-ROM ... 42
CD-RW ... 42
Chain of Custody ... 99
COC ... 99
COCに記載すべき内容 ... 101
Commentボックス ... 203
compiler ... 66
Computer Assisted Review ... 203
CPU ... 29

【D】
Datarecovery ... 18

DCO 89
De-duplication 200
De-NISTing 199
DFRWS 263
Digital Forensics 1
DisplayPort 33
DoD 89
DVD 34, 42
DVD+R 42
DVD+RW 42
DVD-R 42
DVD-ROM 42
DVD-RW 42
DVI 33

[E]
ECC 36
EDRM 195
EEPROM 38
EnCase 10
EnCase イメージ 155
EUC-JP 139
Evidence Information 99
Evidence Information Sheet 100
exFAT ファイルシステム 52
e ディスカバリ 184, 194
e ディスカバリにおける AI の利用 268
E メールの調査 148

[F]
FAT 48
FAT ファイルシステム 47

Forensically-sound 12
FTK Imager Lite 102

[G]
Gutmann 89

[H]
HDMI 33
HFS 57
HFS+ 57
HPA 89

[I]
ICCID 162
iCloud 162
IDS 177
IMSI 162
interpreter 66
iOS 67
iOS 端末におけるフォレンジック 165
iOS デバイス 162
IoT 13
IPFIX 179
iPhone 162
IPL 31, 68
IPS 177
ISO-2022-JP 139
Issue タグ 203
iTunes 162

[J]
Jailbreak 166

Java 67
JavaScript 67
JIS コード 139
JPEG 82

[L]
LFN 50, 61
libpcap 178
LIFT 270
LZH 82, 200

[M]
MBR 63
MFT 54, 114
MFTDump 114
MLC 38
MP3 82
MPEG 82

[N]
NAND 型 38
NATO 89
NetFlow センサ 179
NIDS/NIPS 177
NIST 2, 134
NOR 型 38
NSA 89
NSRL 134
NTFS 18, 53, 114
NTP 131

[O]
Objective-C 67
OS 67

[P]
PC に対する不正 183
PC を利用した不正 183
Perl 67
PhotoRec 123
PHP 67
PLIST 167
PLIST 解析 167
Portable Executable 形式 73
Prefech 削除 194
Privilege タグ 203
Python 67

[R]
RAM 31
RAR 82
Raw イメージ 155
Recuva 18
Responsive タグ 202
Robocopy 93
ROM 31
Ruby 67

[S]
SAS 33, 37
SATA 37
script 66
SCSI 33, 37

SDHC	39
SDXC	39
SD カード	39, 169
SD カード調査	169
Secure Erase	89
sFlow	179
ShadowExplorer	123
Shift_JIS	139
SIEM	180, 181
SIM カード	162
SLC	38
Snort	177
SOC	180
SQLite	170
SQLite database browser ツール	170
SQLite 解析	170
SSD	21, 32, 38, 113, 264
SWGDE	263
syslog	84

[T]

tcpdump	178
Technical Issue タグ	203
Technology Assisted Review	203
Thumb.db	146
ThumbCache	146
Trim 機能	21, 41
Trim 命令	265

[U]

UEFI	68
Unicode	78, 139

UNIX のファイルシステム	58
USB	33
USB Debugging 機能	164
USB Type-C	33
USBDeview	137
USB メモリ	39
UTF-8	79

[V]

VBA	67
VGA	33
Visual Basic for Application	67

[W]

Web サイト閲覧履歴	151
Windows レジストリ	125
WinPcap	178
WinPrefetchView	136
WIPE	113
Wireshark	178
WORM	45

[X]

XRY	166

[Z]

ZIP	82, 200
ZoneID	121

[あ]

アクセスのモニタリング	181
アスキー	77

圧縮ファイルの展開 200
アドレス解決 73
アプリケーションのデータ形式 83
アプリケーションプログラム 67
アプリのデータ構造 167, 169
誤り訂正符号 36
アラート監視 176
暗号化ソフトウェアのアンインストール .. 98
暗号文の復号 95

一部抗弁 222
一部認容 207
遺伝アルゴリズム 267
イベントに基づくアラートの監視 177
イベントログ 83
イメージコピー 9
イメージファイルコピー 9
インサイダー取引 192
インシデント 1
インシデントレスポンス 20
インストール履歴 194
インターネットアクセス履歴 150
インターネットフォレンジック 182
インターフェース 33
インタープリタ 66
インデックスの作成 201
インンテリジェンス 269

写し 255
上書きされたデータの復元 119

営業秘密 212

エキスパートシステム 267
エビデンス 85
遠隔ウイルス事件 263
エントロピー 143
エンロン事件 263

オペレーティングシステム 67
オンプレミス 14

[か]
会計係不正 184
外字 79
階層化ディレクトリ 71
介入尋問 256
外部記憶装置 31
外部記録媒体のデータ収集 94
書き込み防止機能 88
可逆圧縮 82
画像のデータ表現 81
画像ファイルの調査 146
カーネル 68
カービング 64
カービングによる復元 118
仮執行宣言 209, 219
簡易裁判所 210
漢字用文字コード 77
間接強制 209
間接事実 227
間接証拠 228
間接反証 229
鑑定 25, 237
鑑定証人 25

キー	125
機械学習	267
機械語	66
キー情報	175
既知ファイルの除外	199
揮発性情報のデータ収集	93
基本プログラム	67
キャッシュファイルの解析	151
強制執行	208
業務・データフローの分析	185
虚偽有価証券報告書提出	192
キーワード検索	140, 201
近傍検索	142
金融庁	192

クラウド	14
クラウドバックアップ	162
クラウド・フォレンジック	22
クラスタの番号	51
クラッシュダンプ	84
クロック	30

計算回路	29
刑事訴訟	12, 26
刑事訴訟法	26
携帯電話	192
検査	5
検索用インデックスの作成	200
検証	25, 237
検証物提出命令	237
原本	254
原本データ	101

公開鍵暗号	9
光学ディスク	42
攻撃シーケンス	176
更新日時	133
高等裁判所	210
抗弁	220
国際標準	270
固有の開発技術	221
コレクタ装置	179
コントロールセット	126
コンパイラ	66
コンピュータの時刻	130
コンピュータ・フォレンジック	21
コンプライアンス違反	184

[さ]

最高裁判所	210
再抗弁	223
再々抗弁	224
再主尋問	256
最初の情報開示	195
サイバーインテリジェンスへのAIの応用	269
サイバー攻撃	1
再発防止への提言	192
作業項目ごとの確認／署名	101
作業ログ	89, 92
作業ログの自動生成機能	92
作業ログの表示	92
錯誤	224
削除されたファイルの復元	60
作成時刻	133
サービス妨害	184

サブキー	126
サブディレクトリ	71
サポートファイル	126
サムネイル画像	146
三段論法	206
ジェイルブレイク	166
磁気テープ	44
磁気ヘッド	35
シギント	269
時効中断	223
時刻同期	131
システムクロック	130
事前準備	6, 8
実行可能形式	73
実行形式ファイル	66
実施許諾	221
質問状	195
シャドーコピー領域	266
収集作業の概要	99
収集対象筐体側個体情報	100
収集対象の選別	87
収集対象の優先付け	87
収集ツール生成ログの確認／回収日時	101
収集に用いたツールの情報	101
主記憶装置	31
主尋問	256
主張自体失当	208
主要事実	207
準備書面	253
準文書	25, 242
消去方式	89

証券取引等監視委員会	192
証言録取	195
証拠隠滅	194
証拠調べ	24
証拠能力	24, 26
証拠の継続性	99
証拠の信ぴょう性	193
証拠の連鎖性	99
証拠保全の強制力	260
証跡情報	89
証跡情報の自動生成機能	92
証跡情報の表示	92
常駐属性	56
省庁の犯則事件調査	192
証人尋問	24, 236
情報ガバナンス	197
情報処理機器	1
情報窃取	183
情報の圧縮	81
情報漏洩元の特定	186
証明	226
証明責任の分配	225
証明力	24, 26, 27
消滅時効	220
書証	25, 236, 254
ショートカットファイル	135
シリンダ番号	35
人工知能	203, 243, 266
人定質問	255
尋問	256
推論	266

数値のデータ表現	76
スクリプト	66
スコープオブワーク	198
スマートフォン	160
スラック領域	120
スレッド	74
スワップ	75
正規表現検索	141
請求原因	208
セキュアブート	69
セキュリティコードの入手	164
セキュリティ設定がある場合の対処法	95
セクタ	35
セクタ番号	35
宣誓	255
送付嘱託	238
訴訟関連	184
訴訟記録の閲覧謄写複製制限	239, 257
訴訟提起を受ける側	12
訴訟費用	219
訴訟ホールド	198
訴訟を提起する側	12
ソフトウェアによるデータ収集	90
ソフトウェアブートによるデータ収集	89
疎明	240
損害額の推定	213

【た】

代替執行	209
代替セクタ	36
代替データストリーム	54, 121
ダイナミックリンク	74
タイムスタンプ	50
タイムゾーン	130
タイムライン分析	138
タグ付け	202
端末本体	162
遅延損害金	218
知識表現	266
地方裁判所	210
中央処理装置	29
調査結果	191
調査結果概要	191
調査結果詳細	191
調査嘱託	238
直接事実	207, 226
直接証拠	227
陳述	253
陳述書	256
通信ログ	172
提出データの作成	204
ディスカバリ	194
ディフ	143
ディレクトリ	71
ディレクトリ／ファイルレベルの暗号化	97
ディレクトリエントリ	49, 51
ディレクトリツリー	71
デガウス	113
テキスト情報の抽出	200

デジタル鑑識	3
デジタル署名	9
デジタル・フォレンジック	1, 262
デジタル・フォレンジック研究会	262
データの削除	113
データの収集	6, 8, 85, 198
データの収集と分析	186
データの処理	199
データの特定	197
データの復元	7, 10, 112
データの復元技術	60
データの分析	7, 10, 125, 189, 201
データの保全	198
データのレビュー	202
データ表現	75
データマイニング	267
データ領域	49
デバイス接続履歴	137
電磁的記録を保管する媒体	13
電磁的証拠	32
電子メール	112
テンポラリファイル	112

同一性検証機能	89, 92
当事者尋問	24, 236
トラック	35
トラフィック監視	176
トラフィック統計監視	176, 179

[な]

| 長いファイル名 | 50 |
| 波のデータ表現 | 80 |

ニアデュプリケーション	142
二次記憶装置	31
ニューラルネット	267
人証	236
認証試行	176

ネットワークタップ	178
ネットワーク・フォレンジック	22, 171
ネットワークログの管理	172
ネットワークログの分析	175

| ノンリケット | 227 |

[は]

バイナリ	66
バイナリ値	140
ハイブ	125
パケットキャプチャ	176, 178
パケットログ	172
パス	71
パス名	71
パスワード解除	95
ハッシュ関数	9
ハッシュ値	9
ハッシュ分析	133
パーティションの復元	63
ハードウェア書き込み防止デバイス	94
ハードウェアクロック	130
ハードウェアによるデータ収集	87
ハードディスク	34
ハードディスク隠し領域解除機能	89
ハードディスク全体暗号化	96

ハードディスクパスワード 96
パラリーガルによる1次レビュー 203
判決の主文 206
犯罪被害者保護法 238
反対尋問 256

非公知性 215
ピクセル 81
非常駐属性 56
ビッグエンディアン 77
日付情報 201
ビットマップ 81
秘密管理性 214
秘密保持命令 239
ヒューマンインテリジェンス 269
標的型攻撃 179

ファイルアロケーションテーブル 48
ファイルサーバ 112
ファイルシグネチャ 118, 145
ファイルシステム 46
ファイルシステムの提供機能 69
ファイル属性 50
ファイルデータのみの収集 92
ファイルのアクセス履歴 152
ファイルの完全な消去 59
ファイルの削除 46
ファイルのタイムスタンプと分解能 132
ファイルのデータ形式 83
ファイルハッシュ値 199
ファイルハッシュ値を用いた重複ファイル
　の除外 200

ファイル復元技術 18
ファイルヘッダー 145
ファイル名 50, 70
ファジーハッシュ 143
ファスト・フォレンジック 23
フォーマットされたメディアの復元 64
フォルダ 71
フォレンジックコピー 199
フォレンジックサイエンス 2
フォレンジック報告書 190
複製機能 88, 92
複製先 101
複製先ハードディスク情報 101
複製先ハードディスクのサニタイズ 86
複製データ 101
複製データの情報 101
複製元 101
複製元個体情報 101
不正会計調査事例 187
不正取得行為 213
不正侵入 183
不存在の証明 229
物理コピー 9
物理的移動の履歴 102
物理データ収集 165
物理破壊 113
物理フォーマット 113
ブートストラッピング 69
ブートローダ 68
プライバシー 20
ブラウザの閲覧履歴 150
ブラックリストマッチング 181

| 索引 | 289

フラッシュメモリ 38
プラッタ 35
ブーリアン検索 141
プリフェッチ 74
プリフェッチファイル 135
振る舞いの検知 181
プレディクティブコーディング 143, 203
プログラム 66
プログラム実行履歴 134
プロセス 74
プロセス管理 73
プロセス管理機能 69
プロセッサ 29
プロパティリスト 167
フローレコード 179
文書成立の真正 255
文書提出命令 237
文書提出要求 195

ベクトル 81
弁護士による2次レビュー 203

法医学 2
報告 7, 190
報告書の作成 11
法執行機関 1
法律要件 207
保管の継続性 99
補充尋問 256
補助記憶装置 31
補助事実 231
補助証拠 231

ボリュームシャドーコピー 112, 123
本案 239

[ま]

マシン語 66
マルウェア感染 186
マルチエージェント 267

民間におけるデジタル・フォレンジック 185
民事訴訟 12

無損失圧縮 82

メタデータ 145
メタデータからの復元 114
メモリ 31
メモリカード 162
メモリ管理 73
メモリダンプ 94
メモリ・フォレンジック 22
メールアーカイブファイルの展開 200
メールヘッダー調査 149

文字のデータ表現 77
モバイル端末 160
モバイル端末のデータ収集 93
モバイル端末用フォレンジックツール 166
モバイル・フォレンジック 22, 160

[や]

誘導尋問 258
有用性 215

ユーザ認証機能 69
ユーザファイルの解析 139
ユーザプロファイル 128

要件事実 207
用語・略語の定義 192
予約セクタ 48

【ら】

ライセンス 221
ライブ・フォレンジック 23
ライブラリ関数 73
ラスタ 81

リアルタイム監視 181
リソース管理機能 69
リティゲーションホールド 198
リトルエンディアン 77

類似ファイルの検索 142

ルーティング 169
ルートディレクトリ 49, 50, 71

レジスタ 29
レジストリ 84, 125
レジストリキーの最終書込日時 133
レジストリ操作 194
レビュープロトコル 202

漏洩改ざん 183
漏洩情報の分析 185
ログ 83
ログ記録システム 83
ログの取得・管理の在り方 174
ロジカルデータ収集 164
ロジカルデータ収集方法 168
論理コピー 9
論理フォーマット 113

【編著者紹介】

佐々木良一（ささき・りょういち）［まえがき，1.1～1.7 節，1.9 節，8.1～8.2 節，第 11 章］
　昭和 46 年 3 月東京大学卒業．同年 4 月日立製作所入社．システム開発研究所にてシステム高信頼化技術，セキュリティ技術，ネットワーク管理システム等の研究開発に従事．平成 13 年 4 月より東京電機大学教授，工学博士（東京大学）．平成 14 年情報処理学会論文賞受賞，平成 19 年総務大臣表彰など．著書に，『IT リスクの考え方』岩波新書 2008 年など．デジタル・フォレンジック研究会会長，内閣官房サイバーセキュリティ補佐官．

【著者紹介】

上原哲太郎（うえはら・てつたろう）［第 2 章，第 3 章］
　立命館大学情報理工学部情報システム学科 教授

櫻庭信之（さくらば・のぶゆき）［1.8 節，第 10 章］
　弁護士，元九州大学工学部非常勤講師

白濱直哉（しらはま・なおや）［第 5 章，6.1～6.2 節，9.1～9.2 節］
　デロイト トーマツ リスクサービス株式会社

野﨑周作（のざき・しゅうさく）［第 4 章，6.3～6.4 節，第 7 章，9.4 節］
　株式会社 FRONTEO 執行役員

八槇博史（やまき・ひろふみ）［8.3～8.4 節］
　東京電機大学情報環境学部 教授

山本清子（やまもと・せいこ）［9.3 節］
　元金融庁証券取引等監視委員会事務局

デジタル・フォレンジックの基礎と実践

2017 年 3 月 10 日　第 1 版 1 刷発行　　　ISBN 978-4-501-55560-3 C3004
2022 年 5 月 20 日　第 1 版 3 刷発行

編著者　佐々木良一
著　者　上原哲太郎・櫻庭信之・白濱直哉・野﨑周作・八槇博史・山本清子
　　　　© Sasaki Ryoichi, Uehara Tetsutaro, Sakuraba Nobuyuki,
　　　　　Shirahama Naoya, Nozaki Shusaku, Yamaki Hirofumi,
　　　　　Yamamoto Seiko 2017

発行所　学校法人 東京電機大学　〒120-8551　東京都足立区千住旭町 5 番
　　　　東京電機大学出版局　Tel. 03-5284-5386（営業）03-5284-5385（編集）
　　　　　　　　　　　　　　Fax. 03-5284-5387　振替口座 00160-5-71715
　　　　　　　　　　　　　　https://www.tdupress.jp/

JCOPY　<（社）出版者著作権管理機構　委託出版物>
本書の全部または一部を無断で複写複製（コピーおよび電子化を含む）することは，著作権法上での例外を除いて禁じられています。本書からの複製を希望される場合は，そのつど事前に，（社）出版者著作権管理機構の許諾を得てください。また，本書を代行業者等の第三者に依頼してスキャンやデジタル化をすることはたとえ個人や家庭内での利用であっても，いっさい認められておりません。
［連絡先］Tel. 03-5244-5088, Fax. 03-5244-5089, E-mail : info@jcopy.or.jp

制作：（株）チューリング　　印刷：三美印刷（株）　　製本：渡辺製本（株）
装丁：齋藤由美子
落丁・乱丁本はお取り替えいたします。　　　　　　　　　Printed in Japan